文化的進化論

人びとの価値観と行動が世界をつくりかえる

Cultural Evolution
People's Motivations are Changing, and Reshaping the World

ロナルド・イングルハート [著]
山﨑聖子 [訳]

勁草書房

本書を、愛する妻マリータ、
我が子シルビア、エリザベス、レイチェル、ロナルド、マイロに捧ぐ。

CULTURAL EVOLUTION
People's Motivations are Changing, and Reshaping the World
Copyright © Ronald F. Inglehart 2018

文化的進化論　目次

謝辞　ii

序論　本書の概要　1
第1章　進化論的近代化と文化的変化　9
第2章　西洋諸国、そして世界における脱物質主義的価値観の台頭　27
第3章　世界の文化パターン　39
第4章　世俗化は終焉を迎えるのか？　63
第5章　文化的変化、遅い変化と速い変化　81
　　　　──ジェンダー間の平等と性的指向を律する規範がたどる独特の軌跡について
第6章　社会の女性化と、国のために戦う意欲の減退　107
　　　　──「長い平和」の個人レベルの構成要素
第7章　発展と民主主義　119
第8章　変化する幸福の源　145
第9章　静かなる「逆革命」　177
　　　　──トランプの登場と独裁的ポピュリスト政党の台頭
第10章　人工知能社会の到来　203

訳者あとがき　219
付属資料　221
注　233
参考文献　256
索引　277

謝辞

　本書は、Paul Abramson, Wayne Baker, Roberto Foa, Ronald Charles Inglehart, Pippa Norris, Christopher Peterson, Eduard Ponarin, Jacques Rabier, Christian Welzel などとの共同研究によるところが大きく、彼らの貢献に対して深く感謝を述べたい。実際、彼らは本書の共著者だといってもいいほどである。

　また、1981年から2014年にかけて100を超える国で世界価値観調査（WVS）とヨーロッパ価値観研究（EVS）が実施されたおかげで本書は成り立っている。この膨大で複雑なデータセットを提供してくれた、WVSとEVSの各国主宰者にも深く感謝の意を表する。彼らの名前をアルファベット順に下記する。
Anthony M. Abela, Suzanne Adams, Q. K. Ahmad, Salvatore Abbruzzese, Abdel-Hamid Abdel-Latif, Marchella Abrasheva, Mohammen Addahri, Alisher Aldashev, Darwish Abdulrahman Al-Emadi, Fathi Ali, Abdulrazaq Ali, Rasa Alishauskene, Helmut Anheier, Jose Arocena, Wil A. Art, Soo Young Auh, Taghi Azadarmaki, Ljiljana Bacevic, Olga Balakireva, Josip Baloban, David Barker, Miguel Basanez, Elena Bashkirova, Abdallah Bedaida, Jorge Benitez, Jaak Billiet, Alan Black, Eduard Bomhoff, Ammar Boukhedir, Rahma Bourquia, Fares al Braizat, Lori Bramwell-Jones, Michael Breen, Ziva Broder, Thawilwadee Bureekul, Karin Bush, Harold Caballeros, Manuel Villaverde, Richard Bachia-Caruana, Claudio Calvaruso, Pavel Campeaunu, Augustin Canzani, Giuseppe Capraro, Marita Carballo, Andres Casas, Henrique Carlos de O. de Castro, Pi-Chao Chen, Pradeep Chhibber, Mark F. Chingono, Heiyuan Chiu, Vincent Chua, Margit Cleveland, Mircea Comsa, Munqith Dagher, Andrew P. Davidson, Herman De Dijn, Ruud de Moor, Pierre Delooz, Peter J. D. Derenth, Abdel Nasser Djabi, Karel Dobbelaere, Hermann Duelmer, Javier Elzo, Yilmaz Esmer, Paul Estgen, Tony Fahey, Nadjematul Faizah, Tair Far-

adov, Roberto Stefan Foa, Michael Fogarty, Georgy Fotev, Juis de Franca, Aikaterini Gari, Ilir Gedeshi, James Georgas, C. Geppaart, Bilai Gilani, Mark Gill, Stjepan Gredlj, Renzo Gubert, Linda Luz Guerrero, Peter Gundelach, David Sulmont Haak, Christian Haerpfer, Abdelwahab Ben Hafaiedh, Jacques Hagenaars, Loek Halman, Mustafa Hamarneh, Tracy Hammond, Sang-Jin Han, Elemer Hankiss, Olafur Haraldsson, Stephen Harding, Mari Harris, Pierre Hausman, Bernadette C. Hayes, Gordon Heald, Camilo Herrera, Felix Heunks, Virginia Hodgkinson, Nadra Muhammed Hosen, Joan Rafel Mico Ibanez, Kenji Iijima, Fr. Joe Inganuez, Ljubov Ishimova, Wolfgang Jagodzinski, Meril James, Aleksandra Jasinska-Kania, Fridrik Jonsson, Dominique Joye, Stanislovas Juknevicius, Salue Kalikova, Tatiana Karabchuk, Kieran Kennedy, Jan Kerkhofs S. J., J. F. Kielty, Johann Kinghorn, Hans-Dieter Kilngemann, Renate Kocher, Joanna Konieczna, Hennie Kotze, Hanspeter Kriesi, Miori Kurimura, Zuzana Kusá, Marta Lagos, Bernard Lategan, Michel Legrand, Carlos Lemoine, Noah Lewin-Epstein, Juan Linz, Ola Listhaug, Jin-yun Liu, Leila Lotti, Ruud Lijkx, Susanne Lundasen, Brina Malnar, Heghine Manasyan, Robert Manchin, Mahar Mangahas, Mario Marinov, Mira Marody, Carlos Matheus, Robert Mattes, Ian McAllister, Rafael Mendizabal, Jon Miller, Felipe Miranda, Mansoor Moaddel, Mustapha Mohammed, Jose Molina, Alejandro Moreno, Gaspar K. Munishi, Naasson Munyandamutsa, Kostas Mylonas, Neil Nevitte, Chun Hung Ng, Simplice Ngampou, Juan Diez Nicolas, Jaime Medrano Nicolas, Elisabeth Noelle-Neumann, Pippa Norris, Elone Nwabuzor, Stephen Olafsson, Francisco.Andres Orizo, Magued Osman, Merab Pachulia, Christina Paez, Alua Pankhurst, Dragomir Pantic, Juhani Pehkonen, Paul Perry, E. Petersen, Antoanela Petkovska, Doru Petruti, Thorleif Pettersson, Pham Minh Hac, Pham Thanh Nghi, Timothy Phillips, Gevork Pogosian, Eduard Ponarin, Lucien Pop, Bi Puranen, Ladislav Rabusic, Andrei Raichev, Alice Ramos, Anu Realo, Jan Rehak, Helene Riffault, Ole Riis, Angel Rivera-Ortiz, Nils Rohme, Catalina Romero, Gergely Rosta, David Rotman, Victor Roudometof, Giancario Rovati, Samir Abu Ruman, Andrus Saar, Rajab

Sattarov, Rahmat Seigh, Tan Ern Ser, Sandeep Shastri, Shen Mingming, Musa Shteivi, Renata Siemienska, Maria Silvestre Cabrera, Richard Sinnott, Alan Smith, Jean Stoetzel, Kancho Stoichev, Marin Stoychev, John Sudarsky, Edward Sullivan, Marc Swyngedouw, Tang Ching-Ping, Farooq Tanwir, Jean-Francois Tchernia, Kareem Tejumola, Noel Timms, Larissa Titarenko, Miklos Tomka, Alfredo Torres, Niko Tos, Istvan Gyorgy Toth, Joseph Troisi, Tu Su-hao, Claudiu Tufis, Jorge Vala, Andrei Vardomatskii, David Voas, Bogdan Voicu, Malina Voicu, Liliane Voye, Richard M. Walker, Alan Webster, Friedrich Welsch, Christian Welzel, Meidam Wester, Chris Whelan, Robert Worcester, Seiko Yamazaki（山﨑聖子）, Birol Yesilada, Ephraim Yuchtman-Yaar, Josefina Zaiter, Catalin Zamfir, Brigita Zepa, Ignacio Zuasnabar and Paul Zulehner.

　本書で用いた WVS と EVS のデータは、世界人口の 90% 以上を含む 105 か国で、1981 年から 2014 年に継続して行われた 358 もの調査から得られたものだ。本書では、1970 年にジャック・ルネ・ラビエ（Jacques-Rene Rabier）が始めたユーロバロメーター調査のデータも用いている。ユーロバロメーターは EVS や WVS、その他の国際比較調査のモデルとなった調査で、価値観調査で用いられるキーアイテムを輩出している。EVS を統括していたジャン・カークホフス（Jan Kerkhofs）とルード・デ・ムーア（Ruud de Moor）は、同様の調査が世界のほかの国々でもできないかと私を招き入れ、これが WVS の創設に繋がった。ジェイム・ディエ・メドラーノ（Jaime Diez Medrano）は WVS と EVS の両方のデータセットをアーカイブ化してくれ、何十万もの人々がウェブサイトからデータをダウンロードして分析することを可能にしてくれた。

　コメントや示唆を与えてくれたミシガン大学の Jon Miller, William Zimmerman, Arthur Lupia, Kenneth Kollman、その他の同僚にも感謝したい。また、Anna Cotter と Yujeong Yang が素晴らしい調査のアシスタントをしてくれたこと、アメリカ国立科学財団やスウェーデン外務省、オランダ外務省からの助成金にも感謝したい。両国は、いくつかの国での WVS の実査を助成してくれた。同様にモスクワとサンクトペテルブルクの高等経済学院に比較社会研究のラボの創設を認可してくれたロシア教育科学省にも感謝する。そのおかげで

謝辞

2011年、ロシアやその他8つのソビエト継承国で調査することができた。この研究は、Russian Academic Excellence Project '5-100'（訳者注：「世界大学ランキング100位以内に、ロシアの大学を5校以上ランクインさせる」というロシア政府が進めている大学改革プロジェクト）からも資金援助をしてもらった。ミシガン大学においてデモクラシーと人権における Amy and Alan Loewenstein professorship の栄に浴したことも、研究の一助となり、感謝している。

序論　本書の概要

　人々の価値観と行動は、その生存がどの程度保障されているかによって形づくられる。人類の誕生以来、その歴史のほとんどは生存の危機にさらされた時代であり、人々の生存競争上の戦略はそうした背景に支配されていた。人口の上限は食糧の供給量で決まり、人々の大半は飢餓すれすれの生活をしていた。生存が保障されないと、人々は強力な指導者の下でよそ者に対して一致団結するようになる。これは「権威（独裁）主義的反射行動（Authoritarian Reflex）」とよべる、ひとつの戦略である。

　経済先進諸国では、第二次世界大戦後の数十年のあいだに、かつてない事態が起こった。戦後世代の大半が、生存は当然のことだと思って育ったのである。それは、1. 西ヨーロッパ、北アメリカ、日本、オーストラリアにおける戦後期の飛躍的経済成長、2. 飢餓によって死亡する人をほぼ皆無とするセーフティネットを備えた福祉国家の出現、3. 第二次世界大戦以降史上最長期間を記録する、主要大国間における戦争の不在などに由来するものであった。

　経済的にも身体的にもかつてない安定をみたことで、世代間の文化的変化が拡がり、人々の価値観や世界観がぬりかえられ、物質主義的価値観から脱物質主義的価値観への転換がもたらされた。しかしこの脱物質主義的価値観への転換は、生存重視の価値観（Survival values）から自己表現重視の価値観（Self-expression values）へという、より広汎な価値観の転換の一部をなすものだった。この広汎な文化的シフトにより、かつては経済と身体の安全ならびに集団規範の遵守が最優先だったのが、各自が自分の生き方を選ぶ自由がしだいに重視されるようになった。自己表現重視の価値観は、ジェンダー間の平等、ゲイやレズビアン、外国人、その他の外集団に対する寛容さ、表現の自由、経済面や政治面での意思決定プロセスへの参画を重視する価値観である。文化がこのように変貌したことで、社会的にも政治的にも大規模な変化がもたらされた。環境保護政策や反戦運動が盛んになり、政治、ビジネス、大学において男女平等が

進み、デモクラシーが普及した。

　このような文化的シフトが起きるずっと前から、様々な文化の間には、地理的条件によって病気や飢餓の危険に対する脆弱性に開きがあったことに遡るとされる、はっきりとした文化的差異が存在していた。これらの文化的差異は複数の論者によって、「集団主義」対「個人主義」、「生存重視の価値観」対「自己表現重視の価値観」、あるいは「自律性（Autonomy）」対「秩序（Embeddedness）」といった分類がなされてきた。しかしそのどれもが異文化間の差異を、同じ軸にそって測ろうとするものであり、「生存への安心感（existential security）」、すなわち生存がどれくらい確実か、あるいは保障されていないと感じられるかのレベルの差を反映するものだった。第二次世界大戦後の数十年、生存への安心感が増したことで、世界中の社会のほとんどが、個人主義、自律、自己表現価値を重んじる方向へと動かされることとなった。

　自己表現重視の価値観によるランキングで上位に位置する国では、生存重視の価値観を重視する社会にくらべ、ゲイやレズビアンに理解のある法が制定されやすい。また、政界、経済界、学術界で高い地位につく女性がどの程度いるかを表す国連のジェンダー・エンパワーメント指数も高くなる傾向がある。調査データによれば、根底にある規範は50年前から変化をつづけてきているが、その変化が社会的に表出したのは比較的最近のことである。文化的変化は組織制度の変更に先だつものであり、組織制度の変更に寄与するものとみられるからである。

　生存への安心感が高まれば、宗教儀式の実践や宗教を重視する価値観、あるいは信仰そのものが体系的に後退し、脱宗教化（世俗化）が進む。過去50年で、脱宗教化はほぼすべての先進工業社会の人々に広まっていった。にもかかわらず、現在世界全体では、昔ながらの宗教的な見解をいだく人々の数はかつてより多い。というのも、脱宗教化は出生率を大きく押し下げるからである。実際のところ、脱宗教化が最も進行した国々のほぼ全部で、出生率が人口置換水準をはるかに下回っている一方で、従来どおりの宗教への指向性を保っている社会では、出生率が人口置換水準の二倍や三倍に達するところが多い。

　ジェンダー間の平等と同性愛に対する大衆の考え方は二段階を経て変化してきた。第一段階では、若い世代が上の世代と入れ替わるにつれて、同性愛者を

許容する方向へ、ジェンダーの平等を支持する方向へと、徐々にシフトしていった。こうして変化がやがて閾値に達し、高所得社会においては新しい規範の方が優勢と見られるようになる。すると、体制に順応すべしというプレッシャーが以前とは逆方向に作用し、それまでは押しとどめていた変化を後押ししはじめる。こうなると、人口置換で起こるよりもはるかにはやく文化的変化が進んでいく。2015年には、合衆国最高裁でも大多数が同性婚を支持した。年配の判事たちも、歴史の流れに乗り遅れたくなかったのだ。

このように先進諸国では文化規範が「女性化」したことで、暴力行為の発生率が下がり、進んで国のために戦おうという意欲も減退した。さらに、自己表現重視の価値観レベルが高い国々ではランクの低い国々にくらべ、真の民主主義（デモクラシー）である可能性が高い。とはいっても、自己表現重視の価値観がデモクラシーにつながるのだろうか？　それともデモクラシーが自己表現重視の価値観の表出をうながすのだろうか？　因果の方向は主に、自己表現重視の価値観からデモクラシーという流れであるように見受けられる。自己表現重視の価値観が表出するために、民主的な制度が整っている必要はない。世界的な民主化の波が起こったのは1990年前後だが、それに先立つ何年も前から、西洋民主主義国ばかりか多くの権威主義的な社会でも、世代間の価値観変化によって自己表現重視の価値観が生まれていた。そのため、ひとたびソ連の軍事介入の危険が去ると、自己表現重視の価値観が高レベルだった国々はすみやかに民主制へと移行した。

文化的変化は、人間が幸福を最大化しようとするときの戦略が変わったことを反映している。経済発展や社会的流動性がほとんど、あるいはまったくみられない農耕社会においては、宗教は人々の現世での欲求や野心を抑えつつ、来世では報われると約束することで人々の幸福感を増大させる。一方、近代化すれば経済が発展して民主化が進み、社会も寛容になって、これが幸福に貢献する。いずれも、人々が自分の生き方を自分で選ぶ自由を拡大させるからだ。その結果、同じ国の中で比較すると、ほとんどの国で信仰の篤い人の方が信仰の薄い人よりも幸福であるのに、国際比較すると近代的だが非宗教的な国の人々の方が、近代化が進んでいなくて宗教が重視される国に住む人々より幸福だということが起きる。したがって、前近代的な諸条件の下では信仰が幸福感に貢

献するものの、ひとたび高度な経済発展が見こめるようになると、近代的な戦略の方が幸福感を最大化する方法として、従来の戦略よりも効果が大きくなるものと思われる。

　それにしても、人間の幸福感を最大化することはそもそも可能なのだろうか。つい最近まで、幸福感とは決まったセットポイント（もしかしたら、遺伝的要因で決まっているかもしれない）を中心に変動するものであり、個人や社会が何かをすることで人々の幸福感を拡大し続けることはできないと広く信じられていた。本書で示していくが、この主張は正しくない。1981年から2011年で、時系列データが十分に得られた62か国のうち52か国で幸福度は上昇しており、下降したのは10か国にすぎない。同じ期間、生活満足度は40か国で上昇し、下降したのはわずか19か国（3か国は変化なし）であった。幸福度を測る上でとりわけ広く使われている二つの指標が圧倒的多数の国で上昇した。なぜだろうか。

　社会が個人に自由な選択をどこまで許すかは、幸福感に多大な影響を及ぼす。1981年から2007年の間に、経済発展と民主化、それに社会の寛容さが増したことによって、ほとんどの国の人々が、経済、政治、社会生活のいずれの面でも自由な選択の余地が広がり、幸福感のレベルも高くなった。生存重視の価値観から自己表現重視の価値観へのシフトが、幸福感と生活満足感を上げるのに寄与したものと考えられる。

　ここ数十年、グローバリゼーションによって資本と技術の大移転が起こり、特に東アジア、東南アジア、インドでの急速な高度経済成長につながった。世界人口の半数が、最低生活水準ぎりぎりの貧しさから急速に脱しつつある。長い目で見るなら、高所得国でこれまでに起きたような文化的、政治的な変化につながるかもしれない。だが同時に、高所得国の労働者はアウトソーシングによって低所得国の労働者と競合する立場に置かれることとなる。雇用は海外に流出し、豊かな国々の労働者の交渉力も弱まる。そこに自動化（オートメーション）も加わって工場ではますます人員が必要なくなり、先進国では工場労働者は少数派になってしまった。

　はじめのうちは、賃金の高いサービス業が受け皿になってくれた。しかし、合衆国などの高所得社会は今や、人工知能（AI）社会ともいうべき新しい発展

段階に入りつつある。人工知能もうまく使えば貧困を根絶し、人々の健康を増進し、平均余命を延ばすのに役だつ見こみもあるのだが、ただ市場原理にまかせておくと、利益の大半がひとにぎりの勝者のもとに流れこむ勝者総取り社会になりがちだ。高所得の国々では、所得と富のどちらをとっても1970年を境に不平等が急速に拡大している。1965年には、主要大手企業のCEOたちの報酬は、自社の平均的な労働者の20倍だった。それが2012年には354倍になっている。行政が適切な政策でオフセットしないかぎり、長期的な経済成長もデモクラシーも、そして戦後期に始まった文化的な寛容性も、この勝者ひとり占め体質のせいで根底が危うくなってしまう。

　人工知能を使えば、工場労働者だけでなく、弁護士や医師、大学教員といった高学歴の人たち、さらにはコンピュータのプログラマーまでコンピュータ・プログラムに置きかえることが可能になる。合衆国などの高所得国では、工場労働者の実質所得は1970年以降下がりはじめ、大卒者・大学院卒者の実質所得も1991年を境に停滞あるいは下降に転じている。

　ノーベル経済学賞を受賞したジョセフ・スティグリッツ[1]の言葉を借りれば、人工知能社会における軋轢の中心はもはや労働者階級対中間層ではなく、1％対99％という構図になっている。労働者階級だけでなく、高学歴の人々にとっても、安定して収入もいい勤め口は消えつつある。

　先にも述べたとおり、人は生存への安心感が高ければ、物の見かたも寛容でオープンになりやすい。反対に生存への安心感が低下していけば、強力な指導者の支持や仲間うちの強い結束、集団規範への厳格な服従、よそ者の排除といった権威主義的反射行動を招きやすい。現在、フランスの国民戦線（現・国民連合）、英国のEU離脱、合衆国のドナルド・トランプの台頭など、多くの国で排外的・権威主義的ポピュリストの活動が支持を集めつつあるのも、この反応の影響だ。ただし、大恐慌のさなかに台頭した排外的な権威主義とは異なり、今回は困窮や欠乏に起因するものではなく、いずれもリソースのあり余っている社会での話である。今日の不確実性は不平等の拡大に起因するもので、究極的には政治の問題である。政治の再編がうまく行われれば、高いレベルでの自己存在への安心感をとり戻すような政府を選出し、戦後期に出現した自信に満ちて寛容な社会が形成されるようになるだろう。

限界に挑戦して

本書では、進化論的近代化論（evolutionary modernization theory）にもとづく一連の仮説を提示し、ほかに例のないデータベースに照らして検証する。1981年から2014にかけて、「世界価値観調査」と「ヨーロッパ価値観研究」は数百もの調査を行なってきた[2]。対象国は100か国を超え、対象国の人口は世界の90％以上になる。これまでの参加国を図1-1に示す。得られたデータは、調査項目、実査の基本情報ともども世界価値観調査のウェブサイトhttp://www.worldvaluessurvey.org/からダウンロードできる。

国際比較調査プロジェクトの中には、経験ゆたかな調査機関がある国に対象をかぎっているものもある。実査の質を確実にするためではあるものの、これだと高所得社会に限定した調査となりがちである。世界価値観調査では当初から、低所得国をふくめ、多様な対象をカバーするよう努めてきた。ここでは、二つの効果が互いにぶつかりあうことになる。(a)不慣れな調査研究機関を擁する低所得社会も対象に含めることで、測定誤差が増え、人々の考え方と予測変数との相関性が弱まる。(b)多様な社会を対象に含めることで、相関性が高まり分析にテコを効かせることができる。どちらの効果がまさるだろうか。結果は明らかだ。仮に低所得国で収集したデータの精度の低さの方が、それらも対象に加えることで得られる分析力よりも影響が大きいなら、途上国のデータを足したとたんに、関連の社会現象を予測する力が弱まるはずだ。しかし実証的分析を行なった結果、高所得国のデータだけを分析したときの予測力より、可能な限り多くの社会を分析したときの予測力の方がはるかに強力であることがわかった[3]。最大限に多様なデータを分析する利点は、データの精度がどれほど低下しようとも、それを補ってあまりあるのである。

グラフは出しても数式はなし

私自身は、詳細な統計表とにらめっこして何時間でも楽しく過ごせるのだが、これが万人に共通する嗜好でないことは明らかだ。自分の専門分野でもないかぎり、たいていの読者は回帰方程式がいくつか並んでいたら興味をなくしてしまう。この本で論じる話は非常に重要なものなので、紹介のしかたさえ専門家向けにならないようにすれば、より多くの人が関心を寄せてくれると思う。そ

序論　本書の概要

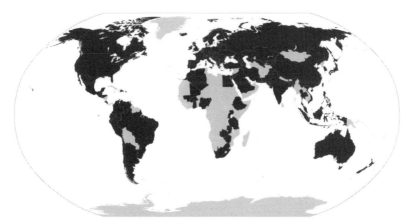

図1-1　これまでに一度でも世界価値観調査の対象になったことのある国を着色してある。対象国の人口は世界人口の90％を上回る。

れゆえ、本書に回帰方程式は出てこない。こみいった統計表も載せない。ただし、多くの定量分析から得られた知見だけは報告している。グラフもかなりたくさん載せた。グラフは、膨大なデータから引き出した関係性を、シンプルかつ鮮やかなパターンにして素早く伝えてくれる。たとえば、国が裕福になればなるほどジェンダー間の平等が進むことを、視覚でとらえることができる。

　人々の価値観や目標がどのように移り変わっているか、そして、その変化がどのように世界を変えつつあるのか、読者にはっきりと理解していただく、本書がその一助になれば幸いだ。

第1章　進化論的近代化と文化的変化

概要

　ある社会の文化は、その構成員が生育期に生存をどの程度安泰と感じていたか、あるいは脅かされていたと感じていたかによって形づくられる。本書ではまず、近代化論の改訂版——進化論的近代化論を紹介する。これは経済的、身体的に不安定だと排外主義、内集団内の強い結束、権威主義的な政治や集団の伝統的な文化規範を厳守する傾向などにつながり、反対に安泰な状況下では外集団への寛容さが増し、新しい考え方を受け入れやすく、社会的規範はより平等主義的になるとする理論だ。理論の紹介に続いて、世界各地で集めたデータを分析していく。世界人口規模に迫る対象国から得られた調査データによれば、ここ数十年にわたり、経済的・身体的安心さのレベルが変化したことで人々の価値観や動機が再形成され、それによって社会を変容させていることが示されている。

　歴史が始まって以来ほぼずっと、生存とは不安定なものだった。人口増加は食糧の供給量に見合う程度にとどまり、飢餓と疾病と暴力によって一定に保たれてきた。このような条件下におかれた社会では、仲間うちの結束の固さ、集団の規範を守ること、よそ者の排除、強力な指導者に従うことに重きがおかれる。物資が極端に不足している環境下では、排外主義は現実に即している。たとえば、ひとつの部族がぎりぎり生きられるだけの土地を別の部族が奪いにきたとしら、生き延びるとはまさに、「われわれかやつらか」というゼロサムの戦いである。そんな中でこの部族が生き残るためには、強力なリーダーに従って隊列を固め、一致団結してよそ者に備えるのがすぐれた戦略であり、こうした傾向は、「権威（独裁）主義的反射行動」とよぶことができる。逆に高度に生存が保障される状況下では、個人の自律や、多様性・変化、新しい発想に対してより心を開く方向への道が開かれる。

　権威への服従は排外主義をはじめとする不寛容さと連動する、そんな考えを

最初に提示したのは、今では古典となっている *The Authoritarian Personality*（『権威主義的パーソナリティ』）[1]だった。この本では権威主義を人格的特徴の一種と捉え、厳格な子育てがその原因であるとしている。権威主義という概念は当初から賛否両論が激しかったため[2]、いきおい大量の論文が書かれた。当時の理論的基盤も測定手段も、今日ではおおむね時代遅れになっているものの、この70年の間におびただしい研究が重ねられたことで、権威に対する従順さは、排外主義、不寛容、集団の規範遵守と結びついている傾向が強いことが確かめられている。このことは、不安を抱くようになったときの、人間がもつ根強い反応を反映しているのかもしれない。近年、過去に行なわれた調査、実験、統計データに基づく膨大な証拠を再検討したところ、権威主義的人種差別や政治的不寛容、道徳上の不寛容といった一連の行動様式（現象、シンドローム）は存在するし、その原因は、各人の持って生まれた不寛容になりやすい素因と、レベルの変動する社会的脅威との相互作用だという結論になった[3]。私自身の研究からも、ある特定の出生コーホートは、生存への安心感が低かったり高かったりする中で育てば、権威主義的傾向が相対的に高くなったり低くなったりするらしいとわかっている。

　20世紀に入り、工業化と都市化が進み、読み書きが普及したことで労働者階級が労働組合や左派政党に参加できるようになり、彼らから選ばれた政府が再分配政策を実行し、経済的なセーフティネットを提供することとなった。第二次世界大戦後の数十年は経済成長が異例なまでに急激だった上、大国間の交戦もなかったことから、この動きはさらに確固たるものとなった。先進工業社会の国民は、かつてない生存への安心感を経験することとなり、特に若い世代の人々は、生存とは当たり前のものだと思って育つようになった。このため、経済的・身体的安全性を最優先する価値観から、選択の自由、環境保護、ジェンダー間の平等、同性愛者への寛容などをより重視する価値観へと、世代間の価値観シフトがもたらされた。それが後に、1990年前後の民主化のうねりや同性婚の法整備化など、大きな社会的変化につながっていくこととなった。

従来の近代化論と進化論的近代化論

　近代化論の歴史は古い。経済発展は、予測可能な社会的および政治的変化を

もたらすという発想は、カール・マルクスが提唱して以来、ずっと論争の的となってきた。過去におきたことを説明するにとどまらず、未来におきることも予想しようという企てだけに、知的な興奮を誘われる。目下のところ、人間の行動を予測せんとする努力は大半が失敗に終わっているし、マルクスによる初期の近代化論でなされた主要な予測は誤っていたといわざるを得ない。工場労働者は必ずしも労働人口の圧倒的多数派にはならず、プロレタリアートの革命は成就しなかった。私有財産を廃止しても搾取と衝突に終止符が打たれることはなく、共産党のエリートという新たな支配階級の台頭をもたらした。人間の行動はあまりに複雑で、あまりにも幅広い要因に影響を受けるため、正確な決定論的予測ができるという主張はおよそ現実的とはいえない。

近代化の主な特徴は、飢餓をなくし、平均余命を延ばして生活をより安泰にする点にある。発展が高度に進めば生存の安心は人々の動機づけに広範囲の変化をもたらす。人生設計にしても、安全の保証などないという認識に基づく戦略から、生死の心配など忘れて、さまざまな人間らしい望みを最優先する戦略へのシフトが可能となる。

生存が保障されていないという実感があると、よそ者を排除して自民族中心的に結束するようになるし、集団内では権威主義的な指導者の下で結束するようになる。それどころか、極度の飢餓状況のもとでは、生きるためには一致団結して戦闘に赴かねばならないことさえある。人類は誕生以来のほとんどの時期を飢餓すれすれの状態で生きてきたため、不安がひきがねとなって強力な指導者や集団内の結束、よそ者の排除、集団規範の遵守という権威主義的反射行動が進化した。反対に安全性のレベルが高くなれば、個人の自由な選択を認めたり、よそ者や新しい意見に寛容になったりする余裕が生まれる。

生命体はみな、進化のはたらきによって、生存を最優先するように形づくられてきた。そうしなかった生き物は死に絶えたし、かつて存在したが今は絶滅した種も数多くある。そんなわけで人間も、なにか生存に必要なものが不足がちになったら、その調達を最優先するように進化してきた。人は酸素がなければものの数分で死に至るので、欠乏した時にはその入手に全精力を注ぎこむ。水はなくても数日は生きられるが、乏しくなれば死に物狂いで争い、必要とあらば人殺しも厭わない。ひとたび安定した供給が確保されると空気や水のこと

は忘れ、ほかの目的を最優先する。食べ物はなくなっても週単位で生存が可能だが、それでも少なくなれば食糧が最優先になる。歴史を通じて、食糧は足りないのがむしろ常態だった。食糧があればあったで、人口がそれだけ増えるからである。

　生存は保障されていないものだと思って育つのと、生存は当たり前だと思って育つのとでは天地ほどの開きがある。人類の歴史のほとんどは生存の危うい時代だったし、生存とは非常に根本的な目標であるがゆえに、生きていく上での中心的な戦略として、日々のあらゆる面に影響を及ぼしてきた。ところがこの数十年で、飢える可能性を考えずに育った世代の世界人口に占める比率がどんどん上昇し、生存が当然視されるようになった社会では、働くモチベーション、信仰、政治、性行動、子どもの育てかたなどの分野で大きな変化が起こりつつある。

　社会の変化は決定論的なものではないにせよ、それでも、若干いくつかの起こり得る軌道というものがある。いったん経済成長が始まれば、最終的にはいくつか特定の変化が起こりがちだ。たとえば工業化によって、どんな社会でも都市化、職業の専門分化、公的教育のレベル上昇が起きる。工業化がさらに進むと豊かになり、栄養摂取状況や健康管理状況が良くなって平均余命が延びる。さらに時が経つと、仕事のあり方の変化と避妊技術の進歩により、ますます多くの女性が家庭の外で就労することが可能になる。それと文化的変化とがあわさって、ジェンダー間の平等が進んでいく。

　社会によっては、文化的伝統がこうした変化に抵抗するところもあるだろう。社会文化的な変化とは経路に依存するものだし、文化的伝統は驚くほど根強いからである。カール・マルクスからマックス・ウェーバーに至るまで、古典的近代化論では宗教や民族への忠誠心はすたれていくものと考えられていたが、宗教もナショナリズムも未だに大きな力を持ちつづけている。そのため、カトリックの国々よりプロテスタントの国々の方が数十年早く女性に選挙権を与えたり、同じ先進国でも日本だけは女性の職場進出が遅かったりということが起きる。それでも、近代化が進むにつれ、これら一連の変化がますます起こり得る可能性が高くなることを示す証拠が増えてきている。日本でさえ、ジェンダー間の平等の方向へと進みつつあるほどだ。価値体系とは、近代化という推

進力と頑固な伝統の影響力とのバランスを反映するものなのだ。

　第二次世界大戦後の先進工業社会における、異例な速さの経済成長と福祉国家の出現により、大きな文化的変化がもたらされた。歴史上初めて、これらの国々で多くの国民が自分たちの生存は当たり前のこととして育つことになったのだ。このような条件下で出生した集団（コーホート）は、環境の質や表現の自由など、生存以外のゴールに高い優先順位を与えはじめた。

　このことが世代間の価値観変化へとつながって、高所得社会では政策も文化も変容した。中国やインドをはじめ急速に発展しつつある社会も、ある段階に達して生存を当然視して育った成員の占める割合が高くなれば変容が起きるであろう。このプロセスにはいくつもの側面があるが、そのうち最もよく表現されているのが、経済と身体の安寧を最優先する「物質主義的」価値観から、自由選択と自己表現に重きをおく「脱物質主義的」価値観へのシフトである。しかしそれは、より広汎なシフトを構成する要素の一つでしかない。より広汎な、生存重視の価値観から自己表現重視の価値観へのシフト[4]によって、政治、宗教やジェンダー間の平等、外集団への寛容さなどについての支配的な規範が変化し、環境保護や民主主義的な制度などへの支持が高まっている[5]。農村社会の特徴である厳格な文化規範は、個々人の自律や選択の自由をより許容する規範——それは知識社会に資する規範でもある——に取って代わられつつある。

生存への安心感が重要という証拠の集積

　それぞれが独立して研究を進めているにもかかわらず、人類学者、心理学者、政治学者、社会学者、進化生物学者、そして歴史学者は、文化や制度の変化に関して驚くほど似通った理論を発展させてきた。どれもが、飢餓や戦争、疾病といった生存への脅威からどの程度安全なのかが、その社会の文化規範や社会政治的制度のありかたを形成すると強調するのである。

　たとえば、イングルハート、ノリス、ウェルツェル、エイブラムソン、ベイカーをはじめとする政治学者や社会学者は、新しい世界観がじわじわと、西側社会を何世紀も支配していた世界観に取って代わりつつあると説く[6]。この文化的変化の原動力は、生存は保障されたものではないと思って育つことと、生存は当たり前のこととして育つこととの決定的な差異にある。そのほかいくつ

もの分野で、類似した結論が出ている。たとえば、ミシェル・ゲルファント率いる心理学者と人類学者のチームでは「タイトな」文化と「緩い」文化とを区別し、こうした性質はそれぞれの社会がそれまでの歴史で遭遇してきた、生態学的・人的脅威によって形づくられると主張している[7]。脅威にさらされれば、強固な規範や秩序維持のために、逸脱行為の処罰の必要性が増す。タイトな社会では、反対意見を抑圧する独裁的な統治システムが犯罪を抑止、コントロールする。また信仰心も篤い傾向がある。これらの仮説をミシェル・ゲルファントらが33か国の調査データに照らして検証したところ、自然環境の厳しい国、歴史的に脅威にさらされてきた国では相対的に規範が強固で、逸脱行動に対する許容度が低いことがわかった。

同様に、コリー・フィンチャーとランディ・ソーンヒル率いる生物学者と心理学者のグループからも、感染症に対する脆弱性が、集団主義的態度や排外主義、ジェンダー間の平等への拒絶——いずれもデモクラシーの誕生を阻害するもの——と関連していることを示す、説得力のある証拠が提示されている[8]。彼らは豊かさと都市化の影響を調整後に98か国・地域の人々を集団主義 - 個人主義尺度で評価した結果、疾病による脅威の高さは集団主義的態度と連動することを発見した。また、生物（生体）心理学者の ナイジェル・バーバーは、宗教は人々が危険な状況と折り合いをつける上で役だつ一方、経済が発展して経済面および健康面の安定性が高まると信仰心は弱まることを発見している[9]。これらの研究結果はいずれも、進化論的近代化論による予測と呼応している。

さらに別の観点からの研究成果によれば、歴史学者のイアン・モリスは広範囲にわたる歴史的証拠を検討した末に「どの時代も、その時代が必要とする考え方をもつようになる」との結論に達している。つまり、狩猟採集社会、農耕社会、工業社会のいずれも、進化論的近代化論で描写されているのとよく似た進化プロセスを経て、それぞれの社会にふさわしい価値体系を育てていくというのである[10]。

私の考えによれば、経済成長は経済的にも身体的にも安定性を高める上に、疾病への脆弱性を緩和する——いずれも文化的な開放性につながるもので、民主制度とよりリベラルな社会立法を促進する——ということである。

それは、独断的態度や柔軟性の欠如、不寛容などは人々が脅威を認識して成

長すると拡がるというテオドール・アドルノらの古典的な主張とも、また、人はわが身を脅かされるとより偏執的、防衛的、不寛容になり、危険がない状態では安心し、社交的で寛容になるというミルトン・ロキーチの論説とも、整合性がとれている[11]。これらの諸説ともあわせて考えると、自己表現重視の価値観——同性愛への寛容さも含まれる——がもっとも拡がるのは生活条件の安定した豊かな社会である[12]。社会経済開発は、身体的な生存への脅威があると感じるかどうかを決定づけることで、人々の生存への安心感にじかに影響を与える。その結果、発展途上の社会でみられる価値観や信念は、先進諸国にみられるそれらとあらゆる面で異なる、ということをこれからみていきたいと思う。

西側諸国における脱物質主義の台頭

　先進社会における基本的な価値観が変化しつつあることを示す最初の、そして最も広範な証拠は、物質主義的価値観から脱物質主義的価値観へのシフトに関するものである。45 年以上前、私は『静かなる革命』で「先進工業社会の政治風土において、一つの変容が起きつつあるのかもしれない。この変容は、各世代がそもそもどのように社会化されるかに影響する諸条件を変えることで、基本的な価値観の優先順位を変えつつあるように思われる」と述べた[13]。

　世代間で価値観が変化しているというこの理論は、鍵となる二つの仮説に基づいている[14]。

1. **希少性仮説**（A Scarcity Hypothesis）
　　一般的に誰もが自由や自律を尊ぶものではあるが、人々は最も手に入れにくい欲求を最優先させる。食糧の確保と身体の安全は生き残れるかどうかと密接に結びついているため、不安定な場合人々はこれら物質主義的目標を何よりも優先させるし、安心できる条件下では帰属や尊敬、自由な選択といった脱物質主義的目標をより重視するようになる。

2. **社会化仮説**（A Socialization Hypothesis）
　　社会的・経済的環境などの物質的な諸条件と価値観の優先順位の関係には、実質的なタイムラグが生じる。人の基本的な価値観は、前成人期に優

勢的だった諸条件を大きく反映するもので、これらの価値観の変化は主に、世代間の人口置換を通して起こることとなる。

希少性仮説は限界効用逓減の法則に似ていて、身体的生き残りと安全のための物質的ニーズと、自己表現や美的満足感といった非物質的ニーズの差異を反映している。

先進工業社会はここ数十年のあいだにそれ以前の歴史とははっきりと違う道へ進んだ。飢餓と経済の不安定という条件の下で育っていない人々がかなりの割合を占めるようになったのだ。それが、帰属や尊敬、自由な選択などのニーズがより顕著になるというシフトにつながった。希少性仮説は、豊かな時期が長く続けば脱物質主義的価値が強まり、不況が長引けばその逆の効果が出ることを意味している。

とはいえ、社会経済的発展と脱物質主義的価値観の普及の間には一対一の関係があるわけではない。こうした価値観はその人の主観的な安心感を反映しており、それは部分的には社会的な所得水準によって形づくられるにせよ、社会福祉制度や暴力や疾病からの安全性によっても影響されるからである。このような価値観シフトにつながる条件を示す上で、平均所得は入手も容易ですぐれた指標の一つには違いないが、この理論の見地からいうと決定的な要因は、その人が感じた生存への安心感なのだ。

その上、社会化仮説によれば、人々の基本的な価値の優先順位はすぐには変わらない。人の基本的な人格構造は成人期に達するまでに生成されるというのは、社会科学の諸概念のなかでも特に広く浸透している。人々の基本的な価値観は成人期に達したときにはほぼ固まっており、それ以降は比較的変化が少ない[15]ことは、かなりの根拠によって示されている。もしそうだとすると、安全性の高まりを経験したばかりの社会でなら、若者と年配者の価値観にかなりの差がみえると予測できる。世代間の価値変化が起きるのは、若い世代が、それ以前の世代のありようを形成したのとは異なる条件の下で成長したときなのだ。

この二つの仮説から、価値変化に関するいくつかの予測が生まれる。まず、希少性仮説によると豊かさは脱物質主義的価値観の普及につながる一方、社会化仮説によると社会全体での価値変化は、主として世代間の人口置換によって

徐々に起きる。経済が変化してからそれが政治に影響するまでにはかなりのタイムラグがあることになる。

　世代間の価値変化に関する最初の実証的根拠は 1970 年に西ヨーロッパの六つの社会で行なわれた調査から得られたもので、その調査は物質主義的価値観から脱物質主義的価値観へのシフトという仮説を検証するためのものだった[16]。この調査で明らかになったのは、上の世代と若い世代では価値観の優先順位に大きな差があることであった。既述のように、もしこの年齢による差が世代間の価値変化によるものであり、単に加齢につれて物質主義的になる傾向のせいでないとしたら、成人人口において年少の出生コーホートが年上の出生コーホートに取って代わるにつれて物質主義的価値から脱物質主義的価値へのゆるやかなシフトがみられるだろうと予測できる。もしその通りのことが起こっているとしたら、その影響は広範囲に及ぶことが示唆される。この価値観は、政治参加の重視や表現の自由から環境保護やジェンダー間の平等、民主的な政治制度の支持にいたるまで、数多くの重要な指向性と密接に結びついているからである。

　価値観変化という主張は当初から論争の的であった。批判する立場の人々は、1970 年に見つかった年代間の大きな差は世代間の変化というより、ライフサイクル効果によるものだと主張した。若いうちは政治参加や言論の自由といった脱物質主義的な価値を好むのが自然だが、そんな彼らも年をとるにつれ、上の世代と同じ物質主義的な指向性を持つようになる、だから社会全体の価値観は変わらないというのだ[17]。

　一方価値観変化仮説の立場に立てば、若者が年長者にくらべて脱物質主義的になるのは、安全性が以前よりもかなり増した生活環境で育った場合に限られると主張する。それゆえ、停滞した社会では世代間の価値観の差はみられないだろうし、もし将来、新しい世代が成長する環境の安全さが前の世代と変わらなくなったら、世代間で価値観の差はみられなくなるだろうと予測する。とはいえ、人格形成期に経験した安心感の程度が与える影響は長く残る。その結果、成人人口において比較的脱物質主義的な戦後生まれのコーホートが、より物質主義的な上の世代と入れ替わっていくにつれ、物質主義的価値観から脱物質主義的価値観へのゆるやかなシフトが見られることになる。

戦後生まれのコーホートとそれ以前のコーホートとでは生育期の体験がかけ離れているため、価値観の優先順位に大きな差が生まれる。しかし子ども時代には政治へのインパクトはまるでない。この差が社会レベルで顕著になったのは、第二次世界大戦後20年がたち、戦後に誕生した最初のコーホートが成人して政治に関わるようになり、1960年代末から70年代にかけて学生運動時代を形成するようになったときだった。当時の抗議運動の参加者たちに広く流行したスローガンは「30過ぎのやつらを信用するな！」だった。

　本書では、経済・人口・政治のデータも併せつつ、1981年から2014年の間に100を超える国や地域で行なわれた何百もの全国標本調査で得られたデータを用いて、文化的変化を分析していく[18]。この膨大なデータによって、予測されていたとおり物質主義的価値観重視から脱物質主義的価値観重視へと世代間シフトが起きていたことが示されている。ただし、のちに扱う予定だが、このシフトとて、生存欲求を最優先する生存重視の価値観からジェンダー間の平等や環境保護、寛容さ、他者との信頼関係、選択の自由などを重視する自己表現重視の価値観へという、より幅広い文化的シフト（cultural shift）の一部でしかない。その中には、子どもに教えるべき大切な価値として、勤勉さを重視していたことから想像力と寛容を重視するようになったというシフトも含まれる。こうした変化によって新たな政治的課題が舞台の中心に登場することにもなったし、デモクラシー普及が促進されることにもなった。

文化的変化と社会的変化

　価値観が変われば社会も変わりうる。文化とはある環境での生き残りに役だつ一連のスキルや規範であり、その社会の生存戦略を構成する。文化も生物の進化と同様、突然変異や自然選択にも似たプロセスで進化するが、学習されるものだけに、文化の変化は生物の進化よりはるかに速い。

　ここ数十年で高度先進諸国の一般的価値観は大きく変わり、それまで何百年も続いてきたジェンダー間の役割や中絶、離婚、避妊、性的指向などに関する文化規範が変容しつつある。中でも劇的なのは、新たなジェンダー間の役割という考え方の出現である。有史来、女性は概して男性に従属するものとされ、まずは娘、ついで妻と母という非常に限られた役割に押しこめられてきた。そ

第1章　進化論的近代化と文化的変化

れが近年、劇的に変わった。男性にのみ開かれていた職業のほとんどが、次第に女性にも門戸を開くようになった。二世代前には、高学歴者に女性が占める割合はわずかなものだった。それが今や、ほとんどの先進国の大学で女子が多数を占めるようになり、教員に占める割合も増えている。大半の国で女性には選挙権すらなかった時代から100年もたたないのに、今日では投票にとどまらず、多くの民主主義国で議席数をのばし、政界の高い地位にも進出しつつある。何世紀も従属的な立場にあった女性たちが、学術界やビジネス界、政界でも、権威ある地位に就くことが増えてきたのである。

　近年の社会的変化を示すいまひとつの例は、同性愛者であることを公言している政治家たちが主要都市の市長や国会議員、外務大臣や政府の長などになっていることだ。2000年以来、同性婚を制度化した国も増えているが、低所得諸国（とりわけイスラム教の国々）が変化に対して強硬に抵抗しているため、変化のペースは各国ごとに大きく異なる[19]。同性愛が未だに非合法である国は多く、同性愛行為に死刑を課す国もある。そのため、近年エジプトで行なわれた調査では、同性愛は「何があろうと」正当化されないとの回答が99％を占めた。人口の99％ということは、当の同性愛者たちまでが非難していることになる。伝統的規範に忠実な人々にとっては、このような文化的変化は脅威である。というのも、先進諸国でいくつか耳目をひく政治問題をひき起こしたのもこれらの文化的変化であった。イスラム原理主義者と西洋社会との間で起きている昨今の衝突もそれにより説明がつく。高所得社会の市民たちは急激な変化をとげたのに、大半のイスラム主流国の人々はわずかしか変化していない。そんな彼らの立場から見れば、今日の高所得国の社会規範は退廃的で、ショッキングなものだ。イスラム教諸国で伝統的価値観を奉じている人々と先進国の人々のあいだには隔たりができ、どんどん拡がっている。かつてはイスラム教諸国にも、西洋民主主義国を手本に追いつこうと考える人がたくさんいたものだが、今やイスラム原理主義者たちは西洋文化を、その脅威から身を守るべき対象として見ている。

価値観変化の源泉としての認知と感情

　古典的近代化論はもう一つの観点からみても修正される必要がある。文化的

変化を形成するものとして、認知の要因ばかりを強調しすぎているからだ。ウェーバーは世俗的で合理的な世界観の勃興を、科学的知識が普及したからだと考えた。科学的発見により、宗教による昔ながらの世界の解釈は廃れてしまい、科学的知識の普及により、宗教は容赦なく合理性に取って代わられるだろうというのだ。同様に、近代化論の論者たちの中にも、教育が近代化のプロセスを促進すると論ずる人たちがいた。ほとんどの国では、学歴の高い人ほど世界観が近代的な傾向があるし、教育レベルが上がるにつれ、宗教に基づく伝統的な世界観はどうしても世俗的合理的世界観に道を譲ることになるからだ。

このように認知の力にばかり注目していたのでは、ことの一部しか捉えられない。たとえば、人が自分の生き残りを安泰と感じているか危ういと感じているかなど、感情や経験といった要因も、人々の世界観を形づくる上では同様に重要なものだ。公教育のレベルの高さが非宗教的・理性的価値と自己表現価値と関連しているのは確かだが、高等教育は単に、人が知識をどこまで吸収したかということだけを示す指標ではない。経済的に安定した家庭の子どもたちは高等教育を受ける可能性が大きく上がるので、人格形成期に周囲と比較してどの程度安心感のある環境を経験したかの指標にもなる。

それでもそれぞれの社会には、多数の人がもつ考え方を反映した社会的風土もはっきりとあるもので、それがまた人々の考え方を形づくるのに寄与する。そのため、高等教育は総じて人々が自己表現価値を重んじるよう促すと言えるにせよ、人がどの程度自己表現価値を重視しているかをみると、同じ国内で高学歴者と一般大衆を比較するよりも、異なる国の高学歴者どうしを比較した方が大きな差が出る[20]。

教育の認知的な要素はいったん学べば消えることはないが、安心感や、自律できているという感覚はそうではない。たしかに人の物の見方を決める上で、世界が安全か危ういかという感覚は、初期に確立するものであるし、比較的変化しにくい要素ではある。それでもこの物の見方は、時の経済的、政治的事件にも影響されうるし、たとえばソ連崩壊のような大変動があれば多大な影響を受ける。それほどの事態は稀ではあるが、中欧と東欧で共産主義が崩壊した1989年から1991年にかけては、この地域の国々のすべてがそれを経験した。ソビエト継承国の人々は生活水準の急落を経験した上、社会・政治システムも、

数十年にわたり奉じてきた信念体系も壊れていく中をくぐりぬけることになった。しかし学んだ科学的な知識は消えはしなかった。消えるどころか育まれつづけたし、これらの社会の教育水準も高いままだった。その一方、人々の多くがいだいていた生存への安心感や、自分の人生は自らコントロールしていけるという実感は、一気に低下することになった。仮に近代的価値観の出現がひとえに認知的要因だけで決まるものだったら、非宗教的・理性的価値観も自己表現重視の価値観も引きつづき拡がりつづけたはずだ。しかしもし、これらの価値観は生存への安心感によって形成されるものと考えると、旧ソ連圏の社会では近代的価値観が後退し、生存重視の価値観や信仰の重みが増すだろう。のちに扱うことになるが、これこそまさに、現実に起きたことだった。文化的変化は単に認知的要因だけでは決まらない。それよりも大きいのは、自己の生存が安寧か危ういかという人々の直接体験の影響なのだ。

もう一つの仮説：合理的選択説の検証

　本書で論ずるのは、人が成長過程で生存が不安定か安泰かと認識していたかと、歴史的・文化的な違いとが合わさって人々の行動に大きな影響を与えるというものではあるが、ここで検討しておくべき有力な代替仮説がある。合理的選択だ。

　個人や社会のふるまいを説明するには、合理的選択説と文化モデルという、対照的な二タイプの仮説が競い合っている。合理的選択理論は近年まで経済学でも政治学でも主流だったもので、人間の行動は自己の効用を最大化することを目的とした意識的選択を反映しているという前提に基づいている。このアプローチでは、文化的、歴史的要因はほとんど重視せず、インセンティブが同じなら人はだれもが同じ選択をすると仮定する。この理論からエレガントで簡潔なモデルが考案されてきたが、現実の人間の行動はそれだけでは説明しきれないという実証的証拠が増えつつある。そのため近年では、感情や文化といった説明要因も取り入れた行動経済学の影響力がしだいに増してきた。

　もちろん、政界のエリートたちによる意識的な選択も重要かつ直接の影響を及ぼしうるのは疑いない。たとえば、2015年に合衆国最高裁が同性婚を合法化したところ、その直後から同性カップルの結婚が相次いだ。直接の要因は最

高裁の決定にあったが、しかしこれにはもっと深い要因があって、それは長年の間に起きた大衆の態度の変化だ。何世紀もの間、同性婚は単に非合法というだけでなく想定外のものだった。ところが、価値観調査のデータによるとこの規範は、何十年もかかって起きた世代間の価値観変化というプロセスを通して、徐々に弱まっていたことがわかる。同性婚を支持する考え方が一般の人々の間にどんどん拡がり、口にものぼるようになったあとで、法律そのものが改正されたのだ。

多くの心理学研究から、ヒトの脳内活動は無意識レベルで起こるものの方が圧倒的に多いことが示されている。自覚できるのは意識的な処理だけなので、われわれはつい、意思決定は意識で行なっていると思いこみやすい。しかも人間は、どんな決断だろうと後づけで説明づけることに長けているから、どんなできごとにもこれは合理的選択だったという説明をつけることができてしまう。ところが実験的研究では、人の決断は無意識のバイアスや直感などに大きく影響されていることが示されている[21]。さらに、同じ脳のなかでも意識的プロセスと無意識のプロセスは異なる部位で処理されている。脳をスキャンしてみると、決断がくだされるときには、まず無意識のエリアで、次に意識のエリアで活動が起きる。明らかに、無意識の諸要因によって決断がなされ、それから意識を担う部位のはたらきで理屈づけが行なわれて首尾一貫したストーリーに仕立てられているのである[22]。同様に、心理学や認知神経科学における近年の成果によれば、道徳的信念も動機づけも、進化によってヒトの精神にそなわることとなった直感や感情に由来するようなのだ。道徳的判断も迅速かつ無意識の直感の産物であり、続いてより遅い意識的な論理的思考のスイッチを入れて、これが直感を裏づけるような理屈を見つけだしているらしい[23]。

感情を有する方が、純粋に理性に頼るよりも結局は合理的なのだ。人間は感情が進化したおかげで、順境と逆境の区別なく、合理性だけで動く人なら利益しだいで裏切るような場面でも友や仲間に味方しつづけるという永続的なコミットメントができるようになった。人々が信頼にもとづいた長期的な関係のなかで協働できるのは、感情のはたらきなのだ。長い目でみると、自然選択のふるまいは、あたかも合理性そのもの以上に合理的であるようだ[24]。

人間は感情があるからこそ、数ある選択肢を理性で分析していてはいつ終わ

るかわからない場面でも、素早い判断ができる。意識による論理的思考はそれに続いて一貫性のある物語をあみ出して理由づける——合理的選択が人の行動を決定しているというのは、見かけにすぎない。それでも長い時間をかければ、自然選択は外的環境と相性のいい文化規範を実に効果的にうみ出すため、結果だけ見ると理性による判断と似通ったものになりやすい。そのため、文化的変化はゲーム理論[25]を使うことである程度正確にモデル化できる場合が多い。文化的変化を合理的選択モデルで説明しようとする試みは、ある規範が歴史的にみて実際にいかなる進化をとげてきたかを反映するわけではないが、その取り決めがなぜそこの環境に適合し、生き延びているのかという根本的な理屈は捉えていることがある。これを進化生物学者の物言いにたとえると、ホッキョクグマの毛皮は「雪の上で目立たなくするために」白く進化したと説明するのに似ている。ホッキョクグマが意識的に白い毛を生やそうと考えたはずはないことくらい彼らは百も承知で、これは突然変異と自然選択の結果こうなったことを簡潔に記述する手段なのだ。現代の社会科学でも、合理的選択仮説を唱える人々は複雑な進化プロセスをあたかも理性的な取引と意識的選択の結果のように表現することがある。たとえそれが意識的な選択というより、結果も予期できない複雑な事象から成る進化的なプロセスを反映するものだとしても、である。

文化的変化、遅い変化と速い変化

　文化とは、その社会の生き残り戦略を構成する、一連の学習された行動である。この戦略を支配する規範は非常にゆっくりとしか変化しないのが普通で、何百年も持続することが珍しくないが、条件によっては急激な変化をとげることもある。表面的な流行はすぐに移り変わる一方、基本的な価値観は世代間の人口置換によってゆっくりと変わる傾向があり、変化の根本要因が発生してから文化的変化が社会の中で明らかになるまでには数十年単位のタイムラグがある[26]。物質主義的／脱物質主義的価値観シフトの実証的分析でも、基本的な価値観は徐々に、主として世代間の人口置換によって変化するとの見解が裏づけられる[27]。人々が最適選択に気づけば全世界に一様に普及することもあるのに対し、基本的価値観のシフトは、その社会の経済的安定と身体的安全が十分高

いレベルに至り、若い出生コーホートが生存を当然視して育つという閾値に達するまで起こらない。これと対照的に合理的選択仮説では主要な諸制度はエリートたちの意識的な選択により採用されるので、これなら一夜にして変わることもありうる。制度が文化を決定づけると前提する傾向もあり、もしそうなら基本的な文化規範もすぐに変化しそうなものだ。

合理的選択仮説では、文化的変化は世代間の人口置換によって進みがちなことや、宗教の分裂の影響や何世紀も前に起きた歴史的事件の影響が未だに残っていることなどの説明がつかない。

この数十年、生存への安心感が増したことで世界の姿はどんどん変わってきた。1970年から2010年の間に、世界のあらゆる地域で平均余命、所得、就学率が上昇した[28]。貧困、非識字率、死亡率も世界的に下がりつつあるし[29]、戦争、犯罪率、暴力は何十年も減少し続けており[30]、大国間の戦争が起きていない年数は目下、有史以来の最長記録を更新中だ。その上に戦後の経済的奇跡と福祉国家の登場が重なったことで、生存を当然視して育った層が世界人口に占める率が次第に上がってくるような条件が生まれ、脱物質主義的価値観や自己表現重視の価値観の方向へと世代間シフトしていくことにつながった[31]。

世代間の人口置換と関連したシフトに加え、人々が変わることの効果も考えうる。教育やマスメディアとの接触を通じてこれらの価値観が普及したことで、ある出生コーホートが次第に新しい社会規範に寛容になっていくかもしれない。今のマスメディアは新しい社会規範を十年前よりずっと好意的に取り上げるようになっている。それがいつしか、何をもって社会的に望ましい規範と考えるか変容させていくこととなる。

安全性の高い先進工業社会において、成功している若年層の間では、女性を差別したり同性愛者をバッシングしたりするのは今や社会的に許容されない。一方で年長者や低所得社会の一般大衆はジェンダー間の平等にも同性愛者の許容にも反対の立場を崩さない。西洋の映画やテレビ番組、携帯電話やインターネットなどは低所得国にも広く浸透したものの、生き方の規範にまではまだそれほどの影響を与えていない[32]。ジェンダー間の平等や同性愛の許容などについての姿勢が変わっていくには、教育やマスコミが重要な役割を果たすのかもしれないが、今のところその影響力はおおむね、生存への安心感が比較的高い

社会のみにとどまっている。

どうやら世代間の人口置換と価値観の普及の両方が同時に起きているようにも思える。次章以降で紹介するように、物質主義的価値観から脱物質主義的価値観へのシフトにおいて世代の入れ替わりが主要な役割を果たした一方で、価値観の普及も起きていたのである。そのため同じ出生コーホートが加齢とともにより物質主義的になることがなかったばかりか、逆に年をへて、いささかではあるがより脱物質主義的になっていったのである。

本書で検討する主な仮説

検討してきた理論から、次のような予測が導きだされる。

1. ある社会における生存への安心感が十分高いレベルに達し、自己の生存を当たり前に思って育った者がかなりの割合を占めるようになると、論理的でおおむね予測可能な社会的、文化的変化を引き起こす。それは、欠乏感から形成された価値観から、脱物質主義的価値観や自己表現重視の価値観への世代間シフトを生み出すというものである。
2. 成人人口の中で年少の出生コーホートが上の出生コーホートに置き換わっていくにつれ、その社会において主流をなす価値観は変わるが、そこにはかなりのタイムラグがある。最年少のコーホートは成人するまで政治的な影響力がほとんどないし、たとえ成人しても成人人口の中では少数派でしかない。彼らが支配的な影響力を持つにはまだ数十年待つことになる。
3. 世代間の価値観変化は、人口置換に加えて、好況や不況といった短期的な影響にも左右される。しかし長い目でみれば、時期効果は互いに相殺することが多いのに対し、人口置換の影響はどんどん蓄積していく傾向がある。
4. 世代間の価値変化がついにある閾値に達すると、新たな規範が社会的に優勢となる。これを境に、順応というプレッシャーの方向性が逆転し、これまで反対していた変化を後押しするようになるため、人口置換のみによる変化のスピードよりもはるかに速いスピードで文化的変化をもたらす。
5. 文化的変化は経路依存性があり、ある社会の価値観は歴史的に受けついできたすべてによって形成されるため、生存の安心レベルのみによって決ま

るものではない。

次章以降ではこれらの仮説を検証していく。

第2章　西洋諸国、そして世界における脱物質主義的価値観の台頭

　物質主義的価値観から脱物質主義的価値観への転換という仮説が立てられてから40年以上が経過した。予見どおりの変化は本当に起きたのだろうか。

　膨大なデータを、(1)コーホート分析、(2)裕福な国々と貧しい国々の比較、(3)過去40年間で実際に観察されたトレンドの検討という、三種類の異なる手法で分析したところ、そのいずれもが、大規模な文化的変化が起きており、それは生存への安心感のレベルの上昇と関連した世代間変化のプロセスを反映しているという結論を指し示している。

　世代間の価値変化を裏づける最も古い実証データは、1970年に西ヨーロッパの6つの社会で価値観シフト仮説を検証しようとして実施された調査で得られたものだった。さらに幅広い価値変化が価値観調査によってその後も測定されるようになったが、世代間の価値変化に関する初めての定量データと、最も詳細なデータベースが得られたのは、この調査からである。この6か国では1970年から2009年までのほぼ毎年、全国規模の標本調査が行なわれ、30万回を超えるインタビュー調査を元にした40年分の詳細な時系列データが存在する。今では、人の住む6つの大陸すべてにわたり、これ以外の多くの国でも時系列データが得られている。

　価値観変化仮説を検証するにあたり、われわれは「どの国家目標が最も大切だと思いますか」と尋ね、「経済成長」、「物価上昇を抑えること」、「秩序の維持」、「犯罪の撲滅」といった項目（物質主義的価値観の重視を示す）と、「言論の自由」、「重要な政府決定に関してもっと国民に発言権を与えること」、「職場での発言権が高まること」、「理念や意見が尊重される社会」といった項目（脱物質主義的価値観の重視を示す）から選んでもらった[1]。1970年の全国標本調査では西ヨーロッパ6か国（イギリス、フランス、イタリア、西ドイツ、ベルギー、オランダ）でこの質問をした。

　これらの調査から、6か国すべてで若者と高齢者の価値観に大きな差がある

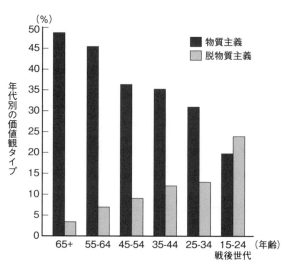

図2-1 年代別に見たイギリス、フランス、イタリア、西ドイツ、ベルギー、オランダの人々の価値観タイプ、1970年

出典：1970年2月「欧州共同体調査」
当初用いていた4項目から成る物質主義／脱物質主義価値観質問群からの分析。
Inglehart, 1990年：76より転載。

ことが明らかになった。図2-1に示すとおり、65歳以上の層では物質主義的価値を重視する人は脱物質主義的価値を重視する人の14倍を超える。ということは、20世紀初頭には物質主義的価値をもつ人は脱物質主義的価値をもつ人より圧倒的に多かったと思われる。その時代、マルクス主義者が主張したように、政治は階級闘争と経済問題に支配されている、というのは現実の第一近似としてそれなりに有効だった。ところが、年長のコーホートから年少のコーホートへと移るにつれてこのバランスは少しずつ変化し、物質主義者の比率が下がり脱物質主義者の比率が上がっていく。最も年少のコーホート（1970年に15歳から24歳だった層）では脱物質主義的価値観をもつ人が物質主義的価値観を持つ人を上回る。この横断データによれば、数十年経って、1970年当時の最年長の出生コーホートが死に絶え、より若いコーホートに取って代わられれば、脱物質主義的価値観をもつ人はますます増え、主流を占めるモチベーショ

第 2 章　西洋諸国、そして世界における脱物質主義的価値観の台頭

ンにも変化がみられるだろう。

　とはいっても、この年齢による差が反映しているのは永続的な出生コーホート効果だろうか、それとも一時的なライフサイクル効果なのだろうか。あるひとつの時点でのデータだけからは区別できないし、しかもこの二通りの解釈では、意味するところがまったく違ってくる。ライフサイクル効果だと解釈するなら、戦後コーホートも加齢につれしだいに物質主義的になるわけだから、65歳になれば1970年当時の65歳と同程度に物質主義的になり、社会全体は変わらないことになる。コーホート効果だと解釈するなら、年少のコーホートは長年にわたって相対的に脱物質主義的でありつづけるので、そんな彼らがより上の、より物質主義的なコーホートに取って代われば、社会で主流をなす価値観は変わっていくことになる。

　この疑問に決着をつけるにはコーホート分析を行なうよりほかはなく、そのための調査は、(1)数十年単位で続けること、(2)調査時期による影響がライフサイクル効果によるものかコーホート効果によるものか区別できるくらい何回もおこなうこと、(3)各回のサンプルをいくつかの出生コーホートにブレイクダウンしてもなお正確な分析ができるよう、十分な数の回答者があることが必要となる。

　図2-2に示すのは、30万件を超えるインタビュー調査に基づくコーホート分析の結果である。1970年から1997年までほぼ毎年行なわれ、物質主義／脱物質主義に関する調査項目群が含まれるユーロバロメータ調査のデータを主に、1999年と2007～2009年の世界価値観調査のデータを補助的に用いて、各出生コーホートを40年以上にわたって追跡している[2]。調査時点での各コーホートのポジションを確実に分析するのに十分なサンプルサイズを得るため、ここでは6か国全部のデータを一緒にまとめ、その上で、脱物質主義のパーセンテージから物質主義のパーセンテージを引き、差を求めた。つまり、縦軸に示すゼロの点では両者が同数となっている。図2-2のグラフの上に行くほど脱物質主義の割合が高く、下に行くほど物質主義の割合が高いことになる。

　仮に図2-2が示す年代ごとの差がライフサイクル効果を反映したものなら、どのコーホートも1970年から2009年の間に年をとってより物質主義的になり、グラフの線は右にいくほど下がるはずだし、仮に安定したコーホート効果を反

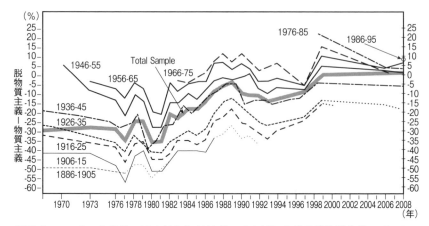

図 2-2 コーホート分析：1971 年から 2009 年の 6 か国における脱物質主義のパーセンテージから物質主義のパーセンテージを減じた数値の経年変化。対象国はイギリス、フランス、イタリア、西ドイツ、ベルギー、オランダ。

出典：1970〜1997 年は「ユーロバロメータ調査」、1999 年、2006 年、2008〜2009 年は「ヨーロッパ価値観研究／世界価値観調査」による。

映したものなら、どのコーホートも時系列の最初から最後まで脱物質主義の割合は不変だから、グラフは水平線となるだろう。

　しかしその一方で、時期効果も考慮する必要がある。われわれの仮説によると、大規模な不況のように生存への安心感が脅かされる事態が発生すれば、すべてのコーホートのグラフは現状に反応して下方へと押し下げられるはずだ。これは景気が回復すれば元のレベルに戻るので、長い目でみれば脱物質主義の割合は最初とさほど変わらないことになりそうだ。短期間だけを見ると、本当はすべてのコーホートを下方に押し下げる時期効果なのに、ライフサイクル効果を反映した年代差のように見えてしまう。それでもいずれは、正方向と負方向のゆらぎは互いにうち消しあうだろう。

　図 2-2 に示した詳細な長期の時系列データからは、時期効果がたしかに発生していることがはっきりと見てとれる。イングルハートとウェルツェルが示したとおり、これはそのときどきの経済状況、とりわけインフレを反映している[3]。景気の低迷期にはどの出生コーホートもより物質主義的になって右肩下がりとなり、景気が回復すると脱物質主義的になって、またそれぞれに右肩上

第2章　西洋諸国、そして世界における脱物質主義的価値観の台頭

がりとなる——ただし、ある出生コーホートと別の出生コーホートの差はずっと変わらない。つまり、時期効果の影響は長くは続かない。短期的なゆらぎはあっても年少のコーホートは相対的に脱物質主義的でありつづけるし、40年たっても、ある出生コーホートのメンバーが加齢とともにより物質主義的になるという全体的傾向はみられない。

　その一方で、この40年の間に、上から3つの出生コーホートがサンプルから消えた。代わりに登場したのが、1956～65年生まれ、1966～75年生まれ、1976～1985年生まれという3つの若いコーホートである。図2-2に示したコーホート分析では、ライフサイクル効果の証拠はみられない。1970年の調査で示された年代間の差は明らかに、永続的なコーホートごとの違いを反映している。ということは、成人人口の中で、物質主義者が少ない若いコーホートが上の世代に取って代わるにつれ、これらの社会は物質主義的価値観から脱物質主義的価値観へとシフトしていくことになる。

　これこそ、実際に起きたことであった。1970年に最初の調査の対象となった6か国の人々の間では、この40年で脱物質主義的価値観へと大規模なシフトがあった（同様のシフトは米国やその他の西洋諸国でもみられる）。図2-2で6か国全体を示す灰色の太線で1970年から2009年までの各時点を追うと、成人人口全体の間で脱物質主義的価値観へとシフトしていることがわかる。1970年代の初めごろには、6つの国のすべてで物質主義が脱物質主義をはるかにしのいでいた。全体では物質主義者の数が脱物質主義者の4倍、最年長のコーホートでは14倍もいた。同様に、1972年の米国では物質主義者の数は脱物質主義者の3倍だった。しかしこのあと、大規模なシフトが生じた。2000年には、西ヨーロッパでは脱物質主義者の数が物質主義者をわずかに上回り、米国では2倍を占めるようになった。予測どおり、脱物質主義的価値へのシフトが起きたのである。

　ところがここ20年、西洋諸国では経済的安全さが上がりつづけてはこなかった。経済成長がふるわず、利益のほとんどがトップ層にとられて所得の不均衡が進んだため、多くの人々が実質収入の停滞あるいは低下にみまわれた。そこに追打ちをかけたのが社会保障の削減と高い失業率で、とりわけ若者たちが職にあぶれることになった。このような状況になった西洋諸国では脱物質主義

的価値観へのシフトが次第に衰えた。そのため最新の調査ではもはや、最年少のコーホートが他の戦後コーホート以上に脱物質主義的ということはなくなった——もっともそんな彼らとて、まだ残っている戦前コーホート（未だに物質主義者が脱物質主義者より多い）に比べればはるかに脱物質主義的ではあるのだが。そんなわけで今では、世代間の人口置換は、脱物質主義的価値観への大幅なシフトにつながることはなくなった。

　それでも、大規模な価値観の転換はすでに起きている。1970年にはすべての西洋諸国で物質主義者が脱物質主義者を人数で圧倒していたが、2000年には脱物質主義者がわずかに上回るくらいの数になった。ただ人数では僅差でも、脱物質主義者は社会の中で、より生活が安泰で、学歴も高く、声の大きい層に集中しやすいため、彼らが全体の空気を左右するようになり、彼らの価値観がポリティカリー・コレクト（政治的に公正）ということになった。これらの国々ではもはや、脱物質主義的価値観へのシフトは主要な要因ではなくなった。最も高齢のコーホートを除けば、老いも若きも価値観はさほど変わらなくなっている。だが、高所得の西洋諸国の文化はすっかり様変わりしたのだ。

　脱物質主義へのシフトというロジックは、それ以外の国々にも大いに影響がある。1980年以来、世界全体が前代未聞の経済成長をとげた。インドと中国の年間成長率は6～10％にもなる。両国とも、ほんの数十年前には国民のほとんどが飢餓レベルすれすれで生活していたし、中国では大躍進政策の失敗により少なくとも3000万人の餓死者が出たことは、まだ人々の記憶に残っている。そんな両国だが、今では億万長者が続出している（一方で極度の貧困を生きる人々も百万単位でいる）。この二国がこんな勢いで成長しているということは、世界人口の40％が飢餓レベルの貧困から、つましくとも経済的に安心して暮らせるレベルへと移行しつつあることになる。そして、進化論的近代化論によれば、この変化は長期的には脱物質主義的価値観へのシフトをひき起こすものと考えられる。ただし前にも述べたとおり、それには数十年のタイムラグが伴う。今のところ中国でもインドでも、脱物質主義はほんの少数派にすぎない。それでもわれわれの理論によると、仮にこの両国が現在の軌道どおりに成長をつづけたなら、生存を当然視して育った若い世代が登場した暁には脱物質主義的価値観へのシフトが起こると予想される。メキシコからシンガポールに至る

第 2 章　西洋諸国、そして世界における脱物質主義的価値観の台頭

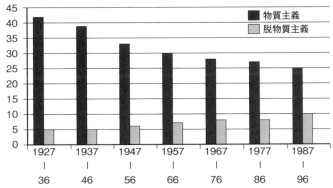

図 2-3　出生コーホートごとの物質主義的価値と脱物質主義的価値
2008〜2012 年、EU 加盟国となった旧共産圏 11 か国（ブルガリア、クロアチア、チェコ共和国、エストニア、ハンガリー、ラトビア、リトアニア、ポーランド、ルーマニア、スロバキア、スロベニア）を対象。

まで、すでに多くの国々がこの閾値に達している。

　世界全体に目を向けると、物質主義と脱物質主義の比率はその社会の経済発展レベルによって驚くほど異なる。低所得国や紛争中の国々では物質主義が圧倒的に優勢なのに対し、豊かで安全な国々では脱物質主義が優勢だ。たとえばパキスタンでは物質主義と脱物質主義が 55 対 1、ロシアでは 28 対 1 と物質主義が脱物質主義を上回っているのに対し、米国では脱物質主義が優勢で 2 対 1、スウェーデンでは 5 対 1 となっている。繁栄と平和がずっと続くとはだれにも保証できないが、生存への安心感が高レベルに達した国々では世代間の価値変化がみられると予測できるだろう。

　図 2-3 は、旧共産圏で現在は EU（欧州連合）加盟国となっている 11 か国（ブルガリア、クロアチア、チェコ共和国、エストニア、ハンガリー、ラトビア、リトアニア、ポーランド、ルーマニア、スロバキア、スロベニア）を対象として 1927 年から 1996 年に生まれたコーホート別に、物質主義的価値と脱物質主義的価値の分布を示したもので、2008 年から 2012 年に行なわれた最新の調査データを用いている。この国々で行なわれた最も古い調査（1990 年前後）でもすでに世代間で大きな差が出ており、脱物質主義的価値へのシフトがうかがわれる。おそらくこれが、共産党政権の崩壊をまねいた民衆デモを後押ししたのだろう。

国営経済から市場経済への移行にあたって深刻な経済的混乱が起こったため脱物質主義的価値にむかう流れは勢いをそがれたものの、これらの国々では経済の悪化も長びくことはなく、10年ほどでEUへ加盟することとなり、経済成長率は旧加盟国のおよそ2倍にものぼった。図2-3からもわかるとおり、脱物質主義的価値への世代間シフトも再び始まった。1927～1936年生まれの最年長のコーホートをみれば、物質主義は脱物質主義を8対1の割合で凌駕しているが、最年少のコーホートでは2.5対1にとどまる。脱物質主義の絶対人数でいえばまだ西ヨーロッパに大きな遅れをとっているものの、世代間の価値変化はたしかに起きていると思われる。

　入手可能な範囲で最も古い1990年の調査データによれば、ロシア国民の間でも物質主義から脱物質主義へというはっきりした世代間シフトの兆しがみられた。しかし共産主義瓦解によって人々が経験した生存への安心感の急落ぶりは、現在EUに加盟している旧共産圏の国々よりはるかに苛酷だった。ソビエト連邦は分裂し、平均所得は以前の40％にまで落ちこんだ。社会福祉制度は破綻、犯罪は蔓延し、男子の平均余命はおよそ18年縮んだ。それに劣らず重要なのは、かつて多くの人々に目的意識や意義を与えてくれたマルクス主義の信念体系が崩れてしまったことだ。ロシアの市民たちは大変な不安にさらされ、自分は不幸であり、人生や生活全般に満足していないと答える人が大半を占めることとなった。

　2000年前後になり、ロシア経済は主に原油とガスの値上がりによって復興にむかいはじめ、ウラジミール・プーチンの手で秩序も回復される。主観的な幸福感（ウェルビーイング）のレベルも元に戻りつつある——それでも、最年少の出生コーホートが経済的にも身体的にも年長のコーホートより有意に高レベルの安定感を経験することにはならなかった。彼らの人格形成期は社会全体が貧困と混乱の時代だった。その結果、最近ロシアで行なわれた調査では、脱物質主義的価値への世代間シフトの証左はほとんどみられないし、物質主義が脱物質主義をはるかに凌駕している。

　図2-4は、2005年から2012年の最新の調査結果をもとに、ラテンアメリカ8か国（アルゼンチン、ブラジル、チリ、コロンビア、グアテマラ、メキシコ、ペルー、ウルグアイ）における出生コーホート別の物質主義と脱物質主義の分布

第 2 章　西洋諸国、そして世界における脱物質主義的価値観の台頭

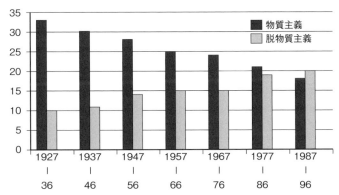

図 2-4　出生コーホートごとの物質主義的価値と脱物質主義的価値
2005～2012 年、ラテンアメリカ 8 か国（アルゼンチン、ブラジル、チリ、コロンビア、グアテマラ、メキシコ、ペルー、ウルグアイ）を対象。

を示す。過去 25 年でほとんどのラテンアメリカ諸国がかなりの経済成長をとげ、独裁政権から民主政治への移行に成功した国も少なくない。こうした国々では物質主義的価値から脱物質主義的価値への世代間シフトの徴候がみられる。最年長のコーホート（1927～1936 年生まれ）では物質主義が脱物質主義の 3 倍を上回るが、最年少のコーホート（1987～1996 年生まれ）では脱物質主義が物質主義を上回っている。全世代を合計した価値観の分布では、前述の西ヨーロッパ 6 か国に大きく水をあけられているし、脱物質主義が大差をつけている米国やスウェーデンにはなおさら及ばないものの、ラテンアメリカ諸国は世代間の遷移によりその姿を変えつつあるように思われる。

　近代化の力はイスラム諸国の姿も変えつつあるが、こちらはまだ初期段階にある。2007～2014 年に行なわれた世界価値観調査によれば、一部のイスラム主流国、とりわけ、アラブの春で主要な役割を果たした国々では目下、世代間における価値変化プロセスが進行しつつあるという証左がみられる。図 2-5 は、9 つのイスラム主流国（モロッコ、アルジェリア、チュニジア、リビア、パレスチナ、ヨルダン、トルコ、アルバニア、インドネシア）における物質主義と脱物質主義のバランスがシフトしつつあることを示している。最年長の出生コーホートでは物質主義が脱物質主義の 10 倍を上回るが、最年少の出生コーホートだとこの差がおよそ 2 倍にまで縮まっている。このとおり比率は変化しているも

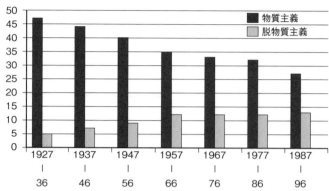

図 2-5 出生コーホートごとの物質主義的価値と脱物質主義的価値
イスラム主流 9 か国（モロッコ、アルジェリア、チュニジア、リビア、パレスチナ、ヨルダン、トルコ、アルバニア、インドネシア）を対象。
サンプル数 = 24,107
出典：「世界価値観調査」および「ヨーロッパ価値観研究」、2007～2013 年。

のの、脱物質主義が優位のコーホートが登場するには至っていない。

　その他のイスラム主流国 13 か国（カザフスタン、ウズベキスタン、アゼルバイジャン、キルギスタン／現キルギス、レバノン、イラン、サウジアラビア、カタール、イエメン、マリ、パキスタン、バングラデシュ、マレーシア）では、年齢による差が比較的弱い（中央値で r=－0.05）。世代間での価値変化の徴候が他の国よりはっきり出ているのは、ペルシア湾沿岸諸国にみられるような一人当たり国内総生産が高いレベルにある国々ではなく、ほかのイスラム主流国よりも平均余命が優位に長く、乳幼児死亡率が低く、出生率の低い国々である。そのため、図 2-5 に示した国々の平均余命は 75 歳なのに対し、その他の国々では 69 歳となっている。イスラム主流国の中でも他とくらべて平均余命の長い国々では世代間の価値観の乖離が相対的に大きいばかりでなく、インドネシアを除けば、地中海あるいは地中海近くに集中していて西ヨーロッパとの間の人口移動も比較的多い。

　ただ選挙を行うだけでは、本当に有効な民主主義をイスラム世界に打ちたてることにはならない。また、アラビア語圏の国々で近い将来、冷戦末期に東欧を席捲したような、ねばり強い民主化の波が起きるとも考えにくい。それでも、

世代間で起きている変化によって、一部のイスラム主流国の文化が変わり始めている徴候は見えている。

正のフィードバックループをはじめた世代間の価値観変化

　物質主義から脱物質主義への価値シフトは西ヨーロッパでは鈍化しているものの、他の多くの国々へ拡がりをみせている。　そのうえ戦後における世代間の価値シフトの出現により、やがて正のフィードバックループがはじまり、新しく生まれたコーホートは、年長のコーホートに比べてより寛容な条件の下で成長するようになった。自分たちが生まれた世界を当たり前だと考える人々にとっては、それはごく普通のことである。　そしてこの60年間、高所得社会の各コーホートが生まれた世界というのは、男女平等や同性愛者、その他の外集団に対する寛容性が着実に拡がり、民族の多様性が増している世界である。これは、現実と自分が生まれたときの世界との間のギャップが、若年層よりも高齢層の方が大きいことを意味する。そのため高齢層は、若年層よりも現代の社会的寛容度と民族の多様性に脅かされ、混乱する。このプロセスは、若年コーホートが年長のコーホートよりも高いレベルの経済的安定を享受することがなくなったときでも続いた。若年コーホートにとっては、同性婚の合法化もアフリカ系アメリカ人の大統領選挙も、なじみのあるトレンドの延長線上に過ぎない。　しかし年長のコーホートにとっては、彼らが生まれた世界では考えられないような衝撃的な出来事だったのである。

　同様のことが、出生コーホートの差異だけでなく、地理的な差異にも当てはまる。　1960年にニューヨークやロサンゼルスで生まれていたとしたら、民族や文化の多様性は身近なもので比較的受け入れやすかっただろう。　しかし1960年にモンタナ州やウェストバージニア州の田舎で生まれていたら、そうはいかない。同性婚の合法化やアフリカ系アメリカ人の大統領選挙は、彼らが生まれた世界の規範とは相容れないように思われるからだ。　そのため、若年層や多様性豊かな大都市圏で生まれた人々は、高齢層や地方出身の人々よりも、新しい文化規範に対してかなり支持的となる。　そしてより若いコーホートが年長のコーホートに取って代わっていくにつれて、大きな文化的変化が続くことになる。

第3章　世界の文化パターン

　脱物質主義的価値観へのシフトは、より広汎な文化的変化——先進工業社会の人々の政治的見解から宗教的志向、ジェンダーの役割、性的規範までを形成する大きな文化的変化の、ほんの一要素にすぎない[1]。新たに登場してくる世界観とは、伝統的な規範の数々、とりわけ自己表現を制限する規範から遠ざかるものである。
　人々が何を信じ、何を大切に思うかは、国ごとに非常に大きな差がある。世界価値観調査では、世界人口の90％を調査対象としているが、自分の人生にとって神の存在は非常に重要であると答える人が95％を占める国々があるかと思えば、たった3％の国々もある。男性の方が女性より職を得る権利があると考える人が90％もいる社会もあれば、わずか8％の社会もある。こうした国ごとの違いは強固かつ永続的でもあり、また、その社会の経済発展のレベルとも密接な関連がある。低所得社会では裕福な国の人々にくらべ、宗教や伝統的なジェンダーの役割を重視する人がはるかに多い傾向がある。
　世界の文化のばらつきを捉えるのに適した主要な次元は何であるかをつき止めようと、イングルハートとベイカーは世界価値観調査で測定した多くの変数について、社会ごとの平均値を因子分析した[2]。その結果みつかった二つの軸は、(1)伝統的価値 vs 非宗教的・理性的価値と(2)生存価値 vs 自己表現価値であった。
　伝統的価値を信じる人々は非常に信心ぶかく、自国民であることの誇りも権威尊重の意識も高レベルで、妊娠中絶や離婚への許容度が低い。非宗教的・理性的価値の特徴はその反対である。伝統的／非宗教的・理性的価値の軸は、農耕社会から工業社会への移行を反映する。古典的近代化論はもっぱらこの軸に注目し、工業化は職業の専門分化、都市化、中央集権化、官僚化、合理性や世俗化と関連があると論じた——これはマルクスやウェーバー、デュルケーム、スペンサーをはじめとする古典的近代化論の理論家たちが詳細に論じたテーマ

表 3-1　生存価値 vs 自己表現価値と関連する指向性

生存価値を有する人々が支持する考え方.	相関
脱物質主義的価値よりも物質主義的価値（経済と身体の安全が最優先）	0.87
一般的に、男性の方が女性より政治の指導者として適している	0.86
私は自分の人生にあまり満足していない	0.84
女性が満たされるためには子どもを持つ必要がある	0.83
外国人、同性愛者、AIDS 患者には近所に住んでほしくない	0.81
請願書・陳情書には署名したことがないし、決してやることはないだろう	0.80
私はあまり幸せではない	0.79
技術の発展にもっと重点を置くことには賛成である	0.78
同性愛は絶対に認められない	0.78
環境を守るためにリサイクルをしたことはない	0.76
環境を守るための集会や請願書・陳情書への署名に参加したことはない	0.75
高収入で安定した仕事の方が、達成感や、好感の持てる人と一緒に働くことよりも重要である	0.74
現在の健康状態はよくない	0.73
子どもが幸福に育つためには、父親と母親の両方がそろった家が必要だ	0.73
仕事が少ない場合、男性の方が女性より先に仕事につけるようにすべきだ	0.70
大学教育は女子より男子にとって重要である	0.69
政府は誰もが生活していけるように保障すべきだ	0.69
子どもに教える上で、勤勉さは最も大切なことだ	0.65
子どもに教える上で、想像力は特に大切なことではない	0.62
子どもに教える上で、寛容さは特に大切なことではない	0.62
自己表現価値を指向する人々は上記のすべてに正反対の立場をとる	

調査で用いた表現とは異なり、文章のいくつかは生存価値も表せるよう改めてある。

である。世界価値観調査から得られたデータもその主張を裏づけている。農耕社会の人々にはたしかに伝統的価値を重視する傾向があるのに対し、工場労働者の比率が高い社会では非宗教的・理性的価値を重視する傾向がある。

　文化間のばらつきを表すもう一つの重要な軸は、工業社会から脱工業化社会への移行と結びついている。こちらは近年のできごとで古典的近代化論では扱われていないので、ここで詳しく検討したい。製造業中心の経済から知識経済へのシフトは広範囲に及ぶ価値変化と関連があり、それは一言でいえば生存価値から自己表現価値へのシフトといえる。表 3-1 では、20 項目の質問に対する回答が、生存／自己表現価値軸とどの程度強い相関関係があるかを示している。相関がゼロなら、その質問への回答はこの軸とまったく無関係だとわかる。相関が 0.90 に近ければ、その質問への回答は基本的に生存／自己表現軸とはほとんど一対一の関係に近いことになる。この表は相関が比較的高い項目だけ

を載せたもので、それ以外にもこの軸と関連している質問はたくさんある。

　表3-1からわかるとおり、ある人が物質主義的価値観の持ち主か脱物質主義的価値観の持ち主なのかは、より幅広い生存／自己表現価値観軸の特に重要な指標となる。それも理にかなった話で、人を脱物質主義的価値へと導く諸条件は、同時に自己表現価値にも資するものでもあるからだ。しかし自己表現価値は、脱物質主義的価値の枠を超えるイシュー（論点）も数多く含む。たとえば自己表現価値は、「男性の方が女性より政治の指導者として適している」「仕事が少ない場合、男性の方が女性より先に仕事につけるようにすべきだ」といった質問に対する回答が人によって二極化する現象を反映するし、外集団やゲイ、レズビアンなどに対する寛容さとも関連している。また、自己表現価値を重視する人々は環境保護、多様性の許容、経済的・政治的生活にかかわる意思決定にもっと参加できるよう要求することなどを高く優先する。

　生存価値を重視する人々は自己表現価値を重視する人々にくらべ、自分の人生や生活への満足感が有意に低く、幸福感も低い。これは注目すべき発見だといえる。価値体系によって幸福につながりやすいものとそうでないものがあることを示唆するからだ。ある社会が生存ぎりぎりのレベルに近いうちは、その社会の文化は、主として身体的な生き残りを確実にすることを指向するものになる。しかし生存が安泰になってくると、その社会の文化は、主観的な幸福感を最大化することに適応していく傾向がある。自己表現価値は、生存のためにのみ必要だった伝統的な制約から人々を解放し、生き方を選択する自由を広げることで、主観的な幸福感に貢献する。女性や同性愛者など、伝統的な制約からの解放が人生の満足度や幸福感に大きく影響する集団も多く、そんな人々にとっては生存重視の価値観から自己表現重視の価値観へのシフトは事実上、文化的進化（cultural evolution）のようなものだといえる。実際には、結果の予測などつかない複雑な事象がいくつも絡んだ末のことなのだが、振り返ってみるとこの文化的シフトはまるで、先進工業社会の人々が自分たちの幸福と人生の満足感を底上げするような文化的戦略を、意識的に選択したかのようにさえ見える。

　生存重視の価値観から自己表現重視の価値観へのシフトには、子育てにおける価値観のシフトも含まれる。わが子に教えたい大切な価値として勤勉さが重

視されていたのが、想像力や寛容さが重視されるようになったのだ。自己表現価値を高く重視する社会は、人々が比較的個人の自由を尊重し、政治参加の志向性が高いなど、互いを信頼し互いに寛容な環境を有する傾向がある——これらは、政治風土を論じる文献の中でかねてからデモクラシーには欠かせないと言われてきた根本的な特徴である。

　自己表現重視の価値観の台頭の構成要素として大きいのが、あらゆる形態の外的権威に対する恭順さが薄れるという変化である。権威に服従するのは高コストになる。ほかの人たちの目標のために、個人の目標が二の次になるからだ。明日をもしれない条件下でなら、進んでそうすることもある。たとえば外からの侵略や、内戦、経済破綻などの脅威がある条件下では、民衆はとかく危険から守ってくれそうな力強い権威者を求めがちだ。反対に、裕福で安全になると人は多様性に寛容になり、自分たちにかかわることにはより大きな発言権を要求するようになる。古くから知られていたとおり、豊かな社会が貧しい社会よりずっと民主的になりやすいのも、ひとつにはこのためである。不安定な状況では独裁的な支配を受け入れる人々も、生存への安心感が高まるにつれ、従う意欲を失っていくのだ。

　自己表現価値の台頭がもたらす世代間の変化は、種の保存にかかわる規範から個人的幸福の追求に関する規範にまで至る。そのため年少の出生コーホートは、年長者にくらべて同性愛に対して寛容で、ジェンダー間の平等にもより好意的で、妊娠中絶、離婚、婚外恋愛、安楽死なども許容する態度がみられる。経済的な安定感を得るための蓄財は、工業社会の中心的ゴールだった。それが実現したことでスイッチが入り、このゴールの重要性そのものがしだいに薄れていく文化的変化のプロセスが始まった——それは今や、ゴールへの到達を容易にした階層的な制度を拒否するまでになっている。

経済発展と価値観変化

　古典的な近代化論の中心をなす主張は、経済と技術の発展が社会や政治にもたらす一連の変化には一貫した脈絡があるし、おおまかな予測も可能だというものである。進化論的近代化論もその点では一致しているものの、その説くところは、こうした社会的変化を駆り立てるものは主として、近代化がもたらす価

第3章　世界の文化パターン

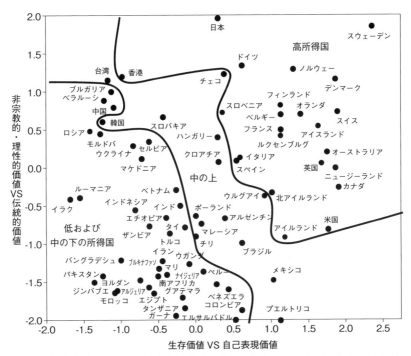

図3-1　経済発展のレベルごとに区切られた、主要2軸上での75か国・地域の各平均値
出典：データは世界価値観調査から（実査日の中央値は2005年）、経済レベルは世界銀行の所得分類（1992年時点）による

値変化によって経済先進社会の人々が途上国の人々とは体系的に異なるモチベーションを持つようになり、それゆえ行動も変わってくる、というものだ。

　この主張を実証できるだろうか。世界人口の90％が住む国々で行なった数百回にわたる調査データは、これが正しいことを示している——それも、驚くほど正しいことを。図3-1は世界の文化を比較したカルチュラルマップで、主要二軸において各国の国民がどこに位置するかを示している。縦軸は下から上にいくほど伝統的価値より非宗教的・理性的価値を、横軸は左から右にいくほど生存価値から自己表現価値を重視することを示している。

　図3-1からわかるとおり、高所得社会の人々は非宗教的・理性的価値と自己表現価値のどちらも比較的重視するため、文化間の差異を表す二次元の両方で

上位に位置する。逆に所得が下位から中の下を占める社会の人々はどちらの次元でも低く、伝統的価値と生存価値を重視する傾向がある。所得が中の上に位置する社会の人々は中間ゾーンに分布する[3]。境界線によるゾーン分けにより、経済発展と価値観にははっきりと一貫した関係があることが捉えられる。高所得社会のすべてが、カルチュラルマップの二軸（どちらも、数多くの質問への回答スコアから得たものだ）の両方で相対的に上位に位置し、一つの例外もなく右上のゾーンに収まる。これとは逆に低所得から中の下の社会は、やはりもれなくどちらの軸でも比較的下位を占め、左下のゾーンに収まる。そしてその他の社会は中間ゾーンに収まっている。

　この文化間の差異は実に大きい。相対的に伝統的な社会の中には、自分の人生にとって神の存在は非常に重要だと答える人が95％にのぼる社会さえあるのに、非宗教的・理性的社会では低いところだと3％しかそう答えない。生存重視指向の社会では、同性愛は絶対に認められないと答える人が最大で97％なのに対し、自己表現重視指向の社会では6％しかいない。ある社会の価値観とゴールは、経済発展のレベルを驚くほど反映している。古典的なマルクス主義が経済決定論を強調したのももっともなことと思われる。

根強い伝統的文化

　だが現実はそこまで単純ではない。マルクスやウェーバーからベルやトフラーに至るまで近代化論の理論家たちは、工業社会の誕生と関連するのは、伝統的な価値体系から一貫して遠ざかる方向の文化的シフトだと説いた[4]。他方、ハンティントン、パットナム、フランシス・フクヤマ、イングルハートとベイカー、イングルハートとウェルツェルをはじめとする社会科学者たちは、文化的伝統とは至って根強いもので、こんにちでもその社会の政治的・経済的ふるまいを方向づけていると主張する。この二つはどちらも正しい[5]。

　世界各地から集められたデータによれば、社会経済的発展によって様々なタイプの社会がおおまかには予測どおりの方向へと押し進められる傾向がたしかにあることが指し示されている。社会経済的に発展すると職業の専門分化が進み、教育レベルや所得レベルも上がる。人的交流は多様化し、命令と服従の人間関係から対等に交渉する関係へと比重が移っていく。ゆくゆくはジェンダー

の役割などを含む文化的変化をもたらし、権威に対する態度、性的規範が変わり、出生率が低下し、政治参加が広がり、市民たちは批判的態度を身につけて容易には操られなくなっていく。

その一方で、文化的変化には経路依存性がある。ある社会が歴史的にプロテスタント社会だったか東方正教会の圏内だったか、イスラム圏だったか儒教の影響下にあったかによって明確な価値体系を持った文化的ゾーンが形成され、それは社会経済発展の影響が出ないように調整を行なっても消えることはない。文化的ゾーンは頑強なのだ。近代化の強い影響力によって、互いに似ていない国々の価値体系でさえも同じ方向へと進みつつあるのだが、だからといって価値体系が一点に収斂する様子はなく、単純な文化的グローバリゼーションモデルが示唆するようにはなっていない。

矛盾のように思えるかもしれないが、それが現実だ。仮に世界中の社会が同じ速さで同方向へ進んだなら、互いの距離は常に一定に保たれ、収斂することはけっしてない。もちろん現実はそこまで単純ではないにせよ、こう考えることで大切な原理が見えてくる。脱工業化社会は急速に変化をとげつつあり、どの国も同じ方向へ向かっている——ただし、文化的なへだたりを実際に調べてみると、調査を始めた1981年以来、2014年になっても縮まってはいない。社会経済発展は人々が何を信じ、人生に何を望むかに一定の規則に則った変化をもたらすとはいえ、文化的伝統の影響が消えることはない。信念体系は驚くほど耐久性があり、復元力もある。価値観は変わりうるし実際に変わりもするが、ある社会が歴史的に引き継いだ伝統は反映しつづける。文化的変化は経路依存なのだ。

そうはいっても、社会経済発展は予測可能な長期変化をもたらす。そのことをうかがわせるしるしの一つは、先進諸国の人々の世界観や行動が低所得国の人々のそれとは大きく違うこと、いま一つは先進社会における価値体系の変わり方には一貫性もあり、おおまかな方向性も読めることである。変化といっても、それは均質化に向かうものではない——たとえば、グローバル通信ネットワークが同じ新しい価値観を世界中に伝えているせいではない。もしそれが原因なら、グローバル通信と接触するすべての社会に同じ価値観変化が起きるはずだろう。だが現実は違った。低所得国でも、また1990年から2000年の旧ソ

連圏諸国のように生活レベルが急落した社会でも、グローバル通信ネットワークに組みこまれているにもかかわらず、こうした価値観変化は起こらなかった。変化が起きるのはあくまで、その社会の人々がじゅうぶん長期にわたって高レベルの生存への安心感を経験できた場合にのみ限られる。社会経済は発展すれば文化や政治に予測可能な変化をもたらす一方、崩壊すれば反対方向への変化をひき起こす傾向がある。

　これらの変化は確率的なもので、直線的ではない。工業化は伝統的価値から非宗教的・理性的価値へのシフトをもたらすが、脱工業化が始まると文化的変化はまた違う方向へと動きだす。伝統的価値から非宗教的・理性的価値へのシフトはスピードが落ちる一方、別の変化が勢いを増す。それはすなわち人々がしだいに選択の自由、自律性、創造性を重視するようになっていく、生存価値から自己表現価値へのシフトである。この変化は前工業社会から工業社会への移行期からゆっくり進んでいたものだが、工業社会が脱工業化社会に取って代わられるとこちらが主流になる。古典的近代化論の研究者たちが注目したのはもっぱら非宗教的・理性的価値の台頭の方だった。近代化のもっと後の段階で登場する自己表現価値の台頭を彼らが予見できなかったのも無理はない。この流れは、近代化論の論者たちの多くが（そしてジョージ・オーウェルなどの小説家も）が予想したテクノクラート独裁[6]とはまったく異なるものだった。こうした予想とは対照的に、近代のレベルがさらに進むと、自己表現価値の行きつく先はデモクラシーとなった。

　近代化といっても工業化の段階では、必ずしもデモクラシーにつながるとはかぎらない。独裁体制下でも、ファシスト政権下でも、共産主義国家でも、その体制なりの形で工業化や大衆動員も進みうる。ところが近代化も脱工業化段階に入ると、自己表現価値の高まりによって、権威には簡単に従わなくなるし、市民の要求に本当に応えるデモクラシーを求める声が高まってくる。これについては第7章に示す。

　前進は不可避のものではない。社会経済発展のもたらす文化的変化は大規模なものだし、だいたいは予測可能なものではあるが、経済が崩壊すればその変化は正反対へと向きを変える。たしかにここ数百年をみると発展が優勢な流れではあった。大半の国が200年前よりはるかに豊かになっている。でもそれは

第3章　世界の文化パターン

長期的な流れであって、揺らぎは数えきれないほど起きている。

　ある社会のありようを歴史的に定めた文化的伝統がプロテスタントだったとか、あるいは儒教だったとかイスラム教だったといったことの影響は、長く消えることがない。文化的伝統はその社会を特定の軌道に乗せるようなもので、教会などの宗教勢力が直接およぼす力が薄れたのちも、その後の発展にもずっと響いてくる。だから、こんにちのヨーロッパのプロテスタント諸国では教会に通う人などほとんどいなくなったのに、歴史的にプロテスタント信仰で方向づけられた国どうしは、今もなお価値観も信念もよく似たはっきりとした特徴を示す。図の 3-2 と 3-3 からわかるように、歴史的にローマカトリックだった国々、イスラム教や東方正教会、儒教などの影響を受けた国々にも同じことがいえる。

　1990 年の世界価値観調査／ヨーロッパ価値観研究で 43 の社会から集めたデータを因子分析したところ、膨大な変数の半数以上は伝統的／非宗教的・理性的価値の軸と生存／自己表現価値の軸という二次元で説明がつくとわかった[7]。図 3-2 では 1990 年から 1991 年に実施した調査の結果を元に、この二軸上に 43 か国・地域の位置を示している。1995 年から 1998 年の調査でも因子分析をくり返したところ、ふたたび同じ二軸が浮かび上がった（付属資料の図 A2-1）。2000〜2001 年と 2005〜2007 年の調査では調査対象が何十か国も増えているにもかかわらず、やはり同じ二軸が現れた[8]（付属資料の図 A2-2）。

　図 3-3 では 2008〜2014 年の価値観調査で得られた最新のデータを用い、94 か国・地域の位置づけを世界カルチュラルマップ上に表示している。これを過去の調査で作ったカルチュラルマップと比較すると、同じ基本パターンが見えてくる。ヨーロッパのプロテスタント圏、ヨーロッパのカトリック圏、英語圏、ラテンアメリカ、アフリカ、儒教圏、南アジア、それに東欧／東方正教会から成る文化ゾーンがすべて、二枚のカルチュラルマップ上でよく似た位置を占めている[9]。しかし図 3-3 の元になった調査は図 3-2 の調査より 20 年も後のものだし、たくさんの国が加わった一方で外れたのは数か国なので、対象国数でいえば二倍を超える。それなのに全般的なパターンは驚くほど似ている。1990 年のマップには 4 か国しか載っていなかったラテンアメリカの国が 2011 年版では 10 か国になった——それでも以前と同じ位置を占めている。1990 年版で

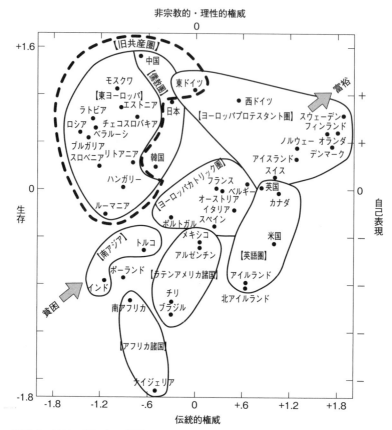

図3-2 1990〜1991年の世界カルチュラルマップ上における43か国・地域の位置
出典：Inglehart, 1997: 93

アフリカは2か国しかなかったが2011年版では11か国となり、同じ左下の位置を占める。同じく1990年版で1か国しかなかったイスラム主流国（1か国なのだからゾーンは存在しなかった）も2008〜2014年版では15か国になり（うち5か国がアフリカに位置する）、そのすべてがアフリカ諸国とともに左下4分の1に収まっている。この二軸上でこれらの国々が占める相対的な位置は1981年から2014に至るまで、非常に安定した特色となっている。

　文化間の違いを捉えるにはもう一つ、ウェルツェルの考案した尺度もあるが、

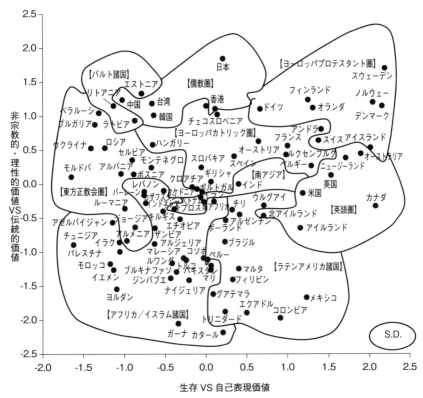

図 3-3 2008〜2014 年(実査年の中央値は 2011 年)の世界カルチュラルマップ上における 94 か国・地域の位置

出典:世界価値観調査
国ごとの標準偏差をすべての対象国で平均したものを「S.D.」として右下に示した。

これは概念的にも実証面でも先の二次元と似ている[10]。国レベルでみると、ウェルツェルの聖/俗価値軸のスコアと伝統的/非宗教的・理性的価値は r=0.82 で相関するし、生存/解放価値軸は生存/自己表現価値と r=0.80 で相関する。この尺度は私のものよりエレガントな手法で作られたものだが、二つの軸はいずれも近代化プロセスの二つの側面を測ったものだけに、当然ながら互いに相関がある(r=0.56)。しかしこれが仇となって、どの二次元マップも細長いひし形に表示されてしまう。私が考えた二つの軸は互いに相関しないように作って

あるため、現実をいくぶん歪曲する（世界地図を平面上に描くとかならずそうなるのと同様）代わり、たくさんの国々の相対的な位置関係を示してもさほど混み合わず、見やすい図となる。

進化論的近代化論では、生存への安心感のレベルが上がると伝統的価値から非宗教的・理性的価値へ、生存価値から自己表現価値へのシフトにつながると考える。その結果、前にも述べたとおり、実質的にすべての高所得国が二つの軸の両方で上位になるため右上に集中し、低所得から中の下の所得の国々のほとんど全部がどちらの次元でもランクが低く、グラフの左下に収まることになる。

ところがデータをみると、ウェーバーの説のとおり、ある社会の宗教的価値観が永続的な痕跡を残すのも本当だとわかる。ヨーロッパのプロテスタント圏の人々は、多くの設問に対して比較的よく似た価値観を示すし、ヨーロッパカトリック圏、儒教の影響を受けた国々、東方正教会圏、英語圏、ラテンアメリカ、サハラ以南のアフリカでも同様だ。このようにまとまった結果になるのは一見、地理的な近さによるものと思えるかもしれない。しかしそれが成り立つのは、地理的な近さと文化の類似性が一致する場合のみだ。たとえば英語圏は、グレートブリテンとアイルランドからアメリカ、カナダ、そしてオーストラリアやニュージーランドまで広がっているし、ラテンアメリカはメキシコ北端のティファナからパタゴニアまで、さらにアフリカ－イスラム群の一部であるイスラム群をみると、モロッコは文化的にいえば地球の反対側のインドネシアと比較的近いことがわかる。ここにみられる国ごとの違いは、それぞれの社会の経済的・社会文化的歴史の双方を反映しているのだ。

ところで、各国の特色を示す指標として、さまざまな変数を国レベルの平均値を用いてしまってよいものだろうか。平均だけで全体像を示すことはできないし、ほかにも分散や非対称性といった尺度も役にたつ。ところがさまざま調べてみたところ、人々の主観的な物の見方を統計的に捉えるのに最も役だつのは国ごとの平均値の差異であることがわかった。

こんな世界を想像してみてほしい。大学レベルの教育を受けた人ならだれもが近代的な価値観を持ち、マップの右上近くに位置する一方で、教育をほとんどあるいはまったく受けていない人々はみんなが左下に位置する世界だ。地球全体が一つの村で、国籍など重要ではない、もしかしたら、いつかはそんな世

界が実現するのかもしれないが、今の現実はかなり違う。もちろん、スウェーデン人だろうとナイジェリア人だろうと、一人の個人がマップ上のどこにでも位置することは可能だが、にもかかわらず、ある国の、ある層の人々の間で優勢な物の考え方と、別の国で彼らに相当するよく似た層の人々にありがちな考え方とを比較すると、驚くほど重ならない。国と国の文化の違いがあまりに大きいので、国内でのばらつきなどかすんでしまうのである。図3-3で右下の隅に描いた楕円は、各国の国内における縦横の標準偏差を平均したものだ[11]。マップの大きさにくらべれば、その面積はたいしたものではない。普通の国なら、どちらの軸でも回答者の3分の2が平均値から1標準偏差の範囲に、95％が2標準偏差以内におさまる。グローバリゼーションといっても、国はまだまだ体験を共有する重要なユニットだし、人の物の見方を予測する上で、国籍は所得や学歴、地域、性別をはるかにしのいで有用だ[12]。

近代化と関連した考え方は永続的かつ各国に同じ影響

　文化間の差異を捉える二軸は非常に安定している。一人当たりGNPにも劣らないくらい当てになるので、その国の特性といえるほどだ。人々の物の考え方に関する変数はたくさんあっても、そのほとんどは一時的な指向性を問うものにすぎない。だがそんな中で近代化の力は多くの社会に永続的な、しかもどこにも同じような影響を残した。都市化、工業化、教育レベルの上昇、職業の専門分化、官僚化などは、人々の世界観に永続的な変化をもたらす。同じ変化が起きるといっても、互いによく似た社会になるわけではない。それでもこれらをくぐりぬけた国々はそうでない国々とはまったく違う社会になる。たとえば、近代化すれば宗教の影響力は弱まる傾向がある。信仰の具体的な内容は宗教によってまったく異なるが、宗教を大切にする人々としない人々とでは世界観がまったく異なるし、その違いようは驚くほど共通している。

　われわれの仮説によると、自己表現価値は経済の近代化を示す指標と強く相関するはずだ。測定のレベルも手法もまちまちではあるが、個人レベルの価値観とその社会全体の経済的な特性との間には強い結びつきがあることがわかる。調査対象国すべてで、自己表現価値と、よく使われる10の経済的近代化指標（一人あたりGDP、平均余命、教育レベルなど）との相関係数の平均は0.77にな

る[13]。

自己表現／個人主義／自律に通底する超次元

　生存／自己表現価値は、世界人口の 90％が住む国々で行なわれた何百回もの調査で測定されてきたもので、実にしっかりした分類軸だ。価値観調査は何波にもわたってくり返されてきたが、世界カルチュラルマップ上における対象国の相対的位置関係は年月が経過しても驚くほど安定している。この分類軸での相対的スコアもほかのほとんどの指向性よりも揺らぎがない。これ以上に安定しているものといえば宗教、それに宗教と密接に相関する伝統的／非宗教的・理性的価値の二つしかない。世界価値観調査では過去 35 年にわたり、各国で 100 を超える指標をくり返し測定してきた。ある国における同じ項目の調査結果で、初回調査時と最新の調査時の相関は、低いもので 0.04（「ご両親と同居していますか？」）から高いもので 0.93（「あなたにとって宗教はどれくらい重要ですか？」）と幅が大きい。宗教がらみの回答に変動が少ないことは驚くにあたらない。そもそも宗教というものは、非常に大切であるにせよまったく大切ではないにせよ、どんな文化にとってもとりわけ深く根ざしている要素の一つである。信心ぶかい人々にとっては、宗教に対する見方は幼いうちに教えこまれ、宗教に関わるあらゆるしくみに支えられ、毎週の、あるいは毎日の祈りのたびに強化されるのに対し、非宗教的な人々はその正反対の経験を積み重ねる。ところが生存／自己表現価値は、何かの団体や制度に応援されるわけでもなければ外から見てわかるレッテルがあるわけでもないのに、その安定度はほとんど宗教に匹敵する r（相関係数）=0.89 だ。

　さらに、生存／自己表現価値という軸で測っている文化間の差異はどうやら、心理学の分野では何十年にもわたって「集団主義／個人主義」として研究されてきたものだと思われる。ダフナ・オイサーマン、ヘザー・クーン、マルクス・ケンメルマイヤーは個人主義／集団主義を扱う研究を何百と引用している。個人主義といえば通常、集団主義の対極と思われがちだ[14]。社会心理学者たちは個人主義がどこよりも一般的なのは西洋社会であると考え、プロテスタントの教義と西洋社会で起きた市民の解放が個人の選択、個人の自由、自己実現を可能とするしくみにつながったのだと唱えた。

ホフステッドによれば個人主義は、義務よりも権利に注目し、自分自身と近親者のことを考え、個人としての自律や自己成就（self-fulfillment）を重視し、自己達成によるアイデンティティに基づくものと定義された[15]。集団主義では集団の規範やゴールに従うことが重視される。集団主義社会では、グループの成員であることがアイデンティティの中心であり、共通の利益のために犠牲を払うなどの集団主義的なゴールが高く尊重される。さらに、集団主義では、人生の満足感は社会的な役割や義務を首尾よく果たすことから得られるもので、集団の調和を保つために感情を抑制することが尊ばれる。

表3-2　自己表現／個人主義／自律　因子
（第一主成分負荷量）

生存／自己表現価値、全国平均	0.93
個人主義-集団主義スコア（ホフステッド）	0.89
自律-統合スコア（シュワルツ）	0.87

浮かび上がった因子は1つで、これが国家間の差異の80％を説明できる。
出典：価値観調査、Hofstede 2001（Chiao and Blizinsky, 2009 も反映）と Schwartz（2003）による。

ホフステッドが最初に「集団主義／個人主義」を測定したのは1970年代前半に実施された、多くの国にまたがるIBM従業員を対象とした調査であった。何十年も前のことだし、使ったデータも国全体から抽出された代表サンプルではないにもかかわらず、1973年前後にホフステッドが調べた国々の相対的な位置は、数十年後の全国標本調査による生存／自己表現価値次元の相対的な位置と非常によく合致している。

さらに生存／自己表現価値は、異文化間のばらつきについて分析したシュワルツの「自律／統合」軸とも似ている。シュワルツが調べた価値観は多岐にわたり、個人主義と集団主義の概念に対応する自律／統合軸は、多くの国々のデータの因子分析から得られたものである。シュワルツはこう記している。

　　自律の文化では、人々は自律して境界を持つ存在と見られている。みながそれぞれの好みや感情、アイデア、能力をはぐくみ、表現するし、自分たちの独自性に意義を見いだす。（中略）統合の文化では、人生の意義は主として社会的な関係、集団との同一視、共通の生活様式、そして共通の目標に向けて努力することから得られる。統合の文化は現状維持を重視し、集団内の結束や伝統的秩序を乱しかねない行動は抑制しようとする[16]

表 3-2 に示すとおり、理論的アプローチも測定手法も大きく異なっているにもかかわらず、生存／自己表現価値と個人主義／集団主義、それに自律／統合のいずれも、読みとっていたのは同じ次元であり、それは国ごとのばらつきの 81％を説明できるものだった。生存価値と比較して自己表現価値で上位に位置する国々は、集団主義よりも個人主義で、また統合よりも自律でも上位に並ぶ。ここに通底する軸を、今後は自己表現／個人主義／自律価値の超次元とよぶことにする。この超次元において生存／自己表現が最も負荷量が大きく相関係数は 0.93 にもなるが、個人主義／集団主義も自律‐統合も非常に高い相関を示す。

　これら三つの軸が国レベルでこれほど密接に連動するという発見は、いくつかの理由で注目に値する。第一に、ホフステッドが個人主義／集団主義を測定するのに用いたのは、国全体から抽出した標本ではなかった。彼の研究は IBM 社員の調査を元にしていた[17]。それも対象国こそ多いとはいえ 73 年ごろの調査なのに、このときの国際比較でわかった差は 21 世紀に各国で行なわれた全国標本調査のデータを用いた結果と非常によく似ている。IBM の社員ではその国の国民全体の代表にはならないから、彼らの価値観は正確な国平均を示すものではない。しかし仮に社員たちの全国平均からの離れ具合が、方向もおよその距離も国を超えて一致していたとしたら、国どうしの相対的な位置は同じものとなるだろう。さらに、ホフステッドの実査は大半が 1970 年代前半に行なわれたものだった。イングルハートとウェルツェルが示した通り、ここ数十年、自己表現価値重視へむかう整然としたシフトが続いている[18]。生存への安心感のレベル上昇と関連するものだけに、高所得国ではこうしたシフトが最も強くみられたが、それ以外の社会にも多少は影響していたのだ。

　それでも、ホフステッドが 1973 年ごろに見いだした社会間の相対的な位置は、同じ国々で最近行われた全国標本調査から割り出せる位置とほとんど一致している。これは一見、意外に思えるかもしれない。しかし、イングルハートとウェルツェルが発見したように、ほぼすべての先進諸国がだいたい同じ速さで同じ方向に進んでいるのであれば、互いの相対的な位置はおおよそ一定でありつづけるだろう[19]。高所得国と低所得諸国の人々の価値観の差は開きつつあっても、その並び順はほとんど変わらなかった。最も古い調査時の世界カルチュラルマップにおける各国の位置関係は、30 年後の最新の調査に基づく位

第3章　世界の文化パターン

置関係と強い相関がある。

　同じことがシュワルツによる自律／統合価値の測定にもあてはまる。やはり国全体から抽出されたサンプルではなく、調査対象は学生だった。どう考えても国民全体の代表サンプルになる層ではない。しかし、各国の学生たちがそれぞれの全国平均からずれている方向が同じで、ずれ幅もだいたい同じなら、国どうしの相対的な位置関係はそれなりに正確なものになる。その結果、自律／統合価値軸で表されている国々の相対的な位置は、生存／自己表現価値、個人主義／集団主義で示される位置とぴったりと対応する。表3-2 からもわかるとおり、この一致ぶりは驚くばかりだ。生存／自己表現価値、個人主義／集団主義、自律／統合のすべてが、根底に隠れた共通の次元を測っており、中でも生存／自己表現価値の負荷量（相関係数）が最も大きい[20]。個人主義－集団主義、自律－統合、生存／自己表現価値はいずれも、それぞれの社会が成員に許す自由選択の幅が狭いか広いかの違いを反映するものだ。欠乏と不安定は人々の選択を厳しく制限するが、近代化により人々は、不安定な条件下では優勢だった文化的制約から少しずつ解き放たれていく。

　この自己表現／個人主義／自律の超次元がかくも説明力が高い理由はもう一つ考えられる。国と国の違いには、遺伝的なバリエーションも反映されている可能性があるのだ。それも元をたどれば、ゲルファントらやソーンヒル、フィンチャーなどが言うようにその国が歴史上で経験してきた疾病や飢餓への脅威のレベルの違いに由来する[21]。チャオとブリツィンスキーは生物学的要因が文化に与える影響を検討した結果、遺伝的要因と集団主義的なふるまいに関連を見いだし、社会的・身体的環境に適応するように遺伝子選択が起こり、文化的価値観が進化したと論じた[22]。研究によると、よそにくらべて疾病の脅威が大きい環境で進化した集団では、見知らぬ人の忌避や社会的タブーへの絶対服従と関連する遺伝的変異が生き残る上で有利になる一方、疾病の脅威がさほどでもない環境で進化した集団は、見知らぬ人や異なった社会規範へのオープンさと関連する遺伝子変異が有利になるらしい。そのことが、見知らぬ者や文化的多様性に対して閉鎖的な文化と開放的な文化というばらつきのパターンを生むことになったというのだ。実証データの側面からも、チャオとブリツィンスキーが用いる個人主義／集団主義軸は自己表現価値とかなり密接な相関があ

る[23]。

　経済成長や福祉国家の出現をはじめとする歴史的諸要因は人々の価値観を大きく変えるが、そのプロセスには経路依存性があるし、今も残る遺伝子の差異にもいくぶん影響されている。技術の進歩で疾病の脅威は劇的に減ったものの、過去に蒙った影響まで消えるわけではない。今もなお、この文化的な超次元における文化間の差は非常に強固なので、研究デザインさえ適切ならどんな手法でもその差異は見つかりそうだ。

　ダロン・アセモグルとジェイムズ・ロビンソンの業績も同じ方向を示している[24]。彼らは経済成長とデモクラシーはどちらが先に発生したのかつきとめようと、両者のルーツを500年前まで遡った。その結論は、両者とも起源は永続的で変わらない国家効果だというものだった。この国家効果は制度の差を反映していると二人は主張するのだが、これを制度とよぶのは恣意的だ。不変の国家効果といっても、制度から言語、文化から気候や地理、歴史的な疾病の脅威にどう晒されたかに至るまで、その国にまつわる永続的な特徴であればどれでも当てはまってしまうからである。近年の研究で、関連ある証左がもう一つ見つかった。シチェルバクの発見によると、乳糖不耐（乳糖に対する抵抗性が弱いこと）も遺伝的根拠があり、この文化的超次元における国ごとの差異と強い相関があるという[25]。またマイヤー・シュワルツェンベルガーは166の言語を構造分析して、自己表現価値と、これも遺伝的差異に根ざすかもしれない言語的個人主義という尺度との間に強くかつ説明力の高い相関を見いだした[26]。またイングルハートらは一部の遺伝子の国ごとの差異と、その社会が寛容さや自己表現価値を重視する度合いとの間に強い相関を発見している[27]。

　イングルハートらは既存の遺伝子マッピングの成果を利用して、法医学で民族的出自を調べるときに使われる5つの遺伝子マーカーについて、79の縦列型反復配列（short tandem repeat; STR）の対立遺伝子頻度のデータを収集した[28]。データを収集したのは39か国で、アメリカやカナダ、オーストラリア、ウルグアイ、アルゼンチンのように他国からの移民が中心の国々は含まれていない。79のSTR対立遺伝子頻度のそれぞれの国における平均値を主成分因子分析したところ、ある二次元が浮かび上がった。39か国をこの二次元の上にマッピングすると、ヨーロッパ、サハラ以南アフリカ、南米、南アジアと北ア

フリカ、東アジアと東南アジアという5つの地理的なクラスターに分かれた。一部のクラスターは前に触れた世界カルチュラルマップに現れたクラスターと一致している。過去に流行した寄生虫の影響の程度とも解釈しうるものが第一主成分としてあらわれ、r=－0.86で相関する。歴史的に疾病の脅威が高かったところでは、ある種の遺伝的変異が他より生存に有利になったのかもしれない。

　私はこの遺伝的変異の二次元における国ごとのスコアを、単に遺伝的変異を示すものだとは考えていない。アセモグルとロビンソンのいう不変の国家効果と同様、このスコアも一種のブラックボックスであり、遺伝的変異に限らず地理と共変する要素ならなんでも反映するからだ。それでも遺伝的変異の数値に由来するスコアではあるので、遺伝的変異が——文化や言語、諸制度、地形や気候など、地理的な位置と関連のある一切の差異とともに——含まれることまで否定するのは早計だろう。

　ベンジャミンらが経済的、政治的指向性についてのデータと共に、遺伝子型ごとに分類されたサンプルを解析したところ、経済的、政治的指向性には明らかな遺伝性があるという証拠が見つかった。しかもそれだけでなく、これらの気質についての遺伝性変異は、ほとんど影響のない多くの遺伝子で説明されることもわかったのだ[29]。これを遺伝的変異がいくつかのクラスターにまとまるという事実と合わせて考えると、重要な意味をもってくる。現段階では、文化間で比較した自己表現／個人主義／自律の超次元の差異がどの遺伝子で（そんなものがあるのなら）決まるのかわかっていない。しかし研究が進むにつれ、気候条件や歴史上の疾病の脅威などと関連する複雑な因果の連鎖によって、遺伝的要因も関わっていそうだということが示唆されている。

　文化の違いには、その社会が歴史から受け継いだ一切合財が含まれている——そして受け継いだ遺産は、流動する社会的プロセスの中で姿を変えていく。つまり個人主義とは、個人レベルの静的な心理特性ではなく、一つの社会の発展レベルによって形づくられるものなのだ。自己表現価値、自律価値、そして個人主義の軸がそろってあぶりだした一連の指向性は、人々の選択における制約が弱まるにつれて普及していくものだ。近代化は、個人の自律の重みが増す一方で従来の階層的な規範を弱め、集団主義から離れて個人主義へむかうシフ

トを促進する。この文化的シフトが今度は、たとえば民主的な制度の誕生と隆盛といった社会的変化を助長する。もしかしたら遺伝的変異との関連のせいもあってかこの文化間の差異は実に強固かつ根深いので、適切にデザインした実証研究ならどのアプローチを使おうと見つかる可能性が高く、実際、幅広い分野の研究者によって発見されることになった。

主要二軸上にみる価値変化

　進化論的近代化論では、裕福な社会と貧しい社会の価値観があらゆる分野で違っているのは、一部の社会で生存への安心感が十分高いレベルに達すると若い出生コーホートが生存を当然視して育つために生じる世代間の価値観変化によるものだと考える。もしこれが本当なら、世代間の価値観変化は高所得社会の方が低所得社会より大きくなりそうなものだ。

　図3-4からわかるように、実証データはこの予想を裏づけている。グラフの縦軸は、各タイプの国々のそれぞれの出生コーホートが、生存価値あるいは自己表現価値をどの程度重視しているかを示している。この図が示すとおり、高所得社会の人々は低所得国や中所得国の人々よりも自己表現価値を重視している。それだけでなく、世代間の差も高所得社会がそれ以外の国々よりはるかに大きい。最年長のコーホート（1927年以前の生まれ）では生存価値vs自己表現価値の比が対象国全体人口の平均（縦軸上ではゼロ点にあたる）をわずかに上回るにすぎないのに、最年少のコーホート（1978年以降の生まれ）だと対象国全体平均を1標準偏差近くも上回るのだ。

　発展途上国の人々の間では自己表現価値はずっと重視されないし、高齢者から年少者へと進んでもほんの少ししか変わらない。生存は当たり前のことだと思って育った層がまだじゅうぶんな割合に達しておらず、これらの国はまだ閾値に向かう途中にあるのだ。

　旧共産圏諸国では自己表現価値の重要度はさらに低くなるものの、高齢者から若年層では世代間の相対的な増加がみられる。これらの国々の場合、第二次世界大戦後の数十年間は生存への安心感が比較的高かったため、世代間の価値観変化もかなり進んでいた。ところが1990年前後に共産主義も生存の安心も崩壊したことで強烈な時期効果が発生し、すべての出生コーホートで自己表現

第 3 章 世界の文化パターン

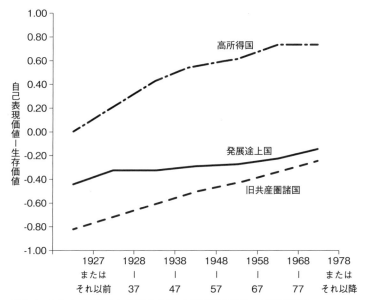

図 3-4 3 タイプの社会における生存／自己表現価値の年齢別差異
出典：世界価値観調査、1981〜2014 年
3 タイプの社会については付属資料図 A2-3 参照

価値の絶対レベルが大きく下がり、まだ回復されていない状態だ。

この年齢による差のパターンを、価値体系と一人当たり GDP の間に強い関連がみられることと合わせると、経済発展によってその社会の信念や価値観に系統だった変化がもたらされるといえそうだ。時系列データを見ると、たしかにこの予測のとおりになっている。1981 年から 2014 年まで継続して行なわれた調査結果に基づいて対象国の位置を追っていくと、ほぼすべての高所得国が予測どおりの方向に動いている。図 3-5 からわかるように、ヨーロッパのプロテスタント圏 8 か国、ヨーロッパのカトリック圏 8 か国、英語圏 7 か国、それに日本はそろって非宗教的・理性的価値と自己表現価値を重視する方向に進んだ[30]。

それとは対照的に、ロシア、中国、その他の旧共産圏 21 か国をまとめたグループのいずれも、以前より伝統的価値を重視する方向に動いている。これは共産主義という信念体系が崩れたあとに起きた宗教の復権を反映している。信

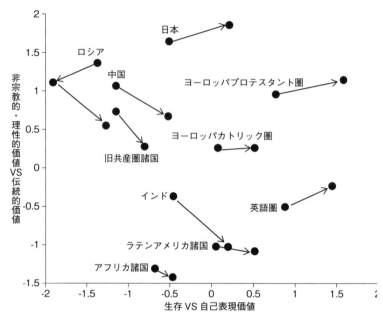

図 3-5 文化間の差異の主要二軸における 10 タイプの社会の時系列変化（最も古い 1981 年調査と最新の 2014 年調査より）
10 タイプの社会については付属資料図 A2-4 参照

　心ぶかさの絶対的レベルならアフリカ、ラテンアメリカ、それにイスラム諸国が最高なのだが、これらの国々は 1981 年も 2014 年もほとんど変化がない。信心ぶかさの増加ぶりでいえば、かつて大勢の人々に意義と目的を与えてくれた共産主義という信念体系が壊れて生じたイデオロギーの空白地帯を埋めるように、宗教とナショナリズムが入りこんできた旧共産圏が他に大差をつけて最大だった。
　このように伝統的価値の重みが増している国が一部あるものの、経済が安定してきたことによって、全体としては自己表現価値の重みが顕著に増している。特に顕著なのがロシアだ。ロシアでは当初、生存への安心感の落ちこみが他の旧共産圏諸国よりもずっと急激で、一人当たり実質所得は以前の 40% ほどにまで下がった上に犯罪が増え、男子の平均余命も落ちこんだ。この状態から元

に戻りはじめたのは2000年ごろ、プーチンが秩序を回復し、原油とガスの価格回復によって経済が急速に復興したころだった。生存価値重視に傾いていたロシアの人々も、だんだん自己表現価値を受け入れる方向へと転じた——ただし伝統的価値は、共産主義という信念体系が崩れたあとの空白を埋めつづけた。

　アフリカの人々の価値観にはほとんど変化がみられない。サハラ以南のアフリカでは最近になってしっかりした経済成長が始まったものの、文化の変化にはかなりのタイムラグがつきものなので、当分は成人層に変化がみられることはなさそうだ。

結論

　生存への安心感が高まると、一貫性があり大筋で予測可能な社会的文化的変化が生じる傾向があることが見出された。そしてその変化によって比較的安心感のある社会に住む人々は途上国社会に住む人々とは体系的に異なる価値観を持つようになる。グローバリゼーションによって高所得諸国の労働者は交渉上の立場が弱くなったが、それ以外の国々に資本や技術が移転したことで生存の安定性が上がり、新しい発想や、より平等な社会規範などが以前よりも受け入れられるようになりつつある。

　文化的変化は経路依存性がある。ある社会の価値観には、それまでの歴史から引き継いだもののすべてが反映されるからである。しかし、理論的観点も測定手法もまったく違うのに、さまざまな分野の研究者たちが同じパターンを発見している。安心して生きられる社会は、個人主義／自律／自己表現に通底する超次元でかならず高ランクに位置するのに対し、安心感の劣る社会はどれも低ランクになる。この超次元を何と名づけ、どのように解釈するかはその人の理論的予測しだいだが、この文化間の差異のパターンは非常に強固かつ根強いため、幅広い分野の研究者たちが多彩な実証研究を行なっても、かならず浮かび上がってきた。この文化間の差異に通底する超次元は、現時点でのデモクラシーのレベルや、ジェンダー間の平等、ゲイやレズビアン、そのほか多くのテーマについての法制度などを方向づけているものと思われる。これについては後の章で論証していく。

第4章　世俗化は終焉を迎えるのか？[*]

　19世紀のすぐれた社会思想家たちはコントやスペンサー、デュルケーム、ウェーバー、マルクス、それにフロイトまでもがそろって、宗教的信念とは科学が誕生する以前の世界観だから、科学的合理性が普及するにつれてしだいに消えていくものと信じていた[1]。また啓蒙主義のころからずっと、哲学、人類学、心理学といった分野の著名人たちも、近代に入れば神学的迷信や礼拝儀式、宗教的儀式行為などは時代おくれになって役目を失うと考えていた。そして20世紀も終わりに近づくまで、多くの社会科学者も宗教は消滅に向かいつつあるものだ、世俗化は官僚化や合理化、都市化などと同様、近代化に備わる側面の一つだと思いこんでいた。

　近年、この主張には疑問が呈されるようになった。イスラム教世界では原理主義[2]運動が盛んになり、さまざまな宗派が力をつけてきたし、ラテンアメリカや旧共産圏でも少なからぬ国々で信仰の復興が広がり、アメリカでは政治の世界でも原理主義が目立つなど、宗教は死に絶えてはいないし、そうなる気配も見えない。社会的にも政治的にも、相変わらず有力な要因だ。有力な批判派たちは、宗教は人間社会の不変の特徴であり、そろそろ世俗化理論を葬り去るときではないかと言う。宗教が栄えるか衰えるかは、教団の指導者たちが信徒を集め、維持することに精力を注ぐか否かで決まるにすぎないというのだ[3]。

　世俗化論の批判勢力として目立つのは宗教市場理論で、人々が宗教にどの程度かかわるかを左右するのは宗派どうしの競争や国による宗教団体の規制といった供給サイドの要因ではないかという考え方だ。ここ数十年、多くの社会科学者たちがこの説明を展開してきているが、批判は絶えることがない[4]。市場が基本だとする理論では、来世における死後の生という報酬はほとんどの宗教がこぞって約束しているというのを根拠に、宗教がもたらす産物に対する需要は不変だと仮定する。宗教行為が国によって違うのも、「ボトムアップ」の需要の差というより「トップダウン」の供給のばらつきの結果だという。教会な

ど既存の権威に裏打ちされた宗教勢力は法律や国からの助成のおかげで市場シェアが固定されていることにあぐらをかく独占業者で、信徒のありがたみを忘れているのに対し、信仰の自由市場があるところでは宗派どうしが盛んに競いあって宗教による「産物」の供給をのばすから、民衆の宗教的活動が流動化すると説明される。

　この理論は普遍的な一般論だというふれこみだが、その根拠となる証拠は主としてアメリカ合衆国と西ヨーロッパから集めたものだ。アメリカには多彩な教派が増殖したことで選択肢も増えたし、互いの競争も激しくなったため人々の信心ぶかさが刺激されたのだとか、市場原理にさらされたアメリカの教会にとっては、聖職者やボランティアを募集し、資金を集める腕前が頼りとなったのだとか、競争が多様性を生み革新をうながし、教会は積極的に信徒を集めるべく大衆の要望に応えるよう迫られる、というのがその主張である。ロドニー・スタークとロジャー・フィンクによると、それに対してヨーロッパ諸国の大半では国が公認の教会を補助する「公営化された宗教経済」が維持されており、独占ゆえに改革は鈍り、人々の要望には応えようとせず、効力が落ちるという。聖職者が業績に関係なく安定した収入と身分を保証されると、現状に満足して努力せず、だらしなくなるはずだ、「人は働く必要や動機が乏しいと仕事をしなくなる傾向があるのだから、助成を受けた教会は怠惰になるはずだ」というわけだ[5]。フィンクとスタークは、ヨーロッパでも国教制度の廃止（規制撤廃）によって教派の「供給」が増え、各教派がもっと努力するようになれば、民衆の宗教的行動は復興にむかうと信じている。「アメリカ式の各宗派が目の前に現われれば、ヨーロッパ人だってアメリカ人と同じことをするだろう」といい、要するに「努力すればするほど、組織もそれだけ成功する」と結論づける[6]。

　それでは、工業社会では宗教が衰退するだろうと考えたコントやデュルケーム、ウェーバーやマルクスは完全にまちがっていたのだろうか。われわれはそう考えない。供給サイド批判が根拠にしたのはひとにぎりの例外だった。裕福な社会と貧しい社会の両方から幅広くかつ整然とデータを集めるのではなく、アメリカ合衆国に偏りすぎた（そのアメリカがたまたま逸脱例だった）。彼らの仮説では、イスラム主流社会がほとんど例外なくアメリカよりはるかに信心ぶ

第4章　世俗化は終焉を迎えるのか？

かい理由を説明できない。ほとんどのイスラム主流国では一つの宗教が独占状態であるばかりか、他の宗教への改宗に死刑を課す国さえあるほどなのだ。

　従来の世俗化論に手直しが必要であることは疑いない。どう見ても宗教はこの世から消滅していないし、これからもしそうにない。そうはいっても世俗化という概念は、現に起こりつつあることの重要な一部分を捉えている。進化論的近代化論は生存への安心感の重要性に力点をおき、人々が生存を当たり前のことだと感じるようになれば、宗教は重要でなくなっていくと考える。この仮説が正しければ、宗教性がもっとも強くみられるのは脆弱な集団、中でも、生死にかかわるリスクに直面している人々だろう。われわれは経済と身体の安定性こそ信心ぶかさの鍵となる要素であると論じ、世俗化のプロセス——信仰の実践も、宗教的価値観も信念も一様に弱体化していく——が最も進んだのは、安全な脱工業化社会の最富裕層であることを実証していく。

　宗教は、人間性に潜む一定不変の側面ではない。人類学の研究により、狩猟採集社会には人間に道徳的な行動を望む創造神に対する信仰がめったにみられないとわかっている。現代でこそ世界的な宗教の核心をなすこの概念を受け入れるかわりに、狩猟採集社会の人々は、その土地特有の精霊が木々や川、山々といった自然物に宿るというアニミズムを信じる傾向がある。食用植物の栽培によって定住が始まった社会でも、道徳的行動を望む神という概念はまだ珍しく、これが一般的になるには農耕社会の登場を待たねばならなかった。

　聖書の時代以来、神の概念は変化し続けてきた——当初は人間をいけにえに捧げることでなだめることができ、外集団に対してはジェノサイドを許容どころか要求さえしていたような怒れる懲罰的な部族神から、全人類に通用する法を持つ慈悲深い神にまで発展した。道徳の概念もまた、社会経済発展に関連した方向に進化した。そのときどきの社会で優勢な道徳規範は有史以来ゆっくりと変化を重ねてきたが、ここ数十年は変化のペースが急激に加速している。

　外国人ぎらいや人種差別、性差別、同性愛嫌悪の退潮はいずれも、内向き思考の部族道徳規範から遠ざかっていく長期的な流れの一環である。かつての部族道徳規範では、人類の大半が道徳的な扱いの対象（moral citizenship）外で、ジェノサイドや奴隷制度が当たり前だったが、今では正当な待遇に値する内集団と道徳規範の恩恵にあずかれない外集団とを分かつ境界線は薄れてきている。

65

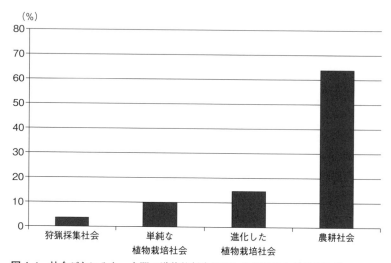

図 4-1 社会ごとにみた、人間の道徳的行為に関わる創造神を信じる比率

出典：Nolan and Lenski (2011) p. 72, George Peter Murdock Ethnographic Atlas (1962-1971) のデータによる。

　グローバリゼーションと知識社会の誕生は、普遍的道徳規範、つまり外国人や女性、同性愛者のようにかつては除外されていた集団にも人権があるという考え方へ向かう潮流と関連している。また戦争についても、昔よりも受け入れ難いと考える人々が世界中で増えつつある。

　権利という概念は何百年も前から存在したが、当初は特定の人々、あるいは特定の社会階層にしか適用されなかった[7]。第二次世界大戦後になって、国連憲章に普遍的人権という概念が盛りこまれることになった。国連の設立メンバー国には人権など堂々と無視する専制国家も含まれてはいたのだが。それでもデモクラシーが普及するにつれ、普遍的人権という思想への支持はどんどん広まっている。

　進化論的近代化論によれば、経済や政治の変化と文化の発展は整然と、かつ一貫して連動する。農耕社会から工業社会、脱工業化社会へと進むにつれて生存への安心感が増し、人々の生活からは宗教の重要性が薄れていく。脱工業化国家において経済と身体の安全性がより高まり、余命が延び、健康が増進すれ

ば、昔ながらの精神的価値観や信念、実践が自分の毎日に、あるいは自分の属するコミュニティの生活に必要不可欠と考える人が減ることになる。だからといって、あらゆる形態の信仰が消滅するわけではなく、しばしば残る要素もある。たとえば、宗教が感情に与える影響が薄れ、人生の中心的位置を占めることはなくなっても、形式上の宗教的アイデンティティを守ろうとするのがそうだ。それでも、先進工業社会に生きる人々は伝統的な宗教指導者や教団に従順ではなくなっていくし、宗教活動への参加も熱意が薄れていきがちだ。宗教市場学派の主張とは正反対に、精神性を求める「需要」は決して一定ではない。むしろ生存への安心感の程度を反映して驚くほどばらつきがあることは明らかだ。

　産業革命前の社会では、人類など、不可解で制御不能な自然の力に翻弄されるばかりでなすすべもなかった。自然現象の原因もぼんやりとしか理解できないため、起きたことはなんでも擬人化した精霊や神々のせいにしがちだった。人口の大部分が農耕で暮らしを立てるようになると、日光や雨など、天からもたらされるものに大きく依存する生活になる。農民たちは良い天候を、病からの解放を、昆虫の大発生からの救いを求めて祈った。

　社会が工業化してくると、伝統的な規範システムと、人々の大半がそれぞれの直接体験で学んだことの間に認知的ミスマッチが生じてくる。既存の確立された宗教ももはや、シンボルといい世界観といい、誕生当初のような説得力も強制力もない。工業社会では、生産は屋内の人工的な環境へと移り、太陽が昇ったり季節が移り変わったりするのを受け身で待つこともなくなった。暗くなれば照明をつけ、寒くなれば暖房をつける。工場労働者は豊作を祈らない――生産を左右するのは人の創意工夫で造られた機械だ。病原菌と抗生物質の発見により、疾病さえも天罰とはみなされなくなった。病気もまた、しだいに人の手で制御が進みつつある問題の一つなのだ。

　人々の日常体験がこうも根本的に変わった以上、一般的な宇宙観も変わる。工場が生産の中心だった工業社会では、宇宙の理解も機械的な見方が自然に思えた。まずは、神は偉大なる時計職人で、いったん宇宙を組み立ててしまうと後はおおむね勝手に作動するに任せるという考え方が生まれた。ところが、環境に対する人の支配力が大きくなると、人々が神に仮託する役割は縮小してい

く。物質主義的なイデオロギーが登場して、歴史の非宗教的な解釈を打ち出し、人間工学で実現できる世俗の理想郷を売りこんでくる。知識社会が発展するにつれ、工場のように機械的な世界は主流ではなくなっていく。人々の生活体験も、形ある物よりも知識を扱う場面の方が多くなった。知識社会で生産性を左右するのは物的制約ではなく、情報や革新性、想像力となった。人生の意義や目的についての悩みが薄らいだわけではない。ただ、人類の歴史のほとんどを通じて大半の人々の人生を支配してきた生存の不確かさの下では、神学上の大難問など一握りの人にしか縁がなかった。人口の大多数が求めていたのはそんなことより、生き延びられるかどうか危うい世界で安心を与えてくれることであり、伝統的な宗教が大衆の心をつかんでいられたのも、主な動機はこれだった。

　世界の主要な宗教文化はほぼもれなく、この安心感を提供している。自分一人では自分の運命を理解することもその先何があるのかを見通すこともできないが、大いなる力は何もかもうまくいくよう取り計らってくれるのだ。宗教も世俗的イデオロギーもそろって、宇宙はある計画に従っている、だからルールを守っていれば、現世でか来世でかはともかくとしてすべてはうまくいくと請け合ってくれる。信じることでストレスが軽減され、人は不安をいなしつつ目の前の問題解決に集中することができる。こうした信念体系がなければ、人は極端なストレスを前に引きこもってしまいやすい。不安定な条件下では、人々は権威を強力かつ慈悲深いものだと思いたいという必要に強く迫られる——たとえ反対の証拠を目にしようとも。

　ストレス下にある人間は、厳正で予測可能なルールを強く求める。生き延びられるかどうかは心もとなく、失敗を埋め合わせる余地もほとんどない以上、この先何が起きるのかはっきり知っておきたくなる。これとは逆に、比較的安全な条件下で育った人々は曖昧さの許容度が上がり、宗教が与えてくれるような厳格で絶対的なルールの必要性が薄れる。生存への安心感のレベルが比較的高いと、生き残るというニーズが満たされるかどうかさえわからない人たちに比べて、見慣れたパターンからの逸脱を受け入れやすい。経済の安定している工業社会に社会的セーフティネットが整備され、貧困のリスクに備えることができるようになると、安心感が増すことで絶対的なルールへの欲求が薄らぎ、

第 4 章 世俗化は終焉を迎えるのか？

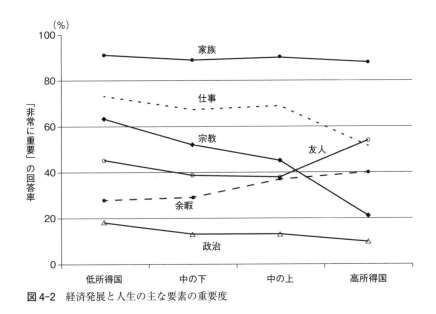

図 4-2 経済発展と人生の主な要素の重要度

伝統的な宗教団体の勢力衰退の一因となる。

　世界価値観調査では、家族、仕事、宗教、友人、余暇、政治という生活で主要な領域 6 つについて、どの程度重要かをたずねている。図 4-2 では、世界人口のほとんどをカバーする国々で行なった数十万回のインタビューを元に、それぞれの領域が「非常に重要」と答えた人のパーセンテージを示した。ほぼすべての人が家族を非常に重要だと回答しており、これは豊かな社会でも貧しい社会でも変わらない人間の普遍的な本質だと思われる。これに対し、宗教の重要さは低所得社会（62％が非常に重要と答える）から高所得社会（非常に重要と考える人はわずか 20％）へ進むにつれて急激に低下する。低所得社会では宗教より重視されるのは家族と仕事だけだが、高所得社会では友人と余暇も宗教より重視されている。国の所得の多寡で比較した図 4-2 のデータからは、証明まではできないものの、高所得社会における宗教の重要性は下がっているのではないかと思われる（図 4-3 の時系列データでは実際それを示している）。宗教への需要が不変であるとは言いがたくなっている。

　友人については、人々がじかに顔を合わせる低所得社会の共同体から離れる

にしたがっていったんは下がるが、高所得社会では改めて友情が重視されるようになる。低所得社会では、宗教は友人よりも上位だし、余暇よりもはるかに大切にされている。高所得社会の主な特色は、友人と余暇がどちらも宗教より重要視されるという点である。

　経済的安定と世俗化の結びつきはあくまでも傾向であって、鉄則というわけではない。個人レベルでなら、極端な例外が簡単に思い浮かぶ。たとえば大富豪で、しかも狂信的なまでに信心ぶかかったオサマ・ビン・ラディンだ。こうした個別事例を除けば、圧倒的に多くの証拠が反対方向を示している。人格形成期に自分自身や家族、属するコミュニティなどが脅かされる経験をした人々は、より安全で先の予測がつきやすい条件下で育った人々にくらべはるかに信仰に篤くなりやすい。しかし相対的に安全性の高い社会でも宗教が消滅したわけではない。西ヨーロッパの人々はいまだに調査の場面では神を信じていますと回答するし、公式書類ではプロテスタントやカトリックと申告する。ただ、信仰の重要度や活気、そして、日々の暮らし方に宗教がおよぼす影響力は著しくむしばまれた。ほぼすべての脱工業化諸国で——カナダやスウェーデンからフランス、イギリス、オーストラリアまで——教会の公式記録を調べると、かつては多かった礼拝の出席者は20世紀をとおして今日まで減りつづけたことがわかる。今では教会が次々と美術館やホテルに改装されるまでになってしまった。世論調査で過去50年にわたってヨーロッパ人の教会通いを追ってみても、この現象は裏づけられる。

　全般的な潮流は明らかだ。先進工業社会では、過去数十年にわたって礼拝の出席者が減った。さらに、聖職者の権威は大きく失われ、今では避妊や離婚、中絶、性的指向、出産前に結婚する必要性などについて指図することもできない。一部の批判者が言うのとはちがって、世俗化は西ヨーロッパにかぎったことではなく、オーストラリア、ニュージーランド、日本、カナダなどほとんどの先進工業社会に当てはまる。ただしアメリカは脱工業化社会の中ではずっと外れ値で、アイルランドを除く高所得国のどこよりも伝統的な世界観を有している。しかしそんなアメリカでさえ、はっきりとした世俗化の流れは起きている。この流れは相対的に福祉制度が貧弱で経済的不平等が大きいことによって弱められている上、大量のヒスパニック系移民、彼らが相対的に伝統的な世界

第 4 章　世俗化は終焉を迎えるのか？

観を持ち、出生率も高いため、いくらか見えにくくなっている。しかしこれらの要因があってもなお、アメリカも明らかに世俗化にむかっていることがわかる。毎週の礼拝の出席率は 1972 年の 35％から 2002 年の 25％へと下がった一方、教会にはまったく行かないという回答は 9％からおよそ 20％に増えた[8]。

このような流れはあっても、しばらくは宗教が姿を消すとは思えない。以前の著書でノリスと私は下記のように論じた。

1. ほぼすべての先進工業社会の人々は過去 50 年にわたってしだいに非宗教的な方向へと進んできた。それでも、
2. 世界全体でみると、伝統的な宗教観をもつ人々の人数は今がこれまでで最大である——さらに、世界人口に占めるその比率も伸びつつある。

　　この二つは一見したところ矛盾するようだが、そうではない。のちに述べるように、2.のようなことになるのは、1.が正しいせいである——世俗化が進むと出生率が下がる。世俗化が最も進んでいる国々のほぼすべてで出生率は人口置換水準を割りこんでいる一方で、伝統的な宗教観の国々の出生率は人口置換水準の 2 倍や 3 倍で、彼らが世界人口に占める比率は上がりつつある[9]。

こうした人口動態上の傾向ゆえに、世界全体では伝統的宗教観の持ち主が過去最多になっているし、人口比も上がっている。富める社会は世俗化するが、世界人口に占める割合は下がっていく。その間に貧しい社会は世俗化しないまま世界人口に占める割合をのばしていく。こうして、近代化した国では必ずといっていいほど宗教の重みが減じることを体験するにもかかわらず、宗教を大切にする人が世界人口に占める割合は増えているというわけだ。

信心ぶかい社会と非宗教的な社会で出生率に差がつくのは偶然ではない。それは世俗化と直接つながっている。伝統的価値から非宗教的・理性的価値へとシフトすれば、女性に求められるのは概ね、子どもをたくさん産み育てるという昔ながらの役割に限られる文化から、女性にも生き方の選択肢がしだいに広がる世界、女性の大半が家庭の外でも職業や趣味を持つ世界へという文化的シ

71

フトが起きる。この文化的シフトは劇的な出生率の低下と関連するのだが、これについては第5章で論証する。

　古典的世俗化仮説では、教育と科学的知識の普及によって宗教はしだいに消滅すると考えられていた。そうかと思えば、近年の有力な研究のいくつかは、人間の宗教に対する需要は一定不変で、起業家タイプの精力的な宗教者さえ出てくれば再活性化するとか、さらには、世界的な宗教の復興はもう始まっていると説く者さえいる[10]。現実には何が起きているのだろうか。

　宗教は消滅にむかってきたのか、それともわれわれは地球規模での宗教の復興を目の当たりにしているのだろうか。図4-3に示すのは「あなたの生活で神はどの程度重要ですか」という設問に対する回答の変化だ。この設問は1981年以来、価値観調査では毎回使われているもので、信心ぶかさの指標としては特に感度が高く、宗教に関係する他の質問スコアとも強い相関がある。設問では10段階のスケールを用い、「1」は回答者の生活で神はまったく重要ではないことを、「10」は非常に重要であることを指す。この図では、最低10年は調査が続いている60か国（調査期間の中央値は21年）について国ごとに最初の調査結果と最新の調査結果を比較し、「10」と回答した人の比率の変化を示している。グラフからもわかるとおり、信心ぶかさの薄れた国々と増した国々は同数だった。出生率の格差が大きいために信心ぶかい人が世界人口に占める比率こそ30年前よりも上がっているものの、対象60か国のうち、信心ぶかさは30か国で上がり30か国で下がった。そして、変化のパターンはとうていランダムとはいえないものだった。

　前章の図3-3が示すようにアフリカ、ラテンアメリカ、そしてイスラム主流国の人々はそれ以外のほとんどの国の人々よりはるかに信仰に篤い（これらの国々のほぼ全部が、伝統的価値を重視するためカルチュラルマップの下半分に分布する）。どの国も調査当初からすでに信心ぶかさで上位に並んでおり、今でも上位を占めている——図4-3が着目するのは変化ぶりであり、これらの国々の大半はほとんど変化していない。

　1990年前後に、旧共産圏諸国の大半が政治、社会、経済のシステム瓦解、秩序の崩壊、加えて、かつては多くの人に人生の意味と予測可能性を与えてくれた共産主義イデオロギーの挫折までも経験することになった。これによりイ

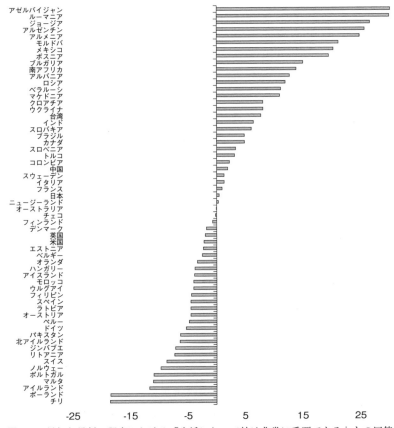

図4-3 最初と最新の調査における「生活において神は非常に重要である」との回答率の変化

出典:1981年から2012年に実施された世界価値観調査とヨーロッパ価値観研究より。最低10年分の時系列データがある国はすべて含まれる。パーセンテージの変化の中央値はゼロ、比較した年数差の中央値は21年。

デオロギーの空白地帯が生じ、宗教の復権とナショナリズムによって埋められつつある。その結果、共産主義の秩序崩壊に手ひどく見舞われたこれらの社会では宗教を重視する風潮が強まっているのがみられる。

信心ぶかさの増え方が特に大きい16か国のうち、13か国が旧共産圏諸国だ(中国でも宗教が重視される傾向にある。依然として共産党の統治下にあるとはいえ、

市場経済の競争力は世界でも屈指で、経済の不均衡を示すジニ係数はアメリカを上回る国である)。旧共産圏諸国22か国のうち信心ぶかさが高まっているのは16か国で、例外である6か国(ポーランド、ハンガリー、チェコ共和国とバルト三国)は全部、比較的スムーズに市場経済への移行をとげ、今はEUやNATOに加盟している。もしも生存への安心感が世俗化をまねくのなら、この6か国こそ世俗化が予想される国だろう。例外の中でも最も極端なのはポーランドで、対象60か国の中でも信心ぶかさが特に劇的に低下した国の一つだ。1792年以来、ポーランドはロシア、オーストリア、プロシア、続いてソ連に支配されてきた。プロテスタントのプロシアや東方正教会のロシアの(そしてのちには無神論のソ連の)抑圧に対抗するレジスタンスの中心になったのはローマカトリック教会だった。カトリックの教えを実践することは、ポーランド独立への支持を示す手段の一つだった。ポーランド人が極端なカトリック教徒となったのは、プロテスタントのイギリスによる支配に抵抗するアイルランド人が極端なカトリックに傾いたのと同様だった。ここ25年、ポーランドはソ連の支配からも解放され、今ではEUにもNATOにも加盟して比較的安全な国になっている。宗教の異なる隣国からの抑圧という刺激がなくなると、宗教の重要性は薄れはじめ、ほかの高所得国と同様のレベルに近づいた。同じことがアイルランドでも起こった。その対極で突出しているのがアゼルバイジャンだ。歴史的にはイスラム教の国なのに、ソ連の支配下では信仰が厳しく抑圧されていた。ポーランドやアイルランドよりずっと貧しく、大半の旧共産圏諸国と同様、しだいに信仰の強さを増してきた。さらに隣国アルメニアと領土紛争が長引いていることも、60か国中で信心ぶかさの増加が最大だった原因の一つなのだろう。

　宗教の重要度が増しているのは主として、旧ソ連の中でも市場経済への移行時に手ひどい目にあった(そして、アゼルバイジャンやジョージア、アルメニアなど近隣国と戦争になった)国と、血みどろのユーゴスラビア分裂によって誕生した国々、さもなければ長期にわたって政治の安定しない国々である。旧共産圏諸国の場合、国営経済からの移行という経済的なストレスだけでなく、マルクス主義という信念体系の瓦解をも味わうことになった。その空白のかなりの部分が信仰によって埋められつつある。

　これとは逆に、図4-3の高所得諸国(1990年時点、世界銀行の定義による)[11]

第4章 世俗化は終焉を迎えるのか？

における信仰の重みは、21か国中20か国が低下もしくは統計的には有意にならない増加で、3ポイントを上回る増え方は1か国にすぎない。全般的なパターンははっきりしている。所得の低い国は経済の安定している国より信心ぶかい傾向があるが、1981年以降の信仰の重みの増え幅が特に大きいのは、主として経済的にも物理的にも安定が失われ、共産主義のイデオロギーも崩壊した旧共産圏諸国である。反対にほとんどすべての高所得国では宗教の重要性が低下しており、大量のヒスパニック系移民で統計が相殺されるアメリカさえも例外ではない。

信仰心を示すその他の指標についても同様のパターンがみられる。礼拝など宗教的行為への参加率も、自分は熱心な信者だと自認する人々の比率も、大半の旧共産圏諸国で上昇し、ほとんどの高所得社会で低下している。

世代間の人口置換のペースで進む世俗化

一般に、根底的な価値観の変化は、世代間の人口置換のペースで進む。たとえば物質主義的な価値から脱物質主義的価値へのシフトも、主として世代交代による人口の入れ替わりを反映している。第2章の図2-2に示したのは西ヨーロッパ6か国の1970年から2009年までのこれらの価値観変化のコーホート分析だ。時期効果による短期のゆらぎはあるものの、長期的なパターンは明らかだ。出生コーホートごとの物質主義的／脱物質主義的価値指数の平均値は39年たってもほとんど変化していない。しかし人口全体でみれば、物質主義的価値から脱物質主義的価値へのシフトがしっかりと表れており、6か国全体での平均値は30ポイントも上がっている。この変化はほとんど世代交代によるものだ。特定の出生コーホートだけに注目すれば、1970年測定時から2009年測定時までの純増加は平均5ポイントにすぎない。この5ポイントは脱物質主義的な回答が社会的に許容されやすくなったせいかもしれないが、それでも全体の6分の1でしかない。

信心ぶかさの変化もパターンはこれと似ている。信心ぶかさは大半の低から中所得国では高いまま不変、多くの旧共産圏諸国で上昇、そしてたいていの高所得国ではここ数十年下がりつづけ、その低下は主に世代交代による。図4-4では、1981年に調査が行なわれていて2009年前後にも再調査があった高所得

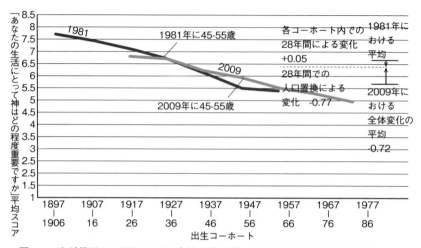

図 4-4 高所得国 14 か国における宗教の重要度——世代交代による変化と同一コーホート内での変化（「あなたの生活にとって神はどの程度重要ですか」という設問で測定）

出典：ヨーロッパ価値観研究と世界価値観調査の組み合わせ。オーストラリア（1981 年と 2012 年）、ベルギー（1981 年と 2009 年）、カナダ（1981 年と 2006 年）、デンマーク（1981 年と 2008 年）、フランス（1981 年と 2008 年）、イギリス（1981 年と 2009 年）、アイスランド（1984 年と 2009 年）、アイルランド（1981 年と 2008 年）、イタリア（1981 年と 2009 年）、オランダ（1981 年と 2008 年）、ノルウェー（1982 年と 2008 年）、スペイン（1981 年と 2011 年）、スウェーデン（1981 年と 2011 年）、アメリカ（1982 年と 2011 年）。期間中央値は 28 年。

の 14 か国について、出生コーホートと信心ぶかさの関係を示している。片方の線が 1981 年、もう片方が 2009 年段階での全コーホートのレベルを表す。対象母集団のうち年少の回答者の方が年長者より信仰を重視しない回答をするため、双方とも年長のコーホートから若いコーホートへ進むにつれて右肩下りになっていく。1981 年と 2009 年の両方でそれなりの人数がいた出生コーホートは 5 群あるが、いずれをとっても信心ぶかさのレベルは年月を経てもほとんど変わっていない。世代間の差はライフサイクル効果によらない——同じ出生コーホートの信心ぶかさは 28 年経ってもほぼ不変なので、同一の出生コーホートが生きていた部分では 2 つの線はぴったり重なる。ただ、1981 年の線には非常に信仰篤い最年長のコーホートが 2 群含まれていた（グラフの左端）が、彼らは 2009 年にはサンプルから脱落してしまった。代わりに登場したの

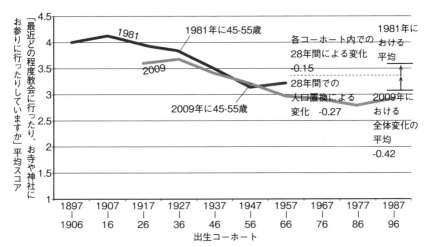

図 4-5 高所得社会 14 か国における宗教的行為の実践の変化——世代交代による変化と同一コーホート内での変化（「最近どの程度教会に行ったり、お寺や神社にお参りに行ったりしていますか」という設問で測定）
個人的選択規範要因の平均値は、同性愛、離婚、妊娠中絶に対する寛容さに基づく。

出典：高所得国（2001 年時点の世界銀行の分類による）14 か国について、ヨーロッパ価値観研究と世界価値観調査のデータを組み合わせて使用。オーストラリア（1981 年と 2012 年）、ベルギー（1981 年と 2009 年）、カナダ（1981 年と 2006 年）、デンマーク（1981 年と 2008 年）、フランス（1981 年と 2008 年）、イギリス（1981 年と 2009 年）、アイスランド（1984 年と 2009 年）、アイルランド（1981 年と 2008 年）、イタリア（1981 年と 2009 年）、オランダ（1981 年と 2008 年）、ノルウェー（1982 年と 2008 年）、スペイン（1981 年と 2011 年）、スウェーデン（1981 年と 2011 年）、アメリカ（1982 年と 2011 年）。期間中央値は 28 年。

が、ずっと世俗的な 2 群（グラフの右端）だった。このように世代交代に伴って顔ぶれが入れ替わるため、これら 14 の高所得国では信仰の重要度が大きく下がることとなり、信仰心の指数の純減は 0.77 ポイントだった。この減り方はほぼ完全に、人口置換によるものだ。

図 4-5 からわかるように、礼拝など宗教的行為への参加率の変化もこれとよく似たパターンになる。同じ出生コーホートでは 1981 年と 2009 年ではほとんど変化がないため、二度の調査に参加できたコーホートでは 28 年も開いているのに二本の線がぴったり重なる。それでも 2009 年になると年長のコーホートが脱落し、より世俗的な若いコーホートに置き換わったため、この世代間の人口置換によって参加率は大きく下がることになった。高所得国における信心

ぶかさの低下は、ほぼ完全に世代間の人口置換によるものである。

世俗化は終焉を迎えるのか？

　経済が近代化すればどんな国でも世俗化の経験がありがちだとはいえ、当分の間、宗教が消滅することはなかろうと考える。理由はいくつかある。

　第一に、世俗化は出生率の急激な低下をもたらす。信仰の篤い社会では出生率は比較的高いまま保たれるため、世界全体でみると、強い宗教的信念をもつ人々の占める割合は 30 年前よりも現在の方が高くなっている。

　第二に、工業化は物質的かつ機械的な非宗教的世界観の普及と結びついていたが、知識社会が誕生すると、アイデアやイノベーション、脱物質主義への関心が高まってくる。階級主義で権威主義的な宗教団体では人々に生き方を指図する力が失われつつあるものの、広義のスピリチュアリティ的関心は脱工業化社会において広がりをみせている。工業経済から知識経済へのシフトは、工場のように物的、機械的な世界観から、アイデアを中心とする世界へのシフトをもたらす。進取の気性に富んだ起業家肌の宗教家にとっては、個人の自律の余地を許容するような新しい宗教なら、市場はむしろ広がっていくかもしれない。

　こうした起業家たちには宗教を売りこむ手腕があることは疑いない。しかし供給サイド仮説では、ここのところ世界で起きている現象を説明しきれない。イスラム主流国や旧共産圏には精力的な信仰の起業家たちがひしめき、高所得国——中にはアメリカだって入っている——にはそういう人材がいないというのなら別だが。現実のアメリカには熱心な起業家タイプの宗教家は多数いるのに、それでも信仰は地歩を失いつつある。高所得諸国では宗教に対する需要が薄れていることは明らかだと思われる。

　そのうえ前工業化社会には、西洋社会が世俗化によって頽廃していると思っての反動から、世俗化を拒否する風潮もある。それに、近年のような世界規模の経済危機は生存への安心感をおびやかすから、宗教の重みが増していくことも考えられる。宗教信仰が拡大するか衰退するかは、ここ 300 年の世界を形づくってきた豊かさへ向かう流れが回復するか消えてしまうかによっても変わってくる。

　当分の間、宗教が消滅することはなかろうと考える理由はほかにもある。第

第4章　世俗化は終焉を迎えるのか？

7章で論証する予定だが、明快な信念体系がある方が幸福感につながる。この信念体系というのはべつだん宗教でなくてもかまわない。しかし共産主義の瓦解により、20世紀は多くの国で宗教に匹敵する対抗馬が失われた——そのためにうまれた空白地帯はかなりの部分が宗教的信念によって埋められることになったことを思えば、なにかしら確固とした一連の信念であることは必須だ。

第5章　文化的変化、遅い変化と速い変化
―― ジェンダー間の平等と性的指向を律する規範がたどる独特の軌跡について*

はじめに

　これまで見てきたように、経済と身体の安全レベルが高まると、物質主義的価値から脱物質主義的価値へのシフトがうながされる。それにより人々は、環境保護の強化から民主化にいたるまで、さまざまな社会的変化に対し好意的な方向へ傾いていく。加えて、ジェンダー間の平等や同性愛を受容する傾向も強くなっている[1]。

　歴史を通じて、大半の社会が女性には妻や母の役割しか認めず、同性愛をはじめ生殖・繁殖につながらない性行動の一切をスティグマ化する（非難する）規範を人々に植えつけてきた[2]。農耕社会では人口を保つために高い出生率が必要だったが、高度な安全性が達成されるとジェンダー間の平等のように農耕社会では認められなかった行為もしだいに許容されるようになる。高所得国では過去百年をかけて、こうした文化規範は主として世代間の入れ替わり（人口置換）によりゆっくりと変わってきた。ところが近年になって、このプロセスがある閾値に達して急速な文化的変化が始まり、社会レベルでの大規模な変化につながった。たとえば権威ある地位につく女性が増えたし、同性婚も法制化された。

　先進工業社会では高い出生率が求められなくなり、急激に低下した。有効な避妊技術、労力を軽減してくれる道具類が登場し、子育ての環境がよくなり、乳幼児死亡率も非常に低くなったことで、女性はフルタイムの仕事を続けながら子どもを持てるようになった――たとえ夫がいてもいなくても。昔ながらの産めよ増やせよという「生殖・繁殖（促進）規範（Pro-fertility norms）」はもう必要なく、人が自分の行動を選べる「個人選択（重視）規範（Individual-choice norms）」に道を譲りつつある。

　とはいえ、基本的な文化規範は急には変わらない。宗教と同様、ゆっくりと徐々に変わるものである。19世紀のすぐれた社会理論の担い手たちがこぞっ

て宗教は滅びに向かうと唱えたのに、伝統的な宗教的価値観を持つ人が世界人口に占める割合は1980年より2004年の方が高かった[3]。それでも、これから述べるように、ジェンダー間の平等や離婚、中絶、同性愛をめぐる規範は目下、目を見はる速さで変わっている。生殖・繁殖規範から個人選択規範へのシフトには、主要な宗教のほぼすべてが反対しているのに、である。

ジェンダー間の力関係や性行動などを律する昔ながらの規範を人はなかなか手放したがらない。それはアメリカほど経済の安定した国でさえ、妊娠中絶や同性婚、ジェンダー間の平等への反対が根強いことを見ても明らかだ。伝統的なライフスタイル規範への固執は、明日をも知れぬ状況で苦闘する国々ではさらに激しい。人々は慣れ親しんだ規範にしがみつかざるを得ないからだ。しかしそんな社会も、ひとたび生存への安心感が高まり、生き延びられるありがたみを皆が忘れるほどになれば、人々もだんだんと新しい規範を受け入れるようになっていく。

もしも経済成長が個人選択規範の台頭をまねくのであれば、こうした規範は貧しい国々より豊かな国々の方が広く普及するはずだが、調べるとまさにそのとおりになっている。

ある社会で経済的にも身体的にも安定感が十分なレベルに達し、年少の出生コーホートが生存を所与の条件として成長するようになると、生存重視の規範から個人選択規範へと世代間シフトがスタートする。ただし、この閾値に達したからといって、効果がただちに目に見えるわけではない。新しい状況下で人格形成された出生コーホートも、成人まではほとんど影響力をもたない。成人してもしばらくは少数派だから、成人人口における多数派になるにはさらに数十年を要する。だからここで論じている現象は、ある年の経済成長で翌年に個人選択規範が普及するといったものではなく、40年から50年前にある閾値に達したことが反映されるような世代交代による人口置換のプロセスなのだ。

ただし、世代交代による人口置換によって個人選択規範が少しずつ受け入れられるようになった高所得諸国では、ある時点で転換点に達し、新しい規範の拒絶から受容へと一般的見解がシフトする。こうなると、大勢に順応したいという影響力の極が逆転する。寛容な態度を抑制するかわりに促進する力が働くため、文化的変化はにわかに加速する。

第5章　文化的変化、遅い変化と速い変化

　だから、ある社会で生存への安心感が高レベルに達して、急速な文化的変化につながることはある——ただしそれは、安全な条件が整ってから新しい規範が主流になるまでに数十年のタイムラグを経たのちのことだ。たとえば、西洋における経済的奇跡、社会保障制度の整備、長い平和（訳者注：アメリカの歴史学者ジョン・ルイス・ギャディスによる米ソ間の冷戦は、「長い平和」の時代だったとする逆説的な解釈）はいずれも、1945年からほとんど間もないころに起きたものだ。一方、これらが原因で政治の世界に影響が現われはじめたのは20年後、戦後生まれの最初のコーホートが若者となり、政治に参加できる立場になったときだった[4]。学生運動が勃発したのは1968年、それは1945年から1955年生まれの世代が10代から20代前半のときである。先進工業社会における学生運動は1970年代を通して続いたものの、このときは少数派でしかなく激しい反発をまねいた。それが1980年代になると、戦後生まれの最初の世代は30代から40代となり、社会でも重要な地位に就いていた。1990年代に入るまでには、脱物質主義者の人数は物質主義者と同数に達し、1960年代には逸脱と見られていた規範はポリティカリー・コレクトとなった。高所得諸国の成人人口で、大勢順応を好むがゆえに陣営を変える層が相次ぎ、急速な文化的変化につながった。この後で明らかにしていくが、

1）こうした価値観の変化では、変化を起こす条件が発生してから実際に社会に変化が起きるまでのタイムラグが非常に長い。西洋社会が初めて経済的にも身体的にも安全になったのは第二次世界大戦後だったが、同性婚の法制化など、それに対応した社会的変化が起きるまでには40年から50年を要した。

2）ジェンダー間の平等、離婚、中絶、同性愛に関する、ある独特の規範群が生殖・繁殖規範を支えていた。こうした規範群は前工業社会が生き延びるために欠かせないものだったが、ついには不要なものとなった。この規範群は目下、そのほかの文化的変化とは別の軌跡をたどって変化しつつある。

3）通常なら、基本的な価値観の変化は世代交代による人口置換のスピードで進むものだが、生殖・繁殖規範から個人選択規範へのシフトはある段階で転換点に達し、それ以降は大勢順応の圧力が逆方向に作用することになり、

83

かつては抵抗していた価値観変化を逆に後押しして、同性婚の法制化など大規模な社会的変化をもたらしつつある。

理論と仮説

われわれの分析はまったく別々の二つの現象を扱っている：

1. 一つは「生殖・繁殖規範」（伝統的なジェンダーロールを重視し、生殖・繁殖につながらない性行動の一切をスティグマ化する）から「個人選択規範」（ジェンダー間の平等や同性愛への寛容さを支持する）へのシフトである。数十年前、ロン・レスターゲとヨハン・サーキン[5]、ダーク・ヴァンデカー[6]が西ヨーロッパで起きた、物質主義的価値から脱物質主義的価値への世代間シフトが出生率低下につながったことを示した。本章で扱うのはいまひとつの、より新しい時期に起きたもので、ジェンダー間の平等やゲイ、レズビアンに対する寛容さに関する社会的規範のシフトである。この文化的変化はジェンダーや性的指向にかかわる新しい法制化をうながすので、政治的にも重要な影響をもたらす。
2. 二つ目の現象は文化的変化のスピードに関するもので、通常はゆっくりとしたペースで世代間の人口置換が進むものである。若い世代の成人前の時期を特徴づける諸条件が、旧世代の人格を形成した条件と大きく異なっていたとき、世代間で価値観の変化が起きるが、変化の原因になった社会状況の発生から、社会全体が新しい価値観を受け入れるまでには数十年単位の時間差がある。

ところがこのプロセスは、新しい規範への賛同が多数派になった段階で転換点に達して、大勢順応したいという圧力の方向が逆転することがある。高所得諸国では生殖・繁殖規範から個人選択規範へのシフトが最近、この転換点に達した。かつては世代間の人口置換の影響に抵抗していた順応主義が、今では変化を後押しし、加速度的な文化的変化をもたらしつつある。

世界価値観調査では、1981年から2014年まで何度も調査をくり返す中、ジェンダー間の平等や性的指向に関する規範を追跡してきた。女性の役割を限定

第5章 文化的変化、遅い変化と速い変化

し、同性愛を非難する規範は根が深く、聖書の時代から20世紀まで持続してきたが、調査結果からは、今や高所得諸国では劇的な変化がみられ、ジェンダー間の平等やゲイ、レズビアンへの寛容さに対しては、調査の回を重ねるたびに支持が増している。

それによって社会も変わりつつある。有史来、大きな社会で同性婚が存在したことなどほとんどなかった。それが2000年にオランダで法制化されて以来、他の国々も続々と後に続いた。同様に、近年まで女性はほとんどの国で二級市民とされ、20世紀に入ってもまだ（先進国でさえ）選挙権がなかったのに、最近では多くの国で女性が政治の最高位に選ばれるようになった。

文化的進化と個人選択規範へのシフト

これまでに無数の社会が存在し、そのほとんどが今は滅んでいる。そうした社会ではジェンダー間の平等や生殖行動に関する規範も、多種多様なものだった。同じ農耕社会でも、子どもをたくさん産むことを奨励する社会もあれば、人数を絞って集中的に投資するのをよしとする社会もあった。しかし、前工業社会で長続きしたところはすべて、現代の高所得社会にくらべれば高い出生率を奨励していた。工業化以前の社会が高い出生率を奨励したのは、乳幼児死亡率が高くて平均余命も短い中で減った人数を埋め合わせるために子どもが多数必要だったからである。より少なく産んで投資を集中する方針だった西ヨーロッパ社会でさえ、女性ひとりにつき6人から8人を産んでいる[7]。対照的に、現代の西ヨーロッパ社会では1.1人から1.9人になっている。

農耕社会の出生率が高かったのは、子どもが多い方が経済的に有利だったという経済的要因もあった。ところが発展段階が進むにつれ、子どもが多いことは経済的な負担となった。

前工業社会の全部が高い出生率を奨励してきたわけではない。聖書の時代から20世紀に至るまで、（たとえばシェーカー教徒のように）禁欲を課す社会はあった——ただ、そうした社会は消えてしまったのだ。現代も独立国家として存続している社会はほぼ全部、ジェンダーロールについても生殖行動についても、出生率が高くなるような規範を人々にたたきこんでいた。そのため、世界価値観調査の対象国の中でも所得の低い社会、中の下を占める社会では、一つの例

85

外もなく、生殖・繁殖規範を比較的に重視している。これらの規範では、女性は指導的役割を男性に譲って、出産と育児に専念するよう奨励されるし、同性愛や中絶、離婚、自慰行為に至るまで、出産に結びつかない性行動は後ろめたいものとされる。

クレオパトラからエカテリーナ二世に至るまで、一部の国では王の娘や未亡人が女王になることが可能だったが、それとて女性の一人が国を治める一方で、女王を除く女性はすべて二級市民だった。女王ひとりなど女性全体の中では無視できるほど少ないから、社会全体の出生率に与える影響もゼロに等しく、伝統的な生殖・繁殖規範との両立が可能だった。

ずっと時代が下ると女性の参政権運動が始まり、歴史的にプロテスタント圏だった民主主義国では1920年前後、歴史的にカトリック圏だった民主主義国では1945年前後に女性が投票権を手にすることになった。これは大きな進歩ではあったが、数年に一度選挙に行くだけではまだ、出生率にはほとんど影響しなかった。昔ながらの生殖・繁殖規範がはっきりと退潮に転じたのは1960年代から1970年代、戦後コーホートが初めて政治に関与できる年齢になったときのことだった。

生存への安心感の上昇と文化的変化

1970年から2010年の間に、平均余命、所得、就学率は世界のあらゆる地域で上昇し、生存への安心感がどんどん高まってきた[8]。貧困、非識字、死亡率も世界的に下がりつつある[9]。戦争、犯罪率、暴力、いずれも何十年にもわたり劇的に減っている[10]。

現在、大国間の交戦がなかった期間は人類史上で最長になっている。この平和と戦後の経済的奇跡、福祉国家の誕生が合わさって、西欧、北米、日本、オーストラリア、ニュージーランドでは、1945年以降に生まれたコーホートの多くが生存は当たり前のことと受け止めて育つことになり、脱物質主義的価値、自己表現重視の価値への世代間シフトをもたらしたのは2章で述べたとおりである。大半の社会で以前ほど必要なくなった出生率は急激に下がった。平均寿命が100年で倍近くにのび[11]、乳幼児死亡率が1950年代の13分の1に下がった[12]高所得諸国ではとりわけ出生率の低下が顕著だった。もう社会の成員

維持のために女性が一人当たり6人から8人も生む必要がなくなったのである。

しかし、基底に根差す文化規範はゆっくり変化するものだ。世界の主要な宗教のほとんど全部は生殖・繁殖規範を強調している——それも、熱心に。生殖・繁殖規範は個人が判断する問題として扱われない。それは絶対的な価値であり、侵せば永遠の破滅が待っている。このように文化の力で制裁を重くしておくことが必要だったのだろう。生殖・繁殖規範を守るには、強力な自然の本能を抑えなければならないからだ。「汝、姦淫するなかれ」は根源的な欲望に反する。女性の一生を出産と育児だけに捧げるよう求めることは、多大な犠牲を伴う。同性愛を罪深く不自然な行動と規定すれば、ゲイやレズビアンは酷い自己抑制と自己嫌悪を強いられるからだ。

こうした規範はもはや、社会の存続のためには必要なくなったのだが、深く植えつけられた価値観は変化に抵抗するものである。とはいっても、近代化がもたらした高レベルの経済的・身体的安定によって[13]、死の危険を忘れて育った人々は新しい考え方に抵抗感を持たなくなった。3章と4章で述べたとおり、生活条件が安定した社会では同性愛に対する寛容さも含めて自己表現価値が拡がることとなった。

進化論的近代化論

進化論的近代化論では、人々が自分たちの生き残りにどの程度の脅威を経験するかがその社会の文化規範のすみずみまで影響すると説く。戦後西ヨーロッパの奇跡的経済回復と福祉制度によって、脱物質主義者が優勢な1945年以降生まれの世代が登場したが、政治の場面で彼らが姿を現すのは20年後、成人した彼らが60年代末から70年代の学生運動に参加するようになったときだ。初の戦後世代である彼らと、より年長の全コーホートの価値観には、このときはまだ大きな開きがあった。

だが20歳の若者もいつか30になり、40に、そして50になる。年長のコーホートが抜けて戦後コーホートに取って代わるにつれ、彼らの価値観がじわじわ拡がった。今日の西ヨーロッパの社会的規範は、1945年当時のそれとはまったく違う。1945年にはまだ、同性愛は大半の西欧諸国で犯罪だった。それが今ではほぼすべての国で合法となっている。礼拝の出席率は劇的に下がり、

出生率は人口置換水準を割りこむほど減り、政界で高い地位に就く女性も出てきた。しかしその原因となる条件が発生してからこうした変化が起き、新しい価値観が社会全体に受け入れられるまでには 40 年から 50 年のタイムラグがあった。

　根底的な文化的変化の原因を作った一連の条件の発生から実際に社会が変化するまでに時間差がある以上、現在の諸条件では今まさに進行している文化的変化を説明できない。西洋諸国では、個人選択規範へ向かう世代間シフトには十分な勢いがついており、これが逆転することは考えにくい。しかし前にも触れたとおり、これらの国々は目下経済的停滞状況にあって、格差が広がり、失業率が高い。失業はしばしば移民が多いせいだとされる。近年の移民にはイスラム教徒が多く、イスラム教徒によるテロが派手に報道されることで彼らに対する敵愾心が悪化している。今どき女性やゲイは脅威とは思われないが、イスラム系移民はそうはいかない。そのため近年になって、国政選挙で自民族中心的なポピュリスト政党がこれまでにない票を集めて勝利する例が続いている。ひとくちに文化的変化といっても、そのすべての側面が同じペースで進んでいるわけではないことは明らかだ。

　前工業社会では、中絶、同性愛、離婚に対する許容度はきわめて低く、人々は周囲に順応しなくてはというプレッシャーゆえに寛容さを表現できない。たとえばエジプトで最近行なわれた調査では、ゆうに 99％もの人々が同性愛を非難している。99％というからには、同性愛者自身までが同性愛を非難していることになる。

　それでも高所得社会では、世代間の人口置換によって個人選択規範が少しずつ受け入れられてきた——最初は学生に、それから社会全体に。新しい規範の受容が拒絶を上回って多数派になるという転換点に達すると、一般的な方に合わせたい、社会的に受け入れられるようにふるまいたいといった動機から、それまで寛容な態度を抑圧していたのが一転して促進に回る。周囲の態度が寛容になってくると、ゲイやレズビアンの人たちがカミングアウトを始める。自分の知っている人、好きな人の中にも実は同性愛者がいたことに気づいてより寛容になれば、カミングアウトしてもいいなと思う同性愛者も増える。こうして正のフィードバックループが回りだす[14]。

つまり、生存への安心感の高い社会になり、人々が死の危険を忘れて育つようになると、急速な文化的変化が起こりうる——しかし、環境が安全になってから新しい規範が優勢になるまでには数十年のタイムラグがある。

仮説

この理論からは、次に挙げる仮説がうまれる：

仮説 1. 個人選択規範という一連の規範群（syndrome）が存在する。昔ながらの生殖・繁殖規範全体を支持する社会がある一方、ジェンダー間の平等や離婚、中絶、同性愛に関する一連の個人選択規範を支持する社会もある。**この一連の規範群に含まれる個々の規範に対する意見は、賛成であれ反対であれ、常に連動する。**

仮説 2. 生存の安心レベルが高いと個人選択規範につながる。一人当たり GDP が高く、平均余命が長く、乳幼児死亡率の低い（ここで用いる生存の安心の指標 3 つ）社会は、生存の安心レベルが低い社会にくらべて個人選択規範を支持する可能性が高い。同様に、同じ国の中でも特に安定している層ほど個人選択規範を支持しやすい。

仮説 3. 先進国では 50 年以上前から生存の安心レベルが大幅に上がってきて、若いコーホートと年長のコーホートの違いが大きくなった。その結果、年少のコーホートが年長のコーホートと入れ替わるにつれ、生殖・繁殖規範から個人選択規範への世代間シフトがみられるはずである。

仮説 4. このシフトは、何十年も前に生まれた人々の成人前の生存の安心レベルを反映するため、**ある社会が新しい価値観をどれくらい支持するかを最もよく予測するのは現在の一人当たり GDP や平均余命、乳幼児死亡率ではなく、数十年前のそれになるだろう。**

仮説 5. 世代間の人口置換には長い時間がかかるとはいえ、**文化的変化は、新しい規範が優勢と見られるようになったとたんに転換点を迎えることがある。**そこからは社会的望ましさ効果の極点が逆転して、かつては世代間の人口置換

による変化を遅らせる方向にはたらいていたのが、今度は加速するようになり、**急速な文化的変化につながる。**

仮説 6. 新しい規範が優勢になると、選挙におけるジェンダー・クオータ制、同性婚の法制化など、社会レベルでも大きな影響力をもたらすことがある。

データと手法

　これらの仮説を、世界価値観調査のデータに照らして検証していく。価値観調査では、所得の低い国 22 か国、中の下の国 29 か国、中の上 20 か国、高所得国 28 か国（2000 年現在の世界銀行の分類による。対象国の一覧は付属資料図 A 3-1 を参照）とあらゆる経済発展レベルの国を対象にしている[15]。世界価値観調査は主要な文化圏も全部カバーし、各グループで特に人口の多い国も対象にしている。ここで分析する設問はいずれも、何度も調査を重ねる中で同じ文言を用いてくり返し質問されたものである。

　従属変数は個人選択規範である。価値観の変化は個人レベルで起きるものだとはいえ、われわれの関心は主として、それがいかに社会レベルの変化につながるかにある。価値観変化はその社会の法律や制度を自動的に変えるわけではないが、変化の可能性をだんだん高めていく。個人レベルの文化的変化が社会レベルの変化につながる道すじは二通りある。まず、民主的なエリートたちや諸団体／制度が人々の意向に対応するのは当然としても、独裁的な指導者でさえ大衆の意向から完全に逃れることはできない。さらに、エリートたち自身も同じ社会で育っているわけだから、長い目で見ればその社会で優勢な規範を反映する傾向がある。

　ときおり、個人レベルのデータの総計をもって社会レベルの話をするのは信頼できないという声もあるが、この解釈は誤っている。60 年以上も前、今は古典となっている生態学的誤謬に関する論文で、個体レベルにおける二つの変数の関係は必ずしも集団レベルでの両者の関係と同じである必要はないことをロビンソンが指摘している[16]。重要な洞察ではあるが、集計が間違っているという意味ではない——単に、一方のレベルでみられた関係が、もう一方のレベルでも当てはまるとは決めつけられないという意味でしかない。社会科学の分

表 5-1　生殖・繁殖規範 vs. 個人選択規範

（主成分分析）

回答	因子負荷量
同性愛は絶対に認められない	−0.90
仕事が少ない場合、男性の方が女性より先に仕事につけるようにすべきだ	−0.89
離婚は絶対に認められない	−0.89
一般に、男性の方が女性より政治の指導者として適している	−0.88
中絶は絶対に認められない	−0.80
大学教育は女子より男子にとって重要である	−0.78

正の値が高いほど個人選択規範の支持を示す。
出典：世界価値観調査の対象となった 80 か国の全国レベルのデータ

野では古くから、個人のデータを集計して国レベルの指標を構成してきた。たとえば出生率などはなじみもあって正当そうに見えるが、主観的データを集計したものよりも正当さでまさっているわけではない。乳幼児死亡率も、国家レベルの特徴をあらわす重要なデータだが、生き残ったり亡くなったりする主体はすべて個人だ。同様に、所得不均衡も個人の所得を元にしているが、国レベルの変数として有効かつ有意義である。

　この章では、個人選択規範を個人レベルと社会レベルの両方で検証する。比較的安泰にくらす個人も比較的安泰な国々も、この一連の規範では最高位にランクされる。検証するとたまたま、双方でよく似た因果関係が出てくるというわけだ。ただこの章では文化的変化がいかにして社会政治的な変化につながるかという点に焦点をあてたいので、われわれの分析も主として、社会レベルについて行なう。

　表の 5-1 に示すのは国レベルの因子分析で、ジェンダー間の平等の受容にかかわる 3 つの質問への回答と、離婚、中絶、同性愛の受容にかかわる 3 つの質問への回答とは、連動する傾向が非常に強いことがはっきりわかる。それぞれの質問の因子負荷量は、その質問への回答が、潜在する生殖・繁殖／個人選択軸とどれくらい強く相関しているかを示す。負荷量が 0.90 前後だと、両者は一対一に近いことを示す。ジェンダー間の平等への賛意が強くて離婚や中絶、同性愛にも比較的寛容な社会があるかと思えば、これら 6 つの質問すべてに否

定的な態度を示す傾向にある社会もある。それを受けてわれわれは、これら6問に対する回答を、その社会が（あるいは個人が）昔ながらの生殖・繁殖規範あるいは個人選択規範をどの程度支持しているかの測定に用いた[17]。

われわれの主な独立変数は生存の安心を示す指数で、これは各国の平均余命、乳幼児死亡率、一人当たりGDPの主成分分析で求めた因子スコアに基づいている[18]。これら3つのどれもが一つの次元を測定しており、1960年現在の負荷量はそれぞれ0.97、-0.97、0.90である。1960年以降は、信頼できる国際比較データが利用可能なため、多くの時点でこの指数を求めることができた。

個人選択規範を重視する人々は脱物質主義的価値をも重視する傾向があるとはいえ、生殖・繁殖規範から個人選択規範へのシフトには独特の動きがみられ、物質主義的価値から脱物質主義的価値へのシフトよりはるかに速いペースで動いている[19]。

実証分析と結果

仮説1. 個人選択規範という一連の規範群（syndrome）が存在する。 昔ながらの生殖・繁殖規範全体を支持する社会がある一方、ジェンダー間の平等や離婚、中絶、同性愛に関する一連の個人選択規範を支持する社会もある。

表5-1からわかるとおり、個人選択規範の指標であるこれら6つの構成要素すべてに対する受容あるいは拒絶は連動し、人々がジェンダー間の平等や離婚、中絶、同性愛に対し比較的好意的な社会と、それらを拒絶する社会とがある。浮かび上がる軸は一つで、生殖・繁殖規範と個人選択規範がその両端である。

仮説2. 生存の安心レベルが高いと個人選択規範につながる。

図5-1からわかるとおり、高所得諸国の人々は低所得諸国の人々にくらべ、個人選択規範の6つの要素すべてに対し寛容な見方をいだく傾向がはるかに高い。6要素を平均した場合、寛容な見方をする人は、高所得諸国で80％に対し、低所得諸国だと38％しかいない[20]。こうした結果は、高いレベルの生存の安心が個人選択規範につながるという仮説を支持してはいる——しかし、より決定的な検証の前に、主要な独立変数である生存の安心について掘り下げたいところだ。

仮説3では、社会における生存の安心レベルが高まれば、個人選択規範に対

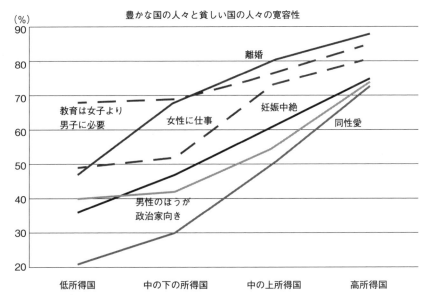

図 5-1 経済発展レベルごとにみた、6 指標に対する寛容度
それぞれの指標について寛容な意見を表明した比率を示す。質問文は表 5-1 を参照。
離婚、中絶、同性愛に関する質問には 10 段階で答えてもらい、6 から 10 を寛容としてコード化。ジェンダー間の平等に関する質問には、寛容な回答と不寛容な回答がある。それぞれのカテゴリーに含まれる具体的な国名については付属資料図 A 3-1 を参照。

する支持がいずれ普及すると考える。これが確かに実現したことは図 5-2 に示されている。これらの規範に対する支持は、最低 10 年分の時系列データがある 58 か国中 40 か国で上がっているし、この変化が生存の安心と関連するという主張と一致するように高所得諸国では 24 か国中 23 か国で上がっている。唯一の例外はイタリアの 1 か国で、わずかながら下降している。

　仮説 3 ではあわせて、ある社会で個人選択規範がどの程度支持されるかに関する最強の予測因子は現在の生存の安心（一人あたり GDP、平均余命、乳幼児死亡率により測定される）ではなく、規範について調べる年より数十年前に一般的だった生存の安心レベルであると考える。

　図 5-3 では、個人選択規範の測定時（2009 年前後）より前のさまざまな時点における生存の安心レベルの説明力を比較している[21]。2009 年ごろの個人選択規範を予測する最も強力な変数は、古い二つの数字——1960 年と 1970 年にお

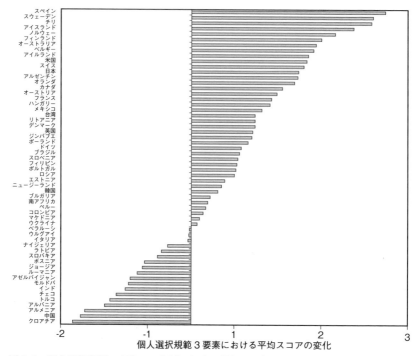

図 5-2 個人選択規範の変化──各国における最初の調査時と最新の調査時を比較

ける生存の安心だった(どちらも、国ごとの差異の 70％近くを説明できる)。一見すると意外かもしれないが、**仮説 3** で予測したとおり、これらはるか昔の数字は 1980 年や 1990 年、2000 年、あるいは調査と同年の生存の安心よりも変動をはるかによく説明できるのだ。このことは注目に値する。通常なら、目的変数より少し前に測定された説明変数が最強の予測変数になるものだ[22]。たとえば実際の選挙結果を予測するなら、投票に関する意向を選挙の半年前や一年前に調査するよりも一か月前の方が、一か月前よりは一週間前の方が強い説明力をもつ。ネイト・シルバーの実証によれば、アメリカ上院議員選挙の一年前に調査を行なった場合、ライバルより 5 ポイント優勢だった候補者が実際に当選する確率は、コイン投げによるランダムな予測をわずかに上回るだけだった[23]。ところが調査日が選挙当日に近づくにつれ、予測力は着実に上がっていった。

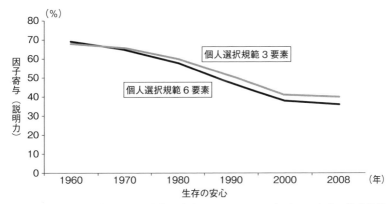

図 5-3 さまざまな時点での国の生存の安心レベルが、2009 年ごろの生殖・繁殖規範 vs. 個人選択規範の支持に対して与えた影響力
最新の調査による個人選択規範の変動が、それぞれの年の生存の安心指標により説明される比率

そして、投票一週間前の調査になると、同じ 5 ポイント差が選挙結果を正確に予測する確率は 89％に、前日だと 95％になった。どれくらいの時間差が良いかは調べたいテーマによりまちまちだとはいえ、数年を超えるタイムラグは通常ない[24]。

さて、2009 年に人々が個人選択規範をどれくらい受容しているかを最も強力に予測するのは、この目的変数の調査年より 50 年近くも前のその国の平均余命、乳幼児死亡率、一人当たり GDP を元に出した生存の安心指標である。なぜか。

ここで問題にしている文化規範は、聖書の時代にはすでに確立しており、それ以後数世紀もほとんどゆらがなかったほど根強いものである。通常の時系列分析なら、目的変数の変化はそれよりわずかに前の説明変数の変化で予測できるものだが、そのアプローチがここでは適さない。ここでの目的変数である個人選択規範は、宗教的、文化的伝統と結びついており、これらの伝統は変化に対する抵抗が強く、世代間の人口置換を通じて変わるものだからである。1960 年代に低い乳幼児死亡率と長い平均余命、経済の安定が出現したことは、こうした規範の変化をもたらした——ただしその影響が社会レベルで顕在化するには数十年を要したのである。

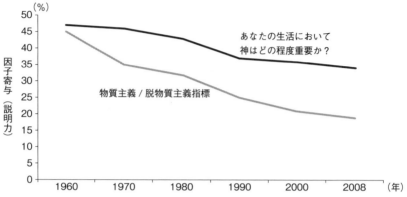

図 5-4 最新調査時の信心ぶかさと物質主義的／脱物質主義的価値観に、過去の各時点において生存の安心が与える影響

神の重要さは対象 96 か国、脱物質主義的価値観は対象 94 か国で、いずれもその国で行なわれた最新年の調査による（中央値は 2008 年）

　生存の安心指標を構成する 3 つの要素をひとつずつとってみても、3 つすべてがこれと同じ珍しいパターンを示す。最近調べたばかりの平均余命は（そして乳幼児死亡率、一人当たり GDP も）、ジェンダー間の平等や生殖行動を司る新しい規範の受容度に対し、より古い数字にくらべてずっと弱い影響力しかなく、1960 年や 1970 年当時のレベルのほうが最近のものよりも、個人選択規範の変動をはるかによく説明するのだ。

　同じパターンが信心ぶかさ（生活における神の主観的重要性で測る）にも当てはまる。信心ぶかさは大衆の考え方の中でももっとも根強いものの一つで、とりわけ変化に対する抵抗が強い。そしてここでもやはり、2009 年の信心ぶかさに関して、1960 年や 1970 年当時の生存の安心は 2000 年や 2008 年当時のそれより優位に強い予測因子であることが図 5-4 からもわかる。

　脱物質主義的価値も同様だ。これも図 5-4 で示すとおり、ある国の最新の調査時（だいたい 2010 年ごろ）の脱物質主義のレベルの変動に対して、1960 年や 1970 年の生存の安心の説明力は 2000 年や 2008 年のおよそ 2 倍になる。これらの価値観は、ある出生コーホートの成人前の安心レベルを反映しているのだ[25]。

第5章　文化的変化、遅い変化と速い変化

　最近の論文に、回帰分析（因果関係を選り分ける参考に使える手法）を用いて、生存の安心レベルの高さが個人選択規範につながるという仮説を検証したものがある[26]。結果は仮説2を支持するものだった。ある社会の1970年当時の生存の安心レベルは、2009年前後に調べた個人選択規範の受容され具合を国際比較したときのばらつきを、65％も説明できるのだ。また、説明しきれなかった分については脱物質主義的価値で説明できるという結果も示されている。脱物質主義的な優先順位は、人が生存を当然視して成長すると出てくるものだ。たとえば暴力発生率の低下は、われわれの定めた生存の安心指標に含まれない生存の安心の一面である。そのため、1970年当時の生存の安心と、その国の物質主義的／脱物質主義的価値のレベルとを合わせると、個人選択規範の支持され具合を国家間で比較したときの差異を73％まで説明できる。主要な宗教はほとんど全部が生殖・繁殖規範を教えているのだから、信心ぶかさは個人選択規範にマイナスの影響を与えそうだと予測できるが、これが実際そのとおりになっている。これまでの諸要素に信心ぶかさも加味すると、予想どおりマイナス方向に振れて、説明される変数がやや増える。

　この論文ではさらに、重回帰分析を用い、生存の安心と個人レベルのさまざまな変数との、項目間の相乗作用（交互作用）効果を調べている。それによると、生存の安心が低い国々では教育は個人選択規範の支持され具合になんの影響も及ぼさないが、生存の安心が高い国々では強い影響を与えることがわかる。つまり、個人選択規範の台頭を教育レベルの上昇それ自体に帰することはできないのだ。あまり安心できない社会では、個人選択規範の支持され具合に教育はほとんど関係しないが、生存の安心が高い国々だと教育と強い結びつきがみられる。これはどうも、高所得社会は、新しい規範が高学歴層の間で多数派に転じる分岐点に到達ずみということらしい。そのほか、安心のより低い国々では信心ぶかさが個人選択規範の支持に強い（マイナスの）効果を及ぼすのに、安心のより高い国々では所得と脱物質主義的価値の方が強い効果を示すといった交互作用効果もある。つまり、宗教は生存の安心レベルが低い社会でこそ昔ながらの生殖・繁殖規範を強化するのに主要な役割を果たしているが、社会の安心レベルが上がるにつれて、しだいに力を失うというわけだ。これとは逆に、あまり安全でない社会においては所得も脱物質主義的価値もジェンダーロール

や生殖行動を司る規範にほとんど影響を与えないが、生存の安心が高レベルの社会ではしだいに影響力を増していく。

　このような変化の原因はなんだろうか。データが手に入る最も古い調査から最新の調査まで個人選択規範に対する支持の変化を分析すると、社会の生存の安心レベルが唯一もっとも強い予測要因であり、変化の原因の40％を説明できることがわかる[27]。個人選択規範に対する支持の変化に対しては、そのほかにも国の物質主義的／脱物質主義的価値レベルも有意な影響を与えるし、信心ぶかさのレベルも（マイナス方向へ）有意に影響している。

　それぞれの国の1990年から2010年までの経済成長率も変化の指標の一つとはされているものの、個人選択規範の支持には大きく影響しない——それどころか、高い成長率は個人選択規範の支持の変化とマイナスの関係がある。意外に思えるかもしれないが、個人選択規範の支持され方の変化を予測する要因としては生存の安心の方が強力で、最近の経済成長率など方向さえ逆なのだ。

　変化を説明できるのは変化だけだとはよく言われるところだが、より幅広い統計データからみてもその通りであるといえる。個人選択規範に含まれる6つの指標いずれをとっても、高所得諸国では貧しい国々よりも支持の増加がみられやすいのだが、直近の経済成長率が高い国々は成長率の低い国々ほど支持が伸びない。経済成長率の高さよりも経済レベルの高さの方が、個人選択規範の支持の伸びを予測するには向いているのだ。

　こんなことになるのも、いま注目しているのがことのほか根強い規範だからである。安心レベルが特定の閾値に達するまで変化は始まらないし、始まった変化も世代交代による人口置換によって進むため、結果が目に見えるのはずっと後のことになる。もちろん、この閾値に達したのは何十年にもわたる経済成長で生存の安心レベルが上がった結果にはちがいないから、突きつめて言うなら成長率も反映されていることにはなる。変化はたしかに変化によってひき起こされている。しかし、タイムラグがあまりに長いため、当座（といっても50年、あるいはもっとかもしれない）のうちは、その国の最近の経済成長率よりも、あるいは最近の平均余命、乳幼児死亡率、一人当たりGDPの変化よりも、ある時点での生存の安心レベルの方が、変化を予測する上でより正確な材料になるのだ。

第5章　文化的変化、遅い変化と速い変化

　ここ数十年の経済成長率でいえば、所得の低い国々や中ぐらいの国々の方が高所得諸国よりずっと高い。成長率が最も高い国々は、人々が個人選択規範を受け入れはじめる閾値にまだ達していないのだ。最近の高い経済成長率が個人選択規範の支持の伸び方と負の相関があるのも、それで説明がつく。

　ある社会環境において個人選択規範に対する支持が伸びて、支持の方が優勢なレベルに達すると、それによって社会的望ましさ効果の作用する方向が逆転し、世代交代による価値観変化だけのときよりはるかに急速な変化をもたらすことがある。普通では考えられない動きだ。

　たとえば、第2章で述べたように、物質主義的価値から脱物質主義的価値へのシフトは主として、世代交代がもたらす人口置換による。短期的なゆらぎはあるものの、特定の出生コーホートにおける物質主義的/脱物質主義的価値指数の平均スコアは、最初の調査から最新の調査までの38年を通してほとんど不変だった。それでも人口全体では、脱物質主義的価値へのシフトがはっきりみられ、6か国を合わせたサンプルで、物質主義的/脱物質主義的価値指数の平均スコアは30ポイント上がっていた。同じ出生コーホートの内部での純変化はわずか5ポイントの増加だから、この変化はほとんどが世代交代がもたらす人口置換によるものだった。

　物質主義的価値から脱物質主義的価値へのシフトの原動力はほぼ完全に世代交代による人口置換だったし、信心ぶかさの変化も同様のパターンを示す。信心ぶかさは旧共産圏の大半で上昇したとはいえ、ほとんどの高所得国ではここ数十年下がりつづけており、それがほぼ世代間の人口置換を反映したものであることは前章で示したとおりである。

　個人選択規範の変化のパターンはこれとは大きく違うことが図5-5（第4章で用いた高所得国14か国による）からわかる。ここでは、同じ出生コーホート内での大幅な変化が世代間の人口置換による効果を後押ししている。それぞれのコーホートで、2009年には1981年よりも個人選択規範の支持が相当に伸びているのだ[28]。個人選択規範指数の増加のうち世代間の人口置換によるものは0.263だが、同一コーホート内での変化の影響はそれ以上に大きく、0.437ポイントである。このコーホート内でのシフトが社会的望ましさ効果によるものだと証明することはできない（なにしろ、あなたの回答は額面どおりに受け取れま

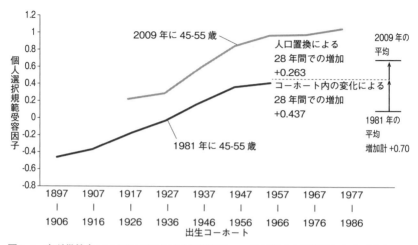

図5-5 高所得社会14か国における個人選択規範――世代間の人口置換による変化とコーホート内での変化

個人選択規範3要素に関する因子得点の平均スコアに基づく
出典：図4-4に挙げた高所得国14か国で行なわれた世界価値観調査

せんともとられかねない内容だけに、そもそも測定が難しい）が、この説明はもっともらしく思われる。もしこれが本当なら、高所得社会で個人選択規範が並はずれて急速に伸びているのは、周囲に順応したいというプレッシャーの方向が逆転したからだという仮説の裏づけになる。

　歴史的にみても、この仮説は正しそうに思われる。2004年のアメリカ大統領選挙のころ、同性婚は一般的ではなかったので、共和党の選挙参謀たちは保守層の投票率を上げようと、当落を左右する激戦州での投票日に、同性婚を禁止する法案の住民投票も併せて実施した。禁止はすべての激戦州で受け入れられた。同性婚を禁止するという全州規模の住民投票は1998年から2008年までで30回行なわれ、30回とも成功だった。しかしその潮流がにわかに反転した。2012年に同じテーマの住民投票が5回行なわれたが、5回中4回まで人々は同性婚の法制化に賛成票を投じた。最近だと、控訴裁判所は同性婚の制限を無効と判断するのが一般的になっているし、2015年には連邦最高裁が憲法は同性婚の権利を保証していると判断した。高齢の裁判官までが、社会が潮目を迎え

第 5 章　文化的変化、遅い変化と速い変化

つつあるのを感じとり、自分も「歴史の流れ」に乗り遅れたくないと思ったようだ。

仮説 6 では、新しい規範が文化的に優勢になれば、女性が権威ある地位に就任したり、同性婚が法制化されたりといった、社会レベルでも大きな影響力があると考える。

個人選択規範の普及は、社会レベルでも重要な変化をもたらすことがある。図 5-6 に示したように、同性愛をめぐる法律の制定は、その国の人々の間で個人選択規範がどの程度表出しているかと密接に結びついている。ここで用いた尺度は同性愛が死刑になる国を「1」、同性婚が合法な国を「8」としている。個人選択規範で上位に位置する国ほどゲイやレズビアンに好意的な法律を制定していそうだ（相関係数 r=0.79）。

大衆レベルの価値観と法制度との相関がこれほど強い理由だが、法律が価値観を形作ったせいだとは考えにくい。同性婚が初めて合法になったのは 2000 年のことだが、このような価値観はそれまでに何十年もかかって普及してきたものだ。オランダでは 2001 年に突然の同性婚ラッシュが起きた。直接の原因は、その直前にオランダ議会が同性婚を合法化したことである。しかし根本的な原因は、国民の同性愛に対する考え方がしだいに変化していたことだった。1981 年の価値観調査では、オランダ人の半分近くが同性愛への不賛成を表明していた（高齢者は若者よりずっと不寛容だった）。ただ、そのオランダでさえ調査対象になったどの国よりも寛容だった。大半の国では不賛成が 75% から 99% だったからだ。しかしこうした傾向も、世代間の価値観シフトによって次第に寛容さへと傾いていった。1999 年には、オランダ国民の不賛成は 1981 年の半分を割っていた。それから 1 年後、議会は同性婚を合法化する。すぐに他の国があとに続き、その数はどんどん増えていった——いずれも、国民が比較的寛容な国ばかりだ[29]。

図 5-7 に示すとおり、個人選択規範で上位に位置する国々は、国連ジェンダー・エンパワーメント指数（政治、経済、学術の分野で高い地位に女性がどれくらい就いているかを反映する）も高くなる傾向がある。6 要素から成る個人選択規範指数と国連ジェンダー・エンパワーメント指数の相関は 0.87 になる。法制度の変化（たとえばクオータ制の採用など）もおそらく個人選択規範を正当

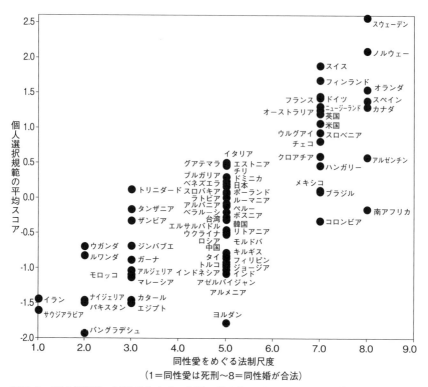

図5-6 2012年段階の同性愛をめぐる各国の法令と、ジェンダー間の平等、離婚、中絶、同性愛に関する人々の受容度（相関係数 r=0.79）

個人選択規範を構成する6要素の平均スコアに基づく。2012年段階での同性愛をめぐる法令はLGBT Portalからダウンロードしたもの（ただし、寛容な方を大きい数字で表すため、尺度を示す数字の大小を逆にした）
尺度：1＝同性愛は死刑、2＝重い刑罰、3＝最低限度の刑罰、4＝同性愛は違法だが取締まりは行なわれない、5＝同性間の結びつきは認められない、6＝何らかのパートナーシップは承認されるが結婚ではない、7＝同性間のパートナーシップは認められるが同姓婚はない、8＝同姓婚がある。4と6に該当する国はなかった。

化する助けにはなったことだろうが、ここでもやはり、根底にある規範は50年かけて変化していたのにくらべると、法の改正など最近のことといえる。文化的変化が制度の変更に先行していたのは明らかだし、むしろ寄与したものと思われる。

　制度が文化を決定づけるという主張は、歴史的証拠に照らすと持ちこたえることができない。歴史の流れをみると、文化と制度は互いに影響し合っている

第 5 章 文化的変化、遅い変化と速い変化

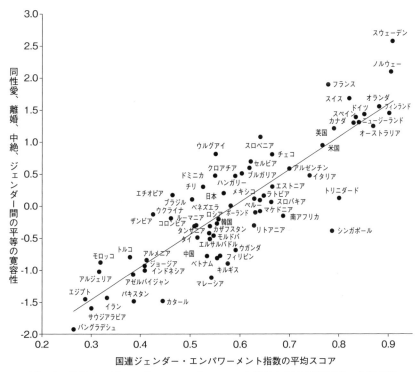

図 5-7 各社会のジェンダー・エンパワーメント指数と個人選択規範の大衆支持（相関係数 r=0.87）

が、文化的変化が制度の変更より先に起きていることもあるからだ。

結論

　われわれの仮説は、生存の安心レベルが高くなると生殖・繁殖規範から個人選択規範への世代間シフトが進むというものだったが、過去 30 年で得られたデータ証拠は、この変化がたしかに起きたことを示している。生存の安心と関連するいくつかの変数が、個人選択規範の支持され方を国際比較したときの差異のほとんどを説明し、また、1981 年から 2014 年の間での個人選択規範の支持の変化のほとんども説明できる。高所得社会にかぎれば、高学歴で生活の安定している層が新しい規範を有している可能性が最も高いが、教育自体がこう

103

した変化を押し進めるわけではない。低所得諸国では、新しい規範は教育と関連しないからだ。

　高所得諸国における脱物質主義的価値の台頭も宗教の重要性の低下も、世代間の人口置換が進む速さで進行しているのに対し、個人選択規範の普及はそれよりはるかに速い。これは、社会への順応がかつては生殖・繁殖規範と結びついていたのが、高所得社会では方向転換したためだと思われる。

　ここ100年にわたり、乳幼児死亡率が急速に低下し、平均余命も延びたことで、女性がたくさんの子どもを産み育てることに生涯を捧げずとも人口が維持できる条件が整った。昔ながらの生殖・繁殖規範に関連していた抑圧や自己否定も、社会の存続に必須ではなくなった。また第8章で示す予定だが、個人選択規範へのシフトは、主観的幸福感（ウェルビーイングの高まり）につながった。世代間の人口置換ゆえの長いタイムラグが終わったところで、個人選択規範の普及はある転換点に達したらしい。その後は、周囲に順応するのが良いというプレッシャーの作用する方向が逆転し、変化のペースを大きく上げることになった。

　今後、世代間の価値観変化の研究を進める際には、個人レベルの変化をまねく諸条件が登場してから社会レベルでも変化が起きるまでの際立って長いタイムラグを計算に入れる必要があろう。また、価値観変化が世代交代の速度と違うペースで進むのはどんな条件下なのかを探っていく必要がある。ここで検討した証拠からは、証明には至らないものの、価値観変化は時にある転換点に達し、そこからは周囲に順応しなくてはというプレッシャーの方向が逆転して、かつては妨害していた変化を今度は後押しすることがあることが示唆されている。第9章で扱うが、外国人ぎらいではこれと正反対のパターンになる。高所得諸国では、年少のコーホートは年長者にくらべて外国人に対する嫌悪感が薄いにもかかわらず、外国人ぎらいが減少していない。それはどうやら移民や難民が大量に流入していることや、メディアがテロ活動を盛んに報道するのに煽られて、外国人はテロリストかもしれないという恐怖心が拡がっているためであるようだ。

　生殖・繁殖規範から個人選択規範への急速なシフトがきっかけとなり、多くの国の社会保守主義者の間では激しい拒否反応が起こっている。2016年には

第5章　文化的変化、遅い変化と速い変化

　ドナルド・トランプが外国人ぎらいと女性差別の感情を煽動することで米国大統領選に勝利した。しかし彼がアピールした女性差別的な要素を支える社会的基盤は失われつつあるように思われる。本章で検討した証拠をみるかぎり、ジェンダー間の平等や性的指向にかかわる伝統的な規範は何百年も安定を続けてきたものの、高所得社会においてはすでに同性愛関係の法律も改正され、女性が権威あるポストに進出するまでに至った文化的シフトの中、急速に風化しつつある。ヒラリー・クリントンは大統領の椅子こそ射止められなかったものの、およそ300万票に迫る差をつけて一般投票で勝利した初めての女性だった。仮にアメリカが一人一票の原則で動く国だったなら、クリントンが大統領になっていたことだろう。

第6章　社会の女性化と、国のために戦う意欲の減退
——「長い平和」の個人レベルの構成要素[*]

概要：社会の女性化

　先に述べた生殖・繁殖規範から個人選択規範のシフトは、近代化が進んだ段階で幅広く見られる「社会の女性化」の一環である。これによって人々は戦争への関与を望まなくなり、それが、ここ何十年かの間で最も劇的とも言える世界動向につながっている。つまり、大国同士の戦争がほぼなくなったのだ。

　生殖・繁殖規範が支配する社会は家父長的であるが、個人選択規範の台頭はジェンダー間の平等の高まり、そして暴力発生率の低下と結びついている。2013年に米国で発生した殺人事件の3分の1は17〜29歳の若い男性が犯人だったが、この層は全人口の10％に満たなかった。米国に限らずほぼどんな場所でも、若い男性はそれ以外の人たちより暴力行為を犯しやすい。これは生物学的要因（高レベルのテストステロンが暴力行為と関連）と文化規範（暴力は女性より男性に受け入れられやすい）の両方を反映していると思われる。テストステロンのレベルはほぼ変わっていないようだが、文化規範は変化している。

　生殖・繁殖規範が支配する社会では夫婦間の性交渉しか認められず、未婚の若い男性には厳しい性的抑圧がかかる。歴史を通して、若い男性は部族や国を代表した英雄的な暴力行為によって、自らの健康を実証することを社会的に奨励されてきた。だから戦争で命を危険にさらすことも厭わない。理想的なリーダーは、恐れを知らずに敵と戦い、絶対服従を要求したアルファメイル（最優位雄）だった。アザー・ガットが言うように、戦争は場合によってその特典としてレイプという形で、若い男性が性交渉するほぼ唯一の機会を提供する[1]。

　知識社会では、もっと階層性の薄いリーダーシップスタイルが必要とされる。イノベーションや創造性が重要となり、人々は自分の頭で考えなければならない。個人選択規範へのシフトは、知識社会の機能的なニーズによくフィットする。そこでは、いかにも女性的で面倒見のよいリーダーシップスタイルのほうが命令服従モデルよりも有効である。暴力は奨励されず、ビル・ゲイツのよう

なノンアルファメイルが理想の結婚相手になる。出生率の低下や平均余命の延びが人口の高齢化を招く結果、若い男性の比率が下がり、性的抑圧も減少する。一般市民は国のために戦おうという意欲が低下し、近代化やグローバリゼーションと結びついたマクロ社会的なトレンドが強化される。

　第二次世界大戦の終結以来、大国同士の戦争はほぼ姿を消した。この現象を説明しようとして、マイケル・ドイルは当初、これを「民主的平和」と表現し、民主国家は互いに戦うことがほとんどないという証拠を提示した[2]。だが、その後の研究によれば、平和的な関係にあるのは豊かな現代民主国家だけであり、初期の民主国家は頻繁に戦火を交えていたことがわかっている[3]。こうした研究成果から、「民主的平和」が存在するのは、ほとんどの近代民主国家が裕福で、貿易を通じて相互に関係しているからだということが裏づけられる[4]。

　ジョン・ミューラー[5]、ガット[6]、スティーブン・ピンカー[7]は、殺人や戦争などの暴力の発生率が長期的に減少している証拠を数多く示している。ここから、先進国の市民が暴力や戦争を受け入れなくなっていることが窺える。だが彼らは、そうした変化の個人レベルでの証拠は何ひとつ示していない。本章では、世界の人口の90%をカバーする国々の全国規模の調査結果をもとに、その証拠を提示する。そこからわかるのは、過去30年間、国のために戦おうという意欲が、大部分の国（特に高所得国）の市民の間で低下しているという現実だ。その理由は複雑だが、大きな要因のひとつは、前章で論じた個人選択規範の拡がりにあるのではないか。人類は少しずつ、より平和的で女性的な指向性をとりいれている。「長い平和」が着実に大衆基盤を固めつつある。

　第二次大戦後数十年の間、冷静な現実主義者は、第三次世界大戦が勃発し、文明を根絶やしにするのは時間の問題だろうと考えた。だが、事態は意外な展開を見せる。世界は思いがけず平和になったのだ。1984年には、大国間の戦争がない期間が、ロシア帝国時代以来すでに最長を記録していた。そしていま、この長い平和はさらに30年以上も延びている。

　自由主義者たちは早くから、市場や貿易の拡大によって戦争はうまみがなくなると主張していた。1909年、経済的に大きく依存し合っているため、ヨーロッパの大国間の戦争は終わりを告げるだろうとノーマン・エンジェルは予測した[8]。だが、その後の2つの世界大戦により、市場開発や貿易が戦争を廃れ

させるという主張は信用を失った。

数十年後、大国間の平和が長続きしたことをきっかけに、誤りが証明されたと思われるこの考え方を、新世代の学者たちが再検討し始めた。大量のデータをくまなく分析したところ、古典的自由主義者たちの主張は正しかったと考えられるようになる[9]。この見方は政治学者の間で広く受け入れられるようになったが、近代民主主義国家の繁栄や相互依存で平和が説明できるのか[10]、あるいは民主主義そのものの中に非好戦的な要因が何か含まれているのか[11]については、議論がいまも続いている。

理論

第二次世界大戦の終結以降、平和的な関係を結ぶ国家が増えてきた[12]。ピンカーが言うように、これは暴力の長期的減少トレンドの一環である。17～18世紀にかけて、社会は奴隷制、決闘、魔女の火刑、拷問などの残虐行為を廃止し始めた[13]。先進国の殺人事件発生率は何百年も劇的に下がり続けている。第二次大戦以来、先進国は互いに戦争をしかけるのをやめ、戦争や戦争犠牲者の数は世界的に減少している[14]。冷戦の終結後は内戦も減少している[15]。大規模暴動すらここ数十年は以前より暴力的ではなくなり、抑圧を終わらせるには暴力的な反乱よりも非暴力的な反乱のほうが成功率が高い[16]。

暴力の減少は生存の安心レベルの向上と軌を一にしている。2010年には世界全体が、かつてない最高水準の繁栄を実現していた[17]。この20年間、西側社会の成長は比較的緩やかだったが、物質面での満足度はなお高い。平均余命はかつてない高い水準に達し、さらに延び続けている。教育水準や情報入手水準も同様である[18]。他の国々も西側に追いついてきた[19]。中国とインド（両国で世界人口のほぼ4割を占める）は桁外れの経済成長率を示し、他の多くの途上国も目覚ましい成長を遂げている。サハラ以南のアフリカ諸国は平均余命、教育、1人当たり所得で西側に追いつき始めている[20]。1970年から2010年までの間に、全世界で物質的な豊かさが高まり、教育機会が増え、平均余命が延びた[21]。

こうした変化に伴って、人権や民主主義が重視されるようになった[22]。この200年間で民主主義は次第に拡がりを見せ、一進一退ながらも、長い目で見れば上昇トレンドにある。近年、独裁主義の復活が見られるとはいえ、人権と民

主主義は1980年代後半から大きな進歩を遂げている[23]。

ピンカーによれば、暴力の減少は市場や貿易の拡がりを反映する。これらは非暴力的な商取引に依存するからだ。また、教育や情報入手の機会拡大も同様で、これによって私たちは自分とは違う人間の視点から世界を眺めることができる[24]。それが可能になれば、「啓蒙的価値観」が人々の世界観を支配するようになる。

本書で論じるように、経済発展のほか、飢えや疾病、暴力に対する脆弱性の減少に伴って、生存への安心感が高まっている。若い世代は生存を当たり前のものと捉えて育ち、他国の人に脅かされることもあまりない。だから彼らと戦おうとも思わない。

選択優先の価値観（pro-choice values）と暴力や戦争の容認が相反する関係にあるのは、進化の原則を反映している。つまり、性的自由と身体的暴力は生存の安心の両極にある。一方の極では、人生は脅威に満ちており、暴力や厳格な性規範は生存に欠かせない。もう一方の極では、暴力は非生産的になり、性的抑圧はさほど重要でなくなる[25]。

文化的進化（cultural evolution）は歴史的な学びによっても形づくられる。第二次大戦での敗北や荒廃は、かつての枢軸国の人々の間に「遺産」を残した。最も古い調査から最新の調査まで、日本やドイツ、イタリアの人々は、自国のために戦う意欲がつねに調査対象国の中で一番低かった。反対に北欧5か国の人々は、軍隊の新しい役割が進化を遂げたことを反映して、自国のために戦おうとする意欲が非常に高い。

特に主導的な役割を果たしたのはスウェーデンである。スウェーデン議会は2000年に、軍の役割に重要な変化をもたらす決定をした。かつてのスウェーデン軍は領土に対する侵略を撃退することを主に志向していたが、2000年には侵略のリスクが低いと見なされるようになり、新しい政策では次のように述べられた。「国を守ることは歴史的に、国境を守ることと同意だった。現在の国防は、世界の動乱地域で平和や安定、繁栄を築くことにより、もっと遠い場所でも起こり得る。このように、国防には価値観を守り、民主主義や人権を守ることが含まれるようになった」[26]。これに伴い、スウェーデン軍はいま、アフガニスタン、コソボ、ボスニア、リベリア、コンゴ、レバノンなどの平和支

援活動に主に関わっている。同軍は他の北欧諸国とも緊密な関係にあり、共同で軍事演習を実施し、問題を抱えた他の国々で共同の作戦行動をとっている。北欧諸国の人々はこうした変化を認識しており、軍役も国際開発や平和維持への貢献を意味するようになった。平和部隊で働くのが米国で肯定的かつ栄誉あることと受け取られるのとほぼ同じ意味合いである[27]。長い目で見れば、これは他のヨーロッパ諸国にも拡がる可能性がありそうだ。ただし、当面は北欧の現象である。世界全体では、自国のために戦おうとするのは、民主主義的な価値観を守ろうとするためではなく、やはり外国人への恐怖が大きな動機になっている。

私たちの進化論的近代化論では3つの仮説が示唆される。

(1) 【横断的】には、より多くの先進国の人々が個人選択重視の価値観(Individual-choice values)を重視し、戦争で命を危険にさらすことを望まなくなる。
(2) 【縦断的】には、個人選択重視の価値観が一般的になった社会では、戦争で命を危険にさらそうという意欲が大きく減退する。
(3) 【多層的な視点】では、個人選択重視の価値観が普及した社会に暮らす人々は、戦争で命を危険にさらすことを望まなくなる。

歴史的学習も文化的進化に影響を与えるため、さらに4つ目の仮説を加えておこう。

(4) 【歴史的】には、第二次大戦での惨敗により、枢軸国の人々は国のために戦おうという意欲が低下した。一方、北欧諸国では自己表現価値が大きく拡がったことが、平和維持活動や開発援助を主な目的とした軍隊の登場につながった。これによって北欧の人々は、軍隊の役割に対して独自のポジティブな見方をするようになり、国のために進んで戦う意欲が高まった。

測定方法、サンプルなど

仮説を検証するために、世界中の国々から集めた世界価値観調査のデータを

用いる。すべての国で複数時点調査はできていないため、人々の戦闘意欲の変化を分析する際のサンプルサイズは41か国（地域）に減っている。目的変数は以下の質問によって測定する。

「もちろん、もう二度と戦争はあって欲しくないというのがわれわれすべての願いですが、もし仮にそういう事態になったら、あなたは進んでわが国のために戦いますか？」

回答の選択肢は「イエス」か「ノー」か。回答しなかった者（全回答者の30%）は「不明」として扱う。

結果

前章の図5-1が示すように、個人選択規範の6つの構成要素はすべて経済発展のレベルと強く結びついている。つまり、低所得国から中所得国、高所得国となるにつれて、支持度合いが高くなる。この数十年間、世界のほとんどの国で経済水準は上がっているので、個人選択重視の価値観は、特に高所得国で拡がってきたはずである。図5-2が示すように、実際そのとおりだった。これらの規範に対する支持は、最低でも10年分の時系列データがある58か国のうち40か国で増加した。また、こうした変化は生存の安心とリンクしているという考え方のとおり、その支持は24の高所得国のうち23か国で増加している。

図6-1aと図6-1bは、84の国や地域を対象とした最新の調査で、国のために戦いたくないと答えた人の割合を示している。数字はさまざまで、2%前後のカタールや中国、ベトナムから、74%の日本まで幅広い。第二次世界大戦の枢軸国だったドイツ、日本、イタリアは、国のために戦いたくないという人の割合が世界で最も多い部類に属する。

国のために戦いたくないという気持ちは、発展の度合いによっても異なる。低所得国[28]の平均は20%、中所得国は25%、そして高所得国では平均37%の人が国のために戦いたくないと考えている。

これらの結果から、生存の安心と国のために戦う意欲の間には関連があると考えられるが、その仲立ちをするのは、経済発展による個人選択重視の価値観の拡大傾向である。図6-1からは、国のために戦う意欲（平均値）と個人選択

第6章 社会の女性化と、国のために戦う意欲の減退

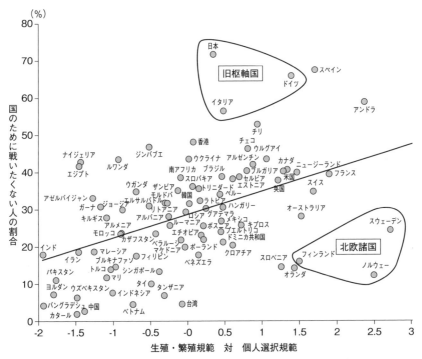

図6-1a 個人選択規範と国のために戦う意欲(旧枢軸国と北欧諸国を含む)
各国の最新調査に基づく。中央値年は2007年。
相関係数 r=0.44、決定係数 r^2=0.20、総数 N=84か国(地域)

重視の価値観の拡がりがリンクしていることがわかる。図6-1aは、データが入手できるすべての国について、両者の関係を示している。個人選択重視の価値観と戦いたくない気持ちは、予測どおりの方向で強く相関している(相関係数 r=.44)[29]。

アンドラでは、個人選択重視の価値観と戦う意欲がまさに逆の関係にあることがよくわかる。アンドラ国民のほとんどは、そこに住居を構え、低い税率の恩恵を受ける裕福なフランス人とスペイン人である。1人当たり所得が世界で最も高い国のひとつで、軍事的脅威もないことから、調査対象国の中でも個人選択重視志向が強く、戦う意欲は低い。

図6-1aが示すように、異常値を示したグループが2つある。1つ目はドイツ、

113

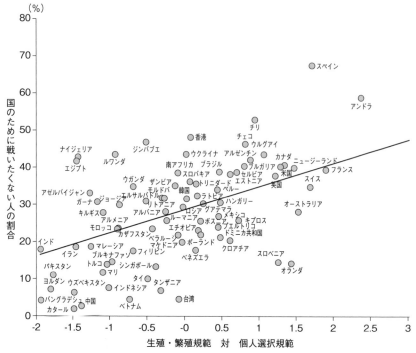

図6-1b　個人選択規範と国のために戦う意欲（旧枢軸国と北欧諸国を除く）
相関係数 r=0.55、決定係数 r^2=0.31

イタリア、日本で、個人選択重視志向の強さから予測される以上に、戦う意欲が低い。これは、第二次大戦の惨敗につながったファシスト体制の歴史に学んだことに由来している。その結果、1981年以降のすべての調査で、軍国主義に対する反感が長く続いている。これと対照的な異常値を示すのが、ノルウェー、スウェーデン、フィンランドの北欧諸国である[30]。個人選択重視志向の強さは世界でも屈指なのに、兵役の意味するものが他国とは大きく異なるため、戦う意欲は予測以上に高い。

　この2つのグループは、独自の歴史的経験ゆえに、全体的なパターンからは逸脱しており、個人選択重視の価値観と戦う意欲との間の負の相関をかなり弱めている。そこで2つのグループを分析から外すと、図6-1bが示すように、

第6章　社会の女性化と、国のために戦う意欲の減退

個人選択重視の価値観が戦う意欲に与える影響はいっそう強くなり、個人選択重視の価値観と戦う意欲の低さとの相関係数 r は 0.55 に上昇する。

　回帰分析から、国のために戦う意欲のばらつきの 26% が、多変量からなる生存の安心指標によって説明されることが示された。つまり、生存の安心が最も低い国々から高い国々へ移動するにつれて、人々の戦いたくないという気持ちが 28 ポイント上昇するのである[31]。旧枢軸国および北欧諸国グループのダミー変数を加えるとさらに効果が高まり、因子の説明力は 55% に上昇する。分析に個人選択重視の価値観を加えると、説明力はさらに 65% へと上昇する。また、生存の安心を分析から外しても、歴史的経験の効果はなお強く、有意性は高いが、選択重視の価値観が生存の安心の効果をほぼ完全に吸収する。つまり、生存の安心は個人選択重視志向の文化をうむ傾向があり、主にそのせいで戦う意欲を減退させる、という仮説に符合する。その結果、2つの説明変数（歴史学習経験と個人選択重視の価値観）モデルによって、戦う意欲の国際的な差異の 65% を説明できる。

縦断的証拠

　個人選択重視の価値観は、国家レベルでも個人レベルでも、国のために戦いたいという意欲の低さとリンクしている。しかしながら、それは因果関係の証明にはならない。因果的解釈をめざすには、個人選択重視の価値観と戦う意欲の間に動的関係があることを証明しなければならない。前章の図5-2 は、選択重視の価値観がほとんどの国・地域で強くなっていることを示している。つまり、これらの価値観が強まるなか国のために戦う意欲は低下したはずである。

　図 6-2 が示すように、実際そのとおりになっている。それも圧倒的に。この数字は、最低 10 年間のデータが入手できた 41 の国・地域すべてをカバーしている[32]。ここからわかるように、人々の戦う意欲は 36 か国（地域）で低下し、2 か国で横ばい、3 か国で上昇した。何らかの変化を示した国・地域のうち、92% が国のために戦う意欲を低下させたことになる。変化の平均値でみると、戦う意欲があると答えた人の割合は 10 年で 6 ポイント低下している。

　戦う意欲が最も増えた 2 国は、イタリアとフランスである。両国は戦後ずっと、対ソ連の同盟とされた NATO への加盟に反対する共産主義政党が強かっ

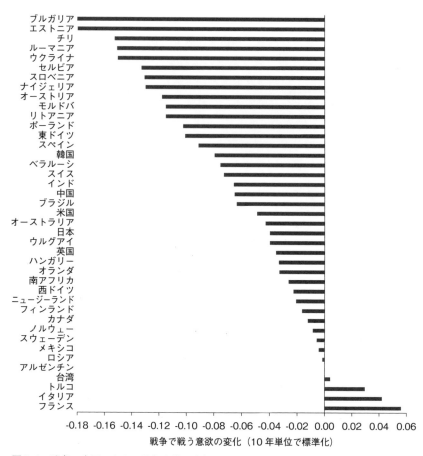

図6-2　戦争で自国のために戦う意欲の変化
1981〜2012年に行われた世界価値観調査およびヨーロッパ価値観研究の調査から、最低でも10年間のデータがある全41か国・地域の変化の平均スコアを表す。変化尺度となる時間の長さは国ごとに異なるため、変化はすべて10年単位で標準化している。

た。だが1990年以降、両共産主義政党は崩壊し、国のために戦う意欲が穏やかに上昇するきっかけをつくった。

　縦断的（時系列）分析[33]によると、特定の国々の戦う意欲は比較的安定している。変化はするが、きわめて緩やかなのだ。「民主的平和」論に反してこの分析によると、Time 1からTime 2にかけて民主主義が高まっても、Time 2

において戦う意欲が大きく低下することはない。また、生存の安心が高まっても、同じように低減効果は大きくない。北欧諸国の経験以外に唯一最大の効果をもたらしているのは、個人選択重視の価値観の高まりである[34]。この価値観が最低レベルから最大レベルに高まると、人々の戦う意欲は Time 1 から Time 2 で 55 ポイント低下する[35]。限られた縦断的証拠しかないとはいえ、これは幅広い横断的データから得られる結果と一致する。つまり、人々の戦う意欲を低下させるうえで、個人選択重視の価値観の高まりが大きな役割を果たしていると考えられる。

結論

　世界の人口の大半を占める国・地域から集めた横断的、縦断的、多層的なデータ証拠によると、生存の安心の高まりが個人選択重視の価値観をもたらすことがわかる。そして、この価値観が普及すると、他国と戦う意欲が低下する。

　十分に実証的なコントロール対照群がなければ、因果関係を確定的に証明することはできない。だが、全世界の国々から得た証拠データによると、生存の安心の高まりが個人選択重視指向へのシフトを促し、人的犠牲に対する寛容度を下げ、自国のために戦う意欲を低下させることがわかる。この変化は過去30年間に進行し、国際平和維持の要素を強化したと思われる。

　文化的進化は歴史学習経験にも後押しされる。第二次世界大戦は永続的な遺産を残した。つまり、調査でたどれる限り現在に至るまで、ドイツ、日本、イタリアで自国のために戦おうという人々の割合はごくわずかなのだ。反対に、北欧諸国では軍隊に独自の役割が付与され、軍務イコール平和維持といったイメージを人々が抱いている。

　こうしたトレンドは可逆的である。ロシアのクリミア併合や東ウクライナへの介入は幅広い懸念を喚起し、経済制裁やロシアからの資本逃避をもたらし、それによって北欧の政治指導者は自国の軍隊の役割を再評価せざるをえなくなった。だがいまのところ、西欧の影響力ある指導者は（タカ派と言われる人たちでさえ）ロシアに対する軍事行動を唱えていない。現段階では、「長い平和」の基調が続いている。

第7章　発展と民主主義[*]

概要

　近年、民主主義は一時の隆盛から下降線をたどっている。1987年から1995年までの間、多くの国が民主主義へ移行し、民主主義の未来は明るいとの高揚感が広がった。だがそれ以降、数多くの国で民主主義は後退し、アフガニスタンとイラクに民主制を樹立しようとする試みは両国に混乱をもたらした。また、多くの高所得国で民主主義は無秩序状態にある（その理由は第9章で検討する）。加えて、中国やロシアで独裁主義色が強まっていることもあり、民主主義はすでに絶頂期を過ぎ、長期的衰退期に入ったとの見方が少なくない。

　この結論は間違っている。全世界の国々が抱える実情はもっと複雑である。残念ながら、民主的な制度がどこでも簡単につくれると考えるのは現実的ではない。展望は決して絶望的ではないものの、民主主義が出現し、生き残る可能性が最も高いのは、一定の社会的・文化的条件が存在する時である。米政府はこの現実を無視して、文化的な差異を考慮せずにイラクで民主主義を構築しようとし、つまずいた。

　しかし幸い、民主主義に資する条件は変わりうるし、実際変わる。そして、近代化のプロセスがその条件を促進することが、さまざまな証拠からわかっている。近代化は、工業化と結びついた社会変動現象である。いったん動き始めるとあらゆる分野に浸透し、職業的専門化や都市化をもたらし、教育水準を高め、平均余命を延ばし、経済成長を加速させる。これによって社会生活や政治制度も変化し、人々の政治参加が増え、長い目で見ると民主的な政治制度ができやすくなる。

　長期的には、民主主義へ向かうトレンドは消長を繰り返してきた。20世紀初めには民主主義国家は数えるほどしかなく、それも今日の基準からすると完全な民主主義ではなかった。第一次世界大戦直後に民主主義国の数は大きく増え、第二次大戦後に第二の波、冷戦終焉時に第三の波が訪れた。それぞれの増

加の後には、1930年代のファシズムの拡大など、民主主義の後退が見られた。そしてそれぞれの後退期には、民主主義の拡大は終わった、今後の主流はファシズム（または共産主義、官僚独裁主義）だという考え方が広まった。だが、民主主義国の数は当初の水準にまで落ち込むことはなく、長期的には、各後退期の後に民主主義は再び拡大を見せた。21世紀初めには、民主主義国と考えられる国がおよそ90あった[1]。

それらの多くには欠陥があるものの、長いスパンで全体を見ると、近代化に伴う認知動員と大衆の価値観変化は民主主義をもたらす傾向がある。これが現代のロシアや中国に当てはまらない、と考える理由はない。ロシアはソ連崩壊後に急激に衰退した時期がある。1人当たりGDPはピーク時の40%にまで減り、平均余命も短くなった。だがそれでも、長期的には経済的・物質的安定に向かっている。

中国は1980年から急速な経済成長を遂げてきたが、1960年代に3,000万人以上が餓死したことを、同国の人々は忘れていない。当面は、ほとんどの中国人にとって経済繁栄が最優先課題であり、経済的な成功のおかげで共産党による一党支配も正当化されている。中国で最も繁栄した地域・香港ですでに見られるように、経済発展が開放的で民主的な政治体制への要求を強める傾向にあることを知っているせいもあり、同国の指導者は政府への反対意見を厳しく取り締まっている。民主主義が後退しているという事実にうろたえる必要はない。近代化と民主主義のダイナミクスは明確になりつつあり、それが長い目で見て機能しない可能性は低い。

発展と民主主義

シーモア・マーティン・リプセットは50年以上前、裕福な国は貧しい国よりも民主主義国になりやすいと指摘した。長年異論のあった主張だが、その正しさは繰り返し確認されてきた。なぜ経済発展（開発）と民主主義はそれほど密接に関係しているのか？　一定レベルの経済発展を遂げれば、民主主義がおのずと生まれるわけではない。人々の行動が変わらなければならない。だからリプセットは発展が民主主義につながるのは、それが人々の行動に影響する、ある社会文化的変化を生み出すからだと述べた[2]。当時、この主張を確認する

のに必要な実証データは存在しなかったため、彼の指摘はあくまでちょっとした余論として受け取られたにすぎなかった[3]。だが、そこにはきわめて現実的な根拠がある。

150年前、カール・マルクスは、工業化は民主主義の担い手である資本家階級の台頭を招くと述べた。カール・ドイッチュは、都市化や工業化、人々のリテラシー向上により、地理的に散在する無学な農民が、政治への参加者として重要な役割を果たせるようになると述べた[4]。だが、議会制民主主義はそのひとつの結果にすぎない。工業化はファシズムや共産主義につながる可能性もある[5]。

経済発展と民主主義の関係は、どちらが原因でどちらが結果なのか、議論がある。民主主義が国家を裕福にするから、裕福な国が民主主義国になりやすいのか、それとも経済発展が民主主義に寄与するのか？ 今日では、明らかに経済発展が原因で民主化が結果だと思われている。工業化の初期段階では、独裁国は民主主義国と同じくらい高い経済成長率を達成しやすい。だが、あるレベルを超えると、民主主義の出現・生存可能性が高くなってゆく。そのため、1990年前後に民主化した国の多くが中所得国だった。ほとんどの高所得国はすでに民主化しており、低所得国にそうした変化はほとんど起こらなかった。

発展と民主主義の強い相関は、経済開発が民主主義に寄与するという事実の表れである。なぜ開発・発展が民主主義につながるのかという問題は、盛んに議論されてきた。GDPが一定水準に達すると何か不思議な力が働いて、民主的な制度が自動的に現れるというものではない。経済発展によって人々の価値観や行動が変わると、民主主義がもたらされるのである。経済開発・発展は、(1)大規模で雄弁な中流階級を創出し、(2)自由な選択や表現の自由が優先されるよう人々の価値観や意欲を変化させる限りにおいて、民主化に貢献する。

私たちはいま、主にどんな変化が起き、それが特定の国でどれだけ進んだかを、以前よりも正しく測定することができる。世界価値観調査のデータを多変量解析すると、経済的、社会的および文化的変化の相対的な影響を明らかにすることができ、その結果、経済発展は特定の構造的変化（特に、自分の頭で考えることに慣れた、高学歴で雄弁な人々の増加）やある種の文化的変化（特に、自己表現価値の拡大）を引き起こす限りにおいて、民主主義に寄与するという示

唆が得られる[6]。戦争、不況、制度改革、エリートの意思決定、特定の指導者なども影響を与えるが、民主主義の出現と維持に関わる主たる要因は、文化的変化である。

　近代化によって教育水準が上がると、労働者は自立的思考を要する職業へと移行し、人々はより雄弁になり、より政治行動を組織しやすくなる。知識社会の登場に伴って、人々は仕事で自分自身の発想や判断を用いることに慣れ、階級的権威に疑問を呈するようになる。

　近代化はまた、人々を経済的に安定させる。大部分の人にとって生存が当たり前のものになると、自己表現重視の価値観が徐々に拡がる。自由や自律の希求は普遍的な欲求だからである。生き残るのがままならないときは、生存や秩序への欲求が優先されるかもしれないが、生存が確保されだすと、民主主義を求める基本的動機——自由選択に対する人間共通の欲求——が重要な役割を果たし始める。人々は政治における自由選択を重視するようになり、市民的・政治的自由や民主的制度を要求するのだ。

有効な民主主義

　1987年から1995年にかけて世界中で民主主義が急速な広がりを見せた。この過程では、冷戦の終焉が民主化の道を拓くという国際環境に促されるかたちで、エリートの戦略的合意が重要な役割を果たした。当初は、選挙を行っていれば民主主義国と見なされる傾向があった。だが、新しい民主主義国の多くが大規模な政治腐敗を抱え、民主主義を有効に機能させるのに必要な法の支配を提供できていない。「間接民主主義」「ハイブリッド民主主義」「独裁的民主主義」やその他の疑似民主主義は、大衆の希望が（民主主義理論で言うように、政府の意思決定に対して決定的な影響を持つのではなく）エリートによってほとんど無視され、民主主義としては不十分である、と強調する論者が増えている。有効な民主主義とそうでない民主主義を見分けるのが重要である。

　民主主義の本質は、一般市民への権限付与にある。有効な民主主義の目安となるのは、公民権や政治的権利が理論上存在するかどうかだけでなく、政府当局者がそれらの権利を実際に尊重しているかどうかである。1つ目の条件である理論上の権利の存在は、フリーダムハウスが毎年発表するランキングによっ

て測定できる。自由選挙が行われていれば、フリーダムハウスはその国を「自由」と評価し、最高かそれに近いスコアを与える。したがって、ポーランド、ハンガリー、ブルガリア、ルーマニアなどの新しい民主主義国は、欧米の昔からの民主主義国と同じくらい高いスコアをすぐに獲得した。しかし詳しく分析すると、これら新しい民主主義国では汚職が横行しており、必ずしも市民の希望に応えていないことがわかる。

　民主主義の基本は選挙であるという最低限の定義を用いる場合、人々の特性についてはあまり考慮されない。選挙はほぼどこでも実施できるからだ。だが、民主主義の構成要素は何かという基準に対する見方は次第に厳しくなっている。議会制民主主義が初めて登場したときは、財産資格がまだ存在し、女性や奴隷に投票させないのも問題ないとされた。だが現在は、誰もそんな定義を受け入れないだろう。民主主義の研究者は、選挙が民主主義の基本という狭い定義にだんだん批判的になっている。政治権力が一般市民の手に渡るプロセスを民主化と考えるなら、もっと広い民主主義の定義が必要になる。そして、一般市民の指向性が民主化で重要な役割を果たすことがわかる。

　有効な民主主義は、社会発展の水準の高さと関連している。選挙による間接民主主義はどこでも樹立できるが、エリートから一般市民に権力を移管しなければ、根づくことも長続きすることもないだろう。有効な民主主義の国は、そうでない国に比べて経済的繁栄を謳歌するだけでなく、人々の参加が日常化し、自由選択が重視されるインフラが発展していることが多い。

　経済発展によって人々のリソースが増え、(1)認知動員、(2)自己表現重視の価値観の発露につながると、民主主義が出現する。物質的十全と物理的安全は何をおいても生存に欠かせないため、その条件が不十分なとき、人はこれを最優先する。だが、豊かさが増すと、自律や自己表現価値が重視され、その結果、自由選択や意思決定への参加が優先される。社会経済の発展により、人は民主的な制度を「望む」ようになり、認知動員により、民主的制度を「獲得」するために組織化することがうまくなる。

　民主主義が望ましいかどうかという調査項目に対して、自己表現重視の価値観が弱い国でも、大多数の人が民主主義を支持している。だがその場合、自己表現への優先度が低く、政治行動への関与度も低いため、エリートは人々の希

望を自由に無視できる。世界銀行などから民主的制度導入の外圧が働くとしても、制度を機能させようという国内圧力が強くなければ、エリートは堕落しやすく、結局は有効な民主主義が実現しない可能性が高い。民主的な社会でも独裁社会でも、経済発展は自己表現重視の価値観を徐々に拡大させる傾向がある。

自己表現重視の価値観の役割

　政治文化の文献ではつねに、人々のある考え方が民主主義を促すとされてきたが、最近まで、この想定は信念や信仰に近いものにすぎなかった。1963年のガブリエル・アーモンドとシドニー・ヴァーバによる『現代市民の政治文化——五カ国における政治的態度と民主主義』（*The Civic Culture*）は非常に大きな影響を及ぼしたが、ここでの調査は5つの国をカバーしただけなので、個人レベルでの特定の考え方が、社会的レベルでのみ存在する民主主義とリンクしているのかどうかについて、統計的に有意といえるものではなかった。世界価値観調査は現在100か国以上をカバーしており、一定の考え方がある程度広まった国が実際に他国より民主的なのかどうかを評価することが可能になる。その結果から、人々の特定の考え方が民主主義と強く結びついていることがわかる。

　だが表面的な妥当性だけでは、どの考え方が民主主義に最大の影響を及ぼすかについて、信頼できる指針とはならない。民主主義に関する多くの調査研究は、人々が民主主義に好意的な発言をする国が民主主義国になりやすいという、暗黙の前提に基づいている。この前提は実にもっともらしく思えるが、アルバニアやアゼルバイジャンのほうが民主主義に好意的な考え方を表明する人の割合が、スウェーデンやスイスより多いとしたらどうだろう？　いまや、ほとんどの人が表面上は民主主義にとりあえずの賛同の意を示すようになっており、世論調査でも各国の大多数の人が、民主主義は最善の政治形態だと答えている。しかし、これは必ずしも深く根づいた指向性や強い動機を意味するものではない。場合によっては、単に「社会的望ましさの効果」を反映しているだけである。

　民主主義に対する大衆レベルの明示的支持は、社会的レベルでの民主主義の存在とかなり強い相関を示す。だが意外かもしれないが、民主主義に対する明

示的支持よりも、たとえ民主主義に言及すらしていなくとも、自己表現重視の価値観のほうが民主主義の強い予見材料となる[7]。というのも、民主主義を支持しているからといって、自己表現重視の価値観の核となる構成要素である個人間の信頼、他の集団への寛容さ、政治的行動主義が見られるとは限らないからだ。また実証的分析からは、こうした要素のほうが口先だけの支持よりも、民主的制度の出現や維持にとってはるかに重要であることがわかっている。自己表現重視の価値観は、民主主義に対する明示的支持よりも民主的制度と強く関連しているのだ。

　そのひとつの理由は、自己表現重視の価値観が親民主的な大衆行動につながるからだ。自己表現重視の価値観は自由や自治・自律を重んじる。他方、民主主義に対する明示的支持は、民主主義が経済的繁栄をもたらすといった期待など、他のさまざまな動機が考えられる。したがって民主主義が独裁主義より望ましいかという質問は、自己表現重視の価値観に比べて、民主的制度が社会レベルで実在するかどうかの予見材料になりにくい。

　ここから、経済発展が民主主義とつながるのはなぜかも理解できる。発展がもたらす教育とナレッジセクターでの雇用の拡大によって人々は雄弁になり、組織立って効果的な要求をするのが上手になる。また安心感も高まるので、選択の自由を尊重する自己表現価値が重視される。民主的制度は独裁の制度よりも自由選択の幅が広いため、自己表現重視の価値観を持つ人々は概して民主主義を望む。エリートは、なにもないところから民主主義を採用するかどうかを決めるわけではない。人々が雄弁になり、組織力を増し、自由をより重視するようになると、エリートも選択の余地が少なくなる。

　有効な民主主義の指標を構築するため、私たちは、市民権や政治的権利に関するフリーダムハウスの指数と、世界銀行の反腐敗指数をかけあわせた[8]。後者は「エリートの清廉さ」、言い換えれば、国家権力が法規範にどれだけ従っているかという指標である。この真正民主主義の指標と人々の自己表現重視の価値観との関係を調べると、図7-1に示すように、73か国（地域）で驚くほど強い相関（r=0.90）が見られた。クロスレベルの相関が強いことは、自由選択を重んじる人々の価値観と、社会制度がそれを実際にどの程度可能にしているかのむすびつきを反映するものである。

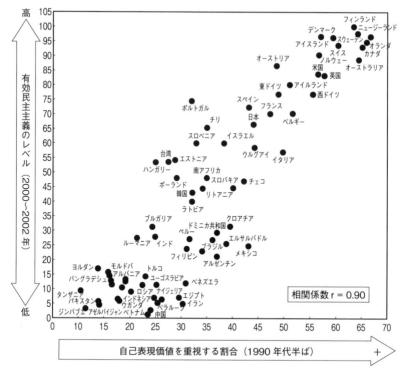

図7-1 有効民主主義（2000年頃）と自己表現重視の価値観の平均レベル（1990年代半ば）

出典：Inglehart and Welzel (2005), p. 155.

　図7-1は、有効民主主義の指標と人々の自己表現重視の価値観の関係を表している。自己表現重視の価値観がどの程度重視されるかによって、自由民主主義の実践度合いの国家間差異の80%以上が説明される。ここから、個人レベルの価値観と民主的制度との関係の重要性が過小評価されてきたことが窺える。今日では人々の志向性が真正民主主義の出現に関して重要な役割を果たすと考えられる[9]。

　自己表現重視の価値観と民主的制度のつながりは一貫して非常に強く、例外は少ないものの、その例外には非常に重要な意味がある。中国とベトナムは、国民の価値観から予測されるよりも民主主義のレベルがかなり低い。両国とも

独裁的な体制であるが、経済分野では個人の選択の余地が大きく増えていて、地方レベルの民主主義の実験も行っている。だが一党体制の両国は、国レベルでの競争を認めることには相当後ろ向きだ。長期的には、経済改革の成功により、一党支配を脅かす社会的圧力が生じる傾向にある。

アジアの独裁的統治者の中には、独自の「アジア的価値観」のせいで自分たちは民主主義に向かないと主張する者もいる（Zakaria and Lee, 1994; Thompson, 2000）。実際、図7-1のアジアの国のほとんどは、社会経済の発展レベルから予想される場所周辺に位置している。日本は自己表現重視の価値観に関しても、民主主義のレベルに関しても、欧米の昔からの民主主義国と肩を並べている。韓国はそのどちらに関しても、チリやウルグアイなど、比較的新しい民主主義国と似通っている。儒教圏の人々は、「アジア的価値観」一派が考える以上に民主主義を支持している。

他方、私たちがデータを保有するイスラム主流国では、自己表現重視の価値観が高スコアの人は30%に満たない。民主主義のめざすところはそうした国の人々にとっても魅力的だが、自己表現に対する彼らの寛容度、信頼度、優先度は、既存の民主主義国には及ばない。しかし、イスラム諸国とそれ以外の国の間に、どうしようもない隔たりがあるわけではない。これらイスラム諸国の信念体系も、大体は社会経済の発展レベルから予測される水準にある。その中で最も発展しているトルコは、フィリピン、南アフリカ、ポーランド、韓国、スロベニアなど、比較的最近民主主義に移行した国とともに遷移域に位置している。

イランは、国民の価値観から予測されるより民主主義のレベルが低いという点で、重要な意味のある例外である。すべてのイスラム諸国の中で、イランは国民からの自由化圧力が最も強い。この緊張があるため、いずれは人々の支持拡大をバックに自由化勢力が神政支配を打倒し、同国が自由民主主義への道を歩み始めるのではないかとの期待が生まれる。過去の国政選挙で、イラン国民の大半は欧米の民主主義国との関係強化をめざす勢力に票を投じたが、選挙によって選ばれたのではない神政エリートが軍隊や警察を牛耳っており、彼らによってその動きは封じられた。

民主的な政治文化と民主的な制度は、どちらが先なのか？　自己表現価値を

重視する度合いは、民主的制度の隆盛と密接にリンクしているが、では、因果関係はどうなっているのか？　これまでの研究によると、どちらかというと社会経済の発展が民主主義につながることが示されている。社会経済の発展と民主主義の因果関係は、ブルクハート＆ルイスベック（1994年）が131カ国の実証データを使って分析している。彼らは、社会経済の発展が民主主義をもたらすのであり、民主主義が社会経済の発展を引き起こすのではない、と結論づけている。ヘリウェル（1993年）も同様の結論を得ている。このあたりをもう少し詳しく見てみよう。

自己表現重視の価値観の影響

　経験的に、自己表現重視の価値観と有効な民主主義の間にはきわめて強い相関がある。しかし、では自己表現重視の価値観が民主主義につながるのか、それとも民主主義によって自己表現重視の価値観が発露するのか？　データからは、因果関係の方向性は主として自己表現重視の価値観から民主主義につながることがわかる[10]。ひとつ明らかなのは、自己表現重視の価値観が出現するためには、民主的制度は必要ないということだ。1990年民主化の波に先立つ何年かの間、欧米の民主主義社会だけでなく、多くの独裁社会でも、世代間の価値変化を通じて自己表現重視の価値観が出現していた[11]。1990年には、世界でも独裁色が強い体制下で暮らしていた東ドイツとチェコスロバキアの人々は、高いレベルの自己表現重視の価値観を有していた。これらの国は独裁的な政治体制であったにもかかわらず、共産圏の中では経済的に発展しており、教育制度や社会福祉制度も進んでいた。そして自己表現重視の価値観も高い水準にあった。そのため、ソ連の軍事介入の脅威がなくなると、両国は急速に民主化した。

　自己表現重視の価値観は、生存を当たり前のものと考えて育った人々の割合が大部分を占めるようになったときに登場する。国の発展につれ、独裁色が強い政治体制下でも、この世界観が出現する傾向がある。人々は経済的・物理的に安定し、雄弁になる。時間やお金をどう使うか、何を信じるか、誰と付き合うかなどについて、幅広い選択肢を求める。たとえ抑圧的な政権でも、こうした傾向をチェックするのは難しい。なぜなら、それは近代化と密接に関連して

おり、これを抑圧すると実質的な知識層の出現が阻まれるからだ。近代化によって人々の生存への安心感が高まれば、どんな政治体制下でも自己表現重視の価値観は姿を現すと思われる。

知識社会では、人々は日常生活の中で自分自身の意志や判断を用いることに慣れてくる。また、階級的権威に疑問を持つようになる。自由選択や自律を求めるのは、普遍の欲求だからである。生き残るのがままならないときは、生存や秩序への欲求が優先されるかもしれないが、生存が確保されるようになると、自由や自律への欲求が前面に出る。この200年間に登場した民主的制度は、大部分が欧米の歴史の産物である。だが、民主主義に対する基本的動機——自由選択への人間欲求——は、生存の安心の高まりが自己表現重視の価値観の拡大につながる、そんな環境から生まれる自然の産物である。

エリートは必ずと言ってよいほど権力を保持しようとする。したがって民主的制度は、一般市民がそれを手に入れようと戦ってはじめて実現される。18世紀の自由主義革命から、20世紀後半の民主主義革命まで、常にそうだった。人々の意欲や価値観が重要な役割を果たしてきたのであり、その重要性はますます高まっている。自己表現価値は自由や自己表現を重視するもので、ここ数十年、世界中に拡がっている。では、独裁体制は必然的に崩壊するのか？ いや、自動的に崩壊するわけではない。人々が自己表現価値を重視するようになれば、独裁体制の正当性は崩れるが、独裁エリートが軍隊や秘密警察を決然とコントロールする限り、親民主主義勢力の抑圧は可能である。

ただ、近代化は認知動員をもたらし、自己表現重視の価値観を強める傾向がある。民主的制度を要求しようと動機づけられる人が増えており、実際、その効果も上がり始めている。抑圧のコストとリスクは次第に高まっている。最終的には世代間交代に伴って、自己表現に価値を置く社会から新たな若手が登場し、エリート自体が独裁や抑圧の色合いを弱める可能性がある。社会的変化は決定的ではないものの、近代化により民主的制度の出現確率は高まるだろう。

民主主義への移行、民主主義からの離脱

自己表現重視の価値観が民主主義に寄与するという考え方を、政治文化アプローチの基本的前提である「合致（congruence）」という観点を基に、別の角

度から検証してみよう。有力な社会学者たちは、政治体制の安定は、政治制度と人々の価値観が合致しているかどうかに左右されると述べている[12]。政治制度が市民の価値指向と一致していないと、制度の正当性が失われ、安定性も低くなる。人々の価値観と政治制度の不一致が大きくなればなるほど、政治体制は不安定になる。もしこの主張が正しいとすれば、民主主義への移行と離脱は制度と文化の不一致を反映しているはずだ。つまり、不一致の度合いが大きければ大きいほど、その後の変化も大きなものになる[13]。ひとたび変化が起きるとしたら、文化と制度のギャップが最初から大きな国では激しいものとなる。体制変革が文化と制度の乖離を調整するからである。

　民主的制度と自己表現重視の価値観のつながりは、自由の需給バランスの合致を反映したものだと考えることができる。民主的制度は、市民の自由や政治的自由を制度化するため、自由の供給度が高い。一方、自己表現重視の価値観は、自由選択を重視するため、自由に対する文化的需要を生み出す。これは「合致」には次の二種類あることを意味する。(1)国民が自己表現価値よりも生存価値を重視する場合、独裁国家の制度と文化は合致している。(2)国民が自己表現価値を重視する場合、自由を求める声が強くなり、これに呼応するように自由が制度的に幅広く供給される民主国家の制度と文化は合致している。

　反対に、独裁国の市民が自己表現価値を重視するならば、民主主義への移行によって不一致は減り、文化的需要と一致した体制に近づく。同様に、民主主義のレベルが高いのに自己表現価値があまり重視されない国は、自由が供給過多の状態にあるため、民主主義からの離脱が起こり得る。

　民主化の第三の波が起こった1980年代後半から1990年代前半にかけて、数十の国々が独裁体制から民主体制へ移行した。これを足がかりに、文化的価値観と民主的制度の関係のダイナミクスを分析してみよう。

　民主主義の制度的供給と民主主義に対する文化的需要の不一致は、供給から需要を引くことで計算される。第三の波以前の不一致を測定するため、1981〜1986年に測定された移行前の民主主義レベルを、供給度合の指標とする。また、民主主義に対する文化的需要を計算するため、1990年前後に測定された自己表現重視の価値観を、移行「前」のこの価値観の強さの指標とする[14]。

　自己表現重視の価値観が民主主義のレベルを上回れば上回るほど、満たされ

第 7 章　発展と民主主義

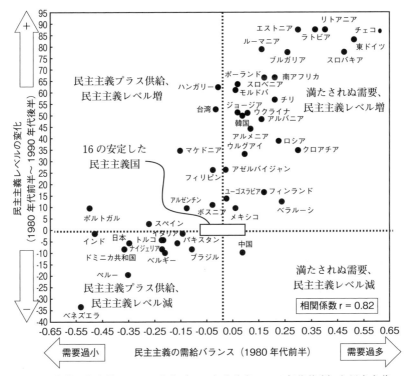

図 7-2　有効民主主義レベルの変化（1980 年代前半〜1990 年代後半）と民主主義の需給バランス（1980 年代前半）
出典：Inglehart and Welzel (2005), p. 189.

ていない需要は大きくなる。図 7-2 の分析において、-1 のスコアは民主化の需要が最小であることを示し、+1 は民主化の需要が最大であることを示す。サンプルには、測定開始以来、民主主義のレベルが安定している欧米の民主主義国がいくつか含まれる。これら 16 の民主主義国は、需給が釣り合っているため、横軸の不一致スコアはゼロである。また、有効な民主主義のレベルが1980 年代前半から 1990 年代後半にどれくらい「変化」したかを示す、縦軸のスコアもゼロである。需給バランスがとれているので、変化がなかったからだ。
　図 7-2 の横軸の不一致スコアは、民主主義に対する需要が供給をどのくらい上回るか、または下回るかを表す。私たちの仮説は、1980 年代前半のこのス

131

コアを見れば、その後民主主義のレベルがどれくらい上がったかあるいは下がったかがわかるというものだ。需要が満たされていない国は民主主義のレベルが上がるはずだし、文化的需要に対して満たされすぎている国は民主主義のレベルが下がるはずである。さらに、不一致スコアが最大の国が、民主主義への移行レベルも最大になるはずである。

　図7-2が示すように、この予測は正しかった。自己表現重視の価値観のレベルと民主主義のレベルの関係を示す図7-1とは違って、図7-2は、人々の価値観と民主主義レベルとの「乖離」が、1980年代半ばから1990年代半ばまでの民主主義レベルの「変化」に及ぼす影響を分析している[15]。図7-2が示すように、1986年頃の民主主義に対する文化的需要が制度的供給を上回れば上回るほど、その後の1987〜2002年の民主主義への移行幅は大きくなる。逆の関係も成立する。民主主義に対する文化的需要が実際の供給を下回れば下回るほど、民主主義からの離脱幅が大きくなる。

　横軸のスコアは、民主主義に対する「満たされぬ需要」を反映していると解釈できる。この需要が政治的緊張を生んだが、それも1990年頃に阻害要因がなくなると緩和された。データが示すように、需要が最も満たされていなかった国は、その後の民主主義への移行幅が最も大きかった。

　自己表現重視の価値観は民主主義レベルの「変化」に圧力を加える。この価値観は長期の世代間交代を経て出現するが、民主主義は長期間の制度的阻害の後、突然出現することがよくある。よって、民主主義への移行度合いを決めるのは、その時の自己表現重視の価値観の「レベル」であり、自己表現重視の価値観レベルの直近の変化ではない。図7-2に示すのは変化を分析する通例の方法ではないが、この場合のように、閾値や阻害要因が関わるプロセスの分析には適している。その結果、1990年の民主主義に対する満たされぬ需要が、1980年代半ば〜1990年代半ばの民主主義レベルの変化の67%を説明することがわかる。

　しかし、では自己表現重視の価値観が民主主義につながるのか、それとも民主主義が自己表現重視の価値観をもたらすのか？　どうやら前者が主に正しいようだ。自己表現重視の価値観が現れるためには、民主的制度が整備されている必要はないからだ。価値観調査の時系列データによると、1988〜1992年の

第7章　発展と民主主義

　民主化の波以前、欧米の民主主義国だけでなく、多くの独裁国家でも、世代間の価値変化を通じて自己表現重視の価値観が出現していた。1990年には、独裁色が強かった体制下で暮らしていた東ドイツ、チェコスロバキア、エストニア、ラトビア、リトアニアの人々も、高いレベルの自己表現重視の価値観を有していた。これらの国は独裁的な政治体制であるにもかかわらず、共産圏の中では経済的に発展・繁栄しており、教育制度や社会福祉制度も進んでいた。1990年に先立つ数十年間に自己表現重視の価値観が普及し、人々は政治に直接介入しやすくなっていた。こうして、ゴルバチョフの判断によりソ連の軍事介入の脅威がなくなると、前例のないほど多くの人がデモに参加し、それが1988～1992年の民主化の波をもたらすきっかけになった。絶対的な独裁エリートが軍隊や警察をコントロールする限り、親民主主義勢力の抑圧は可能である。だが抑圧的な政権といえども、そのコストは高くつく。なぜなら、それによって実質的な知識層の出現が阻まれるからだ。

　需要が供給を上回ったのに民主主義のレベルが下がるという、まったく逆の現象が一例だけあった。中国である。中国政府の民主主義の供給レベルは極端に低く、人々の需要は徐々に高まり、1989年の民主化運動で頂点に達した。デモ隊が北京の天安門広場を占拠し、表現の自由の拡大を要求した。数カ月間、政府は動揺したが、同年6月、軍隊に運動の制圧を命じ、戦車を動員してこれを成し遂げた。これは、自由への需要が満たされるとは限らないという事実を表している。堅固な独裁エリートが軍隊をコントロールする限り、国民による要求や運動も制圧可能なのである。ただ、単なる抑圧は高くつく。大部分がまだ農村という国にあって、1989年の民主化運動は都市部の教養ある若者が中心になっていた。社会経済の発展がいまのペースで続けば、人々の自己表現重視はいずれもっと広がっていくだろう。長期的には軍の若手や党エリートにも浸透し始め、民主化への抵抗を困難にする可能性がある。

　自由への需要が供給を上回った国は、下回った国よりもはるかに多かった。だが、ベネズエラやペルーなど、後者の国もいくつかあった。これらはまさに民主主義レベルが「低下」した例である。

　全体的には、民主主義に対する人々の需要と、社会による民主主義の供給は、一致する（釣り合う）傾向が強い。第三の波における民主化レベルの増減変化

の67%が、この傾向によって説明できる。この動的モデルは、民主主義の静的レベルだけでなく、民主主義レベルの「変化」も説明するものである。

　図7-2に示す関係が、民主的制度の自己表現重視の価値観に対する影響を反映していると解釈することは不可能に近い。すでに見たように、自己表現重視の価値観の変化は長期間にわたって着実に築き上げられる。1990年前後に測定された自己表現重視の価値観レベルは何年もの間に積み上がったものであり、この価値観は民主化以前から存在していた。1990年頃の民主化が、1980年代に存在した自己表現重視の価値観を生み出したはずがない。因果フローは、蓄積された自己表現重視の価値観から突然の社会変化へと流れるしかない。つまり民主主義の供給レベルが、その社会に潜在する自由の需要と合致するよう変化したのである。

　これによってイングルハート＆ウェルツェルの指摘が裏づけられる[16]。他の変数を調整したとき、自己表現重視の価値観と自由民主主義との関係は、主として前者から後者へ向かうのだ。自己表現重視の価値観の時間的自己相関[17]を調整すると、過去の民主主義レベルが自己表現重視の価値観に影響を与えることはない。だが、たとえ民主主義の時間的自己相関を調整しても、自己表現重視の価値観は民主主義のレベルに大きな影響を与えるのである。

　議会制民主主義が初めて登場したときはエリート間の交渉が中心的役割を果たし、これはいまも重要な役割を担っているが、普通の人々がエリートに効果的な圧力を加えるための価値観やスキルを身につけると、有効な民主主義がだんだん姿を現すようになる。近代化は自己表現価値の重視を拡大させるだけでなく、社会的動員や認知動員にもつながっていく。この2種類の変化によって人々は民主主義を「欲する」ようになり、組織立ってこれを「獲得する」のが上手になる。認知動員についてもっと詳しく検討してみよう。

社会的動員と認知動員――変化する政治スキルのバランス

　部族や都市国家など、対面で政治が行われていたコミュニティでは、政治的コミュニケーションの手段は口頭であり、みんながじかに知っている問題が扱われた。政治参加に必要なスキルはほぼ全員が有していたため、政治は比較的民主的で、意思決定は、成人男性すべてに発言権がある議会で下されることが

多かった。

　ところが、千人単位ではなく百万人単位の人間を統治する広範な政治共同体の出現に伴い、識字能力などの特殊技能が必要とされた。口頭コミュニケーションだけでは不十分で、書き言葉を遠方同士でやりとりする必要が出てきた。何千もの村の税基盤、それらの村で調達できる兵力など、細かい事実を記憶力に頼って記録するのはもはや無理であり、書面による記録が必要とされた。また、大きな帝国をまとめるのに、一人ひとりの忠誠心に頼っていては限界があるため、権力の正当化を裏づける神話やイデオロギーを普及させる必要があった。

　広範な政治共同体は人口が増え、資源基盤も拡大したため、小規模なライバル共同体を駆逐することができた。だが、そこには代償が伴った。システムの調整役として、特殊技能を持つエリートが求められたのである。政治を遠隔で扱うのに必要な特殊訓練を受けていない無教養な大衆と、国政を預かる一握りのエリートとの格差が広がった。農民大衆は、大規模な農業国の政治とはほとんど無関係の存在になった。

　工業化は、エリートと一般大衆の格差の再縮小を可能にする。自分の周囲にしか関心がなかった偏狭な人たちも、都市化し、教養を身につけ、マスメディアに接するようになると、地元の村だけではなく国の政治コミュニティと関わりを持つのに必要なスキルを獲得する[18]。ドイッチュは「社会的動員」のプロセスを分析した。社会的動員は、人々が物理的・知的な孤立から逃れ、古い伝統や職業、居住地から自由になったときに起きる[19]。彼らは少しずつ、近代的な組織や広範な通信ネットワークに組み込まれ、その結果、口頭以外にもコミュニケーション手段を拡大し、国政との接触を増やすようになった。

　先進工業社会はずっと以前に、都市化、工業化、読み書きの普及、兵役の拡大、参政権の拡大など、目に見える社会的動員のステージを成し遂げてきた。だが、そのプロセスの核となる部分はいまも続いている。それはすなわち、広範な政治共同体への対応に必要なスキルの普及である。「認知動員」という言葉は、このプロセスの側面を指す。学校教育は認知動員の構成要素のひとつにすぎないが、その手軽な指標としては優れている（自分の頭で考えることが求められる仕事も同じように重要な指標である）。

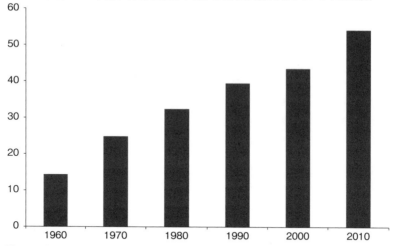

図7-3 米国、ドイツ、日本で高等教育を受けている人の平均的割合(1960〜2010年)（3か国の平均割合、均等加重）

出典：米国のデータは、全米教育統計センターの Digest of Education Statistics (2012) と 120 Years of American Education: A Statistical Portrait (1993)、米国勢調査局の Statistical Abstract of the United States (2012) より。日本のデータは、文部科学省 (2012 年) より。ドイツのデータは、Kehm, Barbara M. (1999) "Higher Education in Germany: Developments, Problems and Perspectives"、ドイツ連邦統計局の "Education, Research, and Culture Statistics" (2012) より。該当年齢層のサイズは、国連経済社会局の World Population Prospects: The 2012 Revision に基づく。

図7-3が示すように、先進工業国で高等教育を受ける18〜25歳の割合は、この半世紀で飛躍的に上昇した。1960年に米国、ドイツ、日本で高等教育を受けていたのはわずか16%だったが、この数字は徐々に増え、2010年には半数以上が高等教育を受けていた。これは、一般の人々が効果的な政治活動のためにコミュニケーションをとり、組織化するためのスキルをどの程度獲得しているかを示す指標のひとつにすぎない。教育を受けた人々は「主観的な政治的有効性感覚」（自分たちが政治を動かせるという感覚）を抱きやすく、政治に参加する可能性が高くなる[20]。他にも多くの調査により、社会経済的地位の高い人も政治に参加しやすいことがわかっている。だが、これは認知動員によるものなのか、それとも社会的地位そのものが原因なのか？　言い換えれば、学歴の高い人のほうが政治への発言権を得やすいのは、要求を課すために効果的な

スキルを持っているからか、それとも単に社会的つながりが強く、役人に規則を曲げさせるだけの資金を持っているからか？

　富や人脈が重要でないとは考えにくいが、スキルや情報もやはり重要である。定義上、社会経済的な地位はつねに上、中、下の3分の1ずつに分けられる。だが一般市民の教育・情報レベルが大きく上昇したことで、エリートと大衆の間の政治的スキルのバランスを変化させるとともに、政治的な要求を効果的に行える市民の能力が高まった。

　経済発展は中流層の規模を拡大し、公的組織へのメンバー加盟率を高める傾向がある。教育は社会的地位の指標であるが、コミュニケーションスキルの指標でもある。この違いは重要である。なぜなら多変量解析において、教育や政治情報などの認知変数は、収入や職業など、比較的純粋な社会階級指標よりも、政治参加の予測要因として有力であるからだ[21]。コミュニケーションスキルは社会的地位そのものよりも政治参加に寄与すると思われる。

　政治参加は根本的に異なる2つのプロセスから生じる。ひとつは古い参加方式によるもの、もうひとつは新しい参加方式によるものだ[22]。19世紀後半から20世紀前半にかけて大衆の政治参加を動員した機関（労組、教会、大衆政党）は階級的な組織で、一握りのリーダーやボスが規律正しい多くの「兵隊」を率いていた。これらの組織は、普通義務教育が根づいたばかりで、平均的な市民の政治スキルがまだ低水準だった時代に、新しく選挙権を得た多数の人を投票所へ連れ出すことに成功した。だが、こうしたエリート主導の組織は、数多くの人間を動員することができたものの、どちらかというと質の低い政治参加――単なる投票行動――を促すことしかできなかった。

　もっと新しいエリート主導の参加方式は、古い参加方式より正確に個人の選択を表現する。課題指向型で、既存の官僚組織よりも専門家集団をベースにする。そして、特定集団の代表者を単に支援するのではなく、具体的な政策変更の実現を目的とする。この参加方式では、比較的高いレベルのスキルが求められる。

　このように、学校教育を政治スキルの指標とするなら、識字能力さえあれば投票は十分できそうである。ほとんどの欧米諸国は何世代も前にこの水準に達している。だが、識字能力だけで高い投票率を得られるとしても、嘆願書への

署名、デモへの参加など、もっと積極的な政治行動には、教育水準の高さが深く関わっている。しかし、積極的な政治参加の予測要因としては、教育や社会階級よりも政治スキルの高さのほうが優れている[23]。

　知識社会の台頭も、市民の政治参加の可能性を高める。知識社会では、職業経験によって政治的なスキルが磨かれる。伝統的な組み立てライン労働者は、自主的な判断がほとんどいらない（認められない）階級制度の中で働き、形あるモノをつくった。サービスセクターや情報セクターの労働者は、ヒトや概念を相手にする。イノベーションが不可欠な環境で働く彼らは、自主的な判断を求められる。イノベーションを上から指示するのはそもそも不可能である。情報・サービスセクターの人たちは、階級的でない意思決定構造の中で働くことに慣れているため、政治領域の意思決定にも参加しやすい傾向を持ち、そのためのスキルも備えていることが多い。

　組織ネットワークの強さは、後進の集団が高い参加率を達成する助けになるし、状況的要因も重要である。だが長い目で見れば、スキルレベルの上昇はもっと重要性が高い。政治分野では、活発な期間と不活発な期間が交互に訪れる傾向があるため、長期的には、ほとんどの人が関心を失いがちである。だが、認知動員の長期的効果、すなわち個人の政治スキルの上昇は時間とともに蓄積する。認知動員は少しずつ、大衆の政治参加のベースラインを押し上げる。

　脱工業化社会の出現がもたらす社会・文化の変化によって、民主主義はますます起こりやすくなる。知識社会は学歴の高い人々抜きに機能しない。彼ら高学歴の人間は仕事でも政治でも、自分の頭で考えることに慣れてゆく。さらに、経済的な安定度が増すと、自由選択を優先し、政治行動を刺激する自己表現重視の価値観の傾向が強まる。あるポイントを超すと、民主化は避け難くなる。なぜなら、よりオープンな社会を求める人々の声を抑え込もうとするのは高くつき、経済効率を損なうからだ。したがって、近代化が進んだ段階では、社会・文化の変化が民主的制度の登場・隆盛につながってゆく。

再分配と民主主義
　影響力の大きな文献の中には、民主主義は経済的再分配のコストが過大でないときにエリートから付与されるものだとするものもある。この考え方は、認

知動員や人々の価値観の変化が与える影響をほとんど無視している。

経験的に、特定の人々が民主的制度の獲得を優先する度合いや、それを効果的に要求する能力には、大きなばらつきがある。経済発展は人々の物的資源や認知資源を劇的に増大させるため、人々はより強力な集団行動を起こすことができ、エリートに対する圧力効果も高まる[24]。さらに、民主主義を最も強く望むのは、持たざる人たちではない。むしろ、経済的資源や認知資源が十分で、生存重視の価値観から自己表現重視の価値観へと移行するとき、人は民主的制度を最も強く欲するのである。

したがって、独裁的な政権が生き残るかどうかは、単にエリートが大衆を抑圧しようとするかどうかの問題ではない。時間とともに変化する、エリートと大衆の力のバランスがそこには反映される。1990年前後の民主化の波は、主に効果的な大衆動員の結果であった。徐々に発言力を増し、大衆運動の組織化に長けるようになった人々の間で、自己表現価値が重要視されたことが、それを後押しした。近代化の最も重要な効果は、民主主義がエリートに受け入れやすくなることではなく、民主的制度を勝ち取ろうとする一般市民の能力や意欲が高まることである。

ダロン・アセモグルらは貧しい国よりも裕福な国の方が民主的になりやすい理由を知るために、所得と民主主義について分析を行った[25]。過去の大量のデータベースを使って、ダロン・アセモグルらは、富の増加が先なのか、民主主義の高まりが先なのかを調べた。500年前までさかのぼった分析によって初めて、所得の変化と民主主義の変化の間の正の相関が明らかになるが、国の固定効果を調整すると、これは弱まるか消失する。彼らは次のように結論づける。経済発展も民主主義の高まりも経路依存性が高く、500年前のヨーロッパ諸国および入植者の中には、民主主義および経済成長の両方とリンクした成長軌道を歩み始めたところもあれば、政治的抑圧や経済停滞へと至る道をたどったところもある。

彼らの分析は、国固有の効果が決定的役割を果たすことを示しているが、このきわめて重要な効果の性格を明らかにするのは難しい。この効果には著しい持続性があることから、それは社会に深く根づいた文化的・制度的なものであると考えられる。ロバート・パットナムも、南北イタリアの政治文化の違い

（これも何百年も持続したパターンにさかのぼることができる）を分析する中で、同様の発見をしている[26]。こうした発見から、より深く根づいた文化的・制度的要因もまた決定的役割を果たすことがわかる。

　アセモグルやロビンソンらは正しい。つまり、経済発展だけからは民主主義は生まれない。一定の文化的・制度的要因と組み合わさったとき、初めて民主主義が出現するのである。だが、こうした要因はヨーロッパの一部の国や、その移民が主に住む国々に固有のものではない。世界価値観調査からは、近年、これらの文化的・制度的要因が世界に広まっていることがわかる。

　アセモグルやロビンソンが用いるモデルでは、民主主義に対する人々の欲求を、民主主義の出現理由を説明できない定数（不変数）として扱っている。そのため、未解明の重要な事実も残される。20世紀初頭の世界には民主主義国が数えるほどしかなかったが、同世紀末にはそれが数多く存在したのだ。この変化が経済発展によるものでないとしたら、何が原因なのか？　彼らのモデルによれば、一部の国が長らく経済発展でも民主主義でも先頭を走ってきたことがわかるが、民主主義のこれほどの拡大の原因が何なのかは説明されない。根本的原因は経済・社会の近代化であり、それが民主主義の可能性を高める価値観や社会構造の変化を生んだ、というのが私の主張だ。

　進化論的近代化論が示唆するのは――そして多くの国々のデータから裏づけられるのは――この何十年間か、自己表現重視の価値観が高まり、人々の民主主義への要求が強まったということだ。1990年頃、国際状況の変化により、10を超す国の民主化に道が拓かれた[27]。その後、国によって民主化のレベルがどの程度高まったかは、チャンスが開かれた時点の民主主義への需要の強さが反映されている。

　アセモグルらは大衆の価値観やスキルを、民主化に自ずと影響を与えるものとは捉えていない。つまり、大衆が異議を唱えるのは単純に、経済的不平等が高まったときだというわけだ。こうした前提は、人々の多くが無学な農民だった時代のデータには比較的当てはまるが、ごく最近の民主化の波を説明するには不十分である。政治的動機は大きく変化しており、脱工業化社会におけるデモ参加率は1974年から倍以上になっている[28]。たとえば1987～1995年の民主化の波に際しては、ソウルやマニラからモスクワ、東ベルリンまで、未曾有の

数のデモ参加者が民主化を求めて声を上げた。しかも、このときの主なねらいは経済的再分配ではなく、政治的自由だった。旧共産圏の民主化の動機となったのは、明らかに、経済的平等を求める人々からの圧力ではない。経済的平等を重視したエリートから、それをあまり重視しない集団へ権力が移ったのである。

　民主主義は単に経済的再分配への願望から生まれるのではなく、投票権以上の民主的自由を求める闘いから生まれる。人類の歴史はほとんど専制や独裁に支配されてきた。それはエリートが大衆の抑圧を選んだから、という理由だけではない。近代まで、一般大衆は民主的制度への効果的な要求を動員するのに必要な組織力やリソースを欠いていたうえ、それを獲得することが優先事項ではなかったのだ。民主主義がどのように立ち上がってくるかを理解するには、エリートに焦点を当てるだけでは十分でない。大衆レベルの動向も調べる必要が出てきている。

結論

　近代化論にはプラスとマイナス、両方の意味合いがある。高いレベルの生存の安心が民主主義の広がりに寄与し、経済的安定の減少は逆の効果を及ぼす。第9章で示すように、この三十年、高所得国の大部分の人々の実質所得が減り、その国の上位10%と比較した相対所得も急減している。これに刺激されるように、ヨーロッパの多くの国で外国人排斥主義的な独裁的ポピュリスト政党が台頭し、米国ではマスメディアを「アメリカ人の敵」と攻撃し、自分の命令に従わない判事を「いわゆる判事」呼ばわりして威圧する――いわば報道の自由や司法の独立性を脅かす――大統領が誕生している。

　民主主義はいま後退局面にある。問題は、「これは終点なのか、それともかつてと同じ一時的後退なのか」だ。長期的なトレンドは明確である。産業革命以来、世界は裕福かつ安全になり、戦争と家庭内暴力の発生率も下がった。世界全体で見れば、いまも豊かさは増している。ただし、高所得国は現在、権威（独裁）主義的な反射行動を見せている。それは客観的に資源が乏しいからではなく（彼らの経済資源は豊かで、いまなお増えている）、経済的不平等が拡大し、政治問題になっているのが主な原因だ。もしそれが反転すれば、民主主義はま

た長期的な拡がりを見せるかもしれない。

　経済発展は、自己表現重視の価値観や大衆動員を強化するため、有効な民主主義の台頭と密接に関連している。近代化は工業化に基づくプロセスであり、それによって教育の高まり、近代的な職業構造、生存の安心の高まりがもたらされる結果、一般市民は民主主義を優先するようになる。

　進化論的近代化論は、米国の外交政策にとって心強い面もあれば、警戒すべき面もある。イラク問題は後者の教訓となる。民主化はほぼどんな場所でも簡単になし遂げられるという楽観論に反して、近代化論では、民主主義は一定の条件下で隆盛となりやすいと考える。イラクでは、サダム・フセインの政策によって悪化した民族対立など数々の要因のせいで、民主主義の確立が容易だと考えるのは非現実的になった。また、サダムの敗北後、物理的な安全を崩壊させたのは致命的なミスだった。相互信頼や寛容の精神は、人間が安心・安全を感じたときに涵養される。不信や不寛容によって引き裂かれた社会では、民主主義は存続しづらいし、最近の調査によれば、イラク国民は調査対象社会の中で最大レベルの排外主義を示した[29]。

　進化論的近代化論は米外交政策にとってプラスの側面も持つ。経済発展が民主的変革の基本的推進要因であるという結論を、多くのデータに裏づけられながら示すからだ。つまり米政府は、発展を促すためにできることをすべきなのである。たとえばキューバに民主的変革をもたらしたければ、孤立化政策は逆効果だった。禁輸を解き、経済開発を促し、社会との関わりや世界とのつながりを深めるほうが効果的だと思われる。確かなことは言えないが、実証データによれば、安心感が高まり、自己表現重視の価値観が強まれば、独裁体制は瓦解しやすい。

　同様に中国経済の復活に対して、警戒する声がよく聞かれるが、長期的にはプラスの意味を持つ。一枚岩に見える政治体制の水面下で、民主化への社会的条件が整い始めており、その進捗は思ったより速い。中国の人々の自己表現重視の価値観は、チリ、ポーランド、韓国、台湾が民主主義に転じた際のレベルに近づいている。中国共産党が治安部隊をコントロールする限り、民主的制度が国家レベルで実現することはないだろう。しかし自由化を求める人々の圧力は高まるだろうし、それを抑圧するのは経済効率や風紀の側面からコスト高と

なる。長い目で見れば、中国の繁栄は米国の国益にとって望ましい。さらに言えば、米国は世界中の経済発展を歓迎、促進すべきだというのが、近代化論の意味するところである。

第8章　変化する幸福の源[*]

概要

　文化的変化は、社会が生き残り戦略を適応させるプロセスである。それはまるで、進化の力が人間の幸福を最大化しようとしているかのように作用する。
　経済成長や社会的流動性がほとんどない農耕社会では、人々の選択肢は非常に限られている。宗教は人々の願望を低く抑え、来世での上方社会移動を約束することで、人々を幸福にする。だが、近代化のもたらす変化によって人々の生き方の選択肢が拡がると、それも幸福感に寄与するようになる。その結果、ほとんどの国では信仰のある人の方が無宗教の人より幸福だが、非宗教的な近代国家の人々は、宗教的で近代化の遅れた国の人々より幸福になる。言い換えれば、幸福を最大化するうえで、近代化戦略は伝統的な戦略よりも効果的なのだ。
　だが、果たして人間の幸福は最大化できるのか？　最近まで、幸福は一定のポイント（set-point）——恐らくは遺伝的に決まったポイント——の周辺で変動する、だから個人も社会も幸福を永続的に増大させることはできないと考えられてきた。だが最近のデータは、その結論を否定するものである。1981～2014年に実施された各国調査によると、時系列データが入手可能な62か国の大多数で幸福度が上昇した。なぜか？
　実証データが示すところでは、社会が自由選択をどの程度認めるかが、幸福に大きな影響を及ぼす。1981年から2007年にかけて、経済発展、民主化、社会的寛容の高まりに伴い、大部分の国の経済、政治、社会で自由選択の幅が広がり、それが幸福感（happiness）や生活満足感（life satisfaction）を引き上げた。

発展、自由、幸福——グローバルな視点

　心理学者、経済学者、生物学者、社会学者、政治学者は長年、人間の幸福について調べてきたが、最近までは「幸福は不変」との考え方が広く受け入れら

れていた。いくつかの有力な研究によると、成功や逆境が幸福に永続的な影響を及ぼすことはないとされる。一定の調整期間を過ぎれば、人々は幸福の基本レベルに戻るという、いわゆる「ヘドニック・トレッドミル（快楽の踏み車）」現象である[1]。同様に、国全体が豊かになっても相対的な増減が国民間で相殺され、人々の幸福が全体的に押し上げられることはない[2]。

さらに、生物学的要因が幸福感と密接に関連しており[3]、遺伝的要因に関する研究によると、幸福は遺伝による部分が大きいという[4]。幸福の個人差は大なり小なり永続的なのかもしれない[5]。一般に受け入れられているのは、幸福は一定のセットポイント周辺で変動するという考え方である[6]。このセットポイントが生物学的に決まっている限り、個人の努力や社会政策で幸福感を永続的に変えることはできない。

この考え方と符合するように、さまざまなデータから、ある国の主観的幸福度（subjective well-being）の平均は長期間、きわめて安定していることがわかっている[7]。社会的比較理論では、この安定性を説明して次のように言う。所得が増えても、比較対象となる所得も変化するので幸福感は変わらない——。幸福がその人の社会での「相対的」位置で決まるなら、たとえ国家の経済全体が成長しても、平均以上の利得の人だけがより幸福になり、それは平均以下の人によって相殺される[8]。

国の幸福度は一定であるという主張を最も裏づけるのは、最も長期間の詳細な時系列データを有する米国である。1946年以来、数々の調査で米国民の幸福度や生活満足度が測定されてきたが、当時から現在まで、そのレベルは変わらない。社会の幸福度は時間がたっても変わらないと思われるため、経済発展によって幸福感が高まるという考え方は広く否定されていた。

幸福度は変化するか？

しかし最近の調査では、一部の人たちの主観的幸福度は時間とともに変化することが実証されている[9]。個々人は必ずしもヘドニック・トレッドミルに捕らわれる必要はないのだ。

国家はどうか？　個人の幸福度が変化するからといって、国の幸福度も変わるとは限らない。異なる人々の相対的利得と損失が相殺し合うとしたら、上向

き、下向きを問わず、国全体の目に見える変化はない。

　だが、各国を横断的に比較すると、その繁栄度合いに応じて幸福度や生活満足度が大きく違うことがわかる。1990年、豊かな国から貧しい国までを含む24か国のデータを分析したところ、1人当たりGNPと生活満足度との相関係数は0.67だったため、経済発展は幸福度の上昇に資すると私は解釈した[10]。この解釈を十分裏づけるだけの長期的データは、当時まだなかった。裕福な国は貧しい国よりも明らかに主観的な幸福度が高いが、これは単に特異な文化的差異の反映だとされた。

　現在は有力な証拠がある。価値観調査では、世界の人口の大部分を占める国々の調査から幸福度および生活満足度を測定し、1981年から2014年までの変化を追跡している。この大規模な時系列データによって、国全体の幸福度が大きく上下すること、国の繁栄レベルの増減がこの変化に影響することがわかった。

理論的枠組み――人間開発と幸福

　国の幸福度が変化したかどうかを判断するのも大事だが、変化した理由を知るのはもっと大事である。本章では、本書で見てきた文化的変化の作用するさまは、まるで進化の力が人間の幸福を最大化するよう意識的にデザインされた戦略を採用しているかのようであることを論じる。

　飢餓レベルの貧窮から脱すると、主観的幸福が劇的にアップする。だが、経済成長によって主観的幸福があまり増大しなくなる閾値がある。こうなると、ほとんどの人にとって飢えは現実的な懸念ではなくなり、生存は当然視されるようになる。相当数の脱物質主義者が登場し始め、経済的利得がさらに増えても彼らの主観的幸福はもはや大きくアップしない。人（または社会）が合理的な行動をとるとすれば、これによって生き残り戦略は変化するはずである。そして、実際に変化する。

　図8-1がその様子を表している。経済発展のレベルがまだ低いときは、わずかな経済的利得でも、カロリー摂取、被服、住居、医療、そして平均余命そのものに関しても大きなリターンをもたらす。個人が経済的利得の最大化を最優先し、社会が経済成長を最優先するのは、食べるのに困らなくなったばかりの

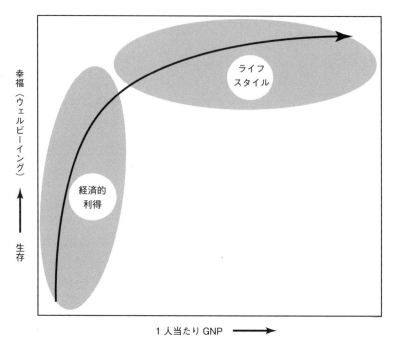

図 8-1　経済発展は生き残り戦略のシフトにつながる
出典：Inglehart, 1997: 65.

人にとっての効果的な生き残り戦略である。だがいずれ、あるポイントに到達すると、経済が成長しても平均余命や主観的幸福が少ししか上向かなくなる。国家間の差はなお大きいとはいえ、このポイントを過ぎると、非経済的な側面が余命や生活の質に及ぼす影響が重要になってくる。そこでの合理的戦略は、経済成長を、それ自体が善であるかのように最優先し続けるのではなく、こうした非経済的な目標をより重視していくことだ。

　この戦略は実効性があると考えられる。後で見るように、経済発展は自己表現重視の価値観へのシフトを促す傾向があり、それによってジェンダー間の平等が促進され、同性愛者など新しいグループをなす人々への寛容性が増し、民主化が進む。そのいずれも社会の幸福度や生活満足度を高めやすい。

　こうした社会レベルのシフトは、個人レベルの価値観変化——経済的・物理

第 8 章　変化する幸福の源

的な安全最優先から、表現の自由や自由選択を重んじる「自己表現価値」最優先への変化——を反映している。生存レベルを少し上回る程度の社会であれば、人々の選択肢は限られる。つまり、生き延びるだけで多くの時間と労力を費やし、文化的には、危険な部外者に対する団結や、集団規範の遵守が重視される。だが豊かになるにつれ、生き残りはもっと確実になる。人々の価値観は生存重視の価値観から自己表現重視の価値観へシフトし、より寛容でオープンな世界観が築かれる。そして人々の生き方の選択の自由が広がるため、幸福度や生活満足度に寄与する。これは、最近まで人生の選択肢がごく限定されていた女性や同性愛者にとって、特に重要である。追って見るように、寛容度が高まり、選択の自由が広がると、社会全体の幸福度や生活満足度も上昇する。

　人々の重点が生存重視の価値観から自己表現重視の価値観へシフトすると、人々は間接的な幸福の追求（この目標達成のための経済的手段の最大化）から、もっと直接的な幸福そのものの追求（あらゆる生活分野での自由選択の最大化）へとシフトする。選択の自由があり、自分の人生をコントロールしているという感覚は幸福と密接に関連しており[11]、この関連はどうやら普遍的なものである。すべての文化圏で、幸福は自由の感覚と密接に関連しているのだ[12]。

　人々の幸福の求め方が変化しても、幸福が実現できるとは限らない。だが1981年以降、自己表現重視の価値観は徐々に拡がりを見せ、民主化、ジェンダー間の平等への支持、同性愛者など外集団の受け入れの拡大に貢献している。いずれも人間の幸福に資する変化である[13]。

　民主主義国に住む人は独裁主義国に住む人よりもたいてい幸福である[14]。民主主義は自由選択の幅を広くし、それが主観的な幸福に貢献する[15]。社会的寛容も人々の選択の幅を拡げ、幸福を増進する。結果、ジェンダー間の平等に対する支持や外集団に対する寛容な態度は、幸福と強く結びつく。寛容な人のほうが幸福だというだけでなく、寛容な社会に暮らしているほうが誰しもストレスが少ないからだ[16]。

　1990年前後、数十もの社会が民主化への移行を経験し、それに伴って表現の自由、移動の自由、政治的選択の自由が強化された。さらに1981年以降、価値観調査の対象国のほとんどで、ジェンダー間の平等および外集団への寛容に対する支持が大きく増加した[17]。そして最後にこの数十年、世界人口の半分

に相当する低所得国が歴史上最大の経済成長を遂げ、最低水準の貧困から脱することができた。思いがけない状況が重なって、ここ数十年の社会変化は、貧しい社会では人々の経済的資源を、中高所得社会では人々の政治的・社会的自由を増大させ、その結果、どちらの社会でも生き方の自由度が拡大した。私はこうした変化は社会全体における幸福レベルの向上に寄与しているという仮説を立てている。

選択の自由が増えると幸福度や生活満足度は高まるのか？　実証テスト

　世界価値観調査は1981年から何回か調査を行っているが、そこでは、主観的幸福度（subjective well-being）の目安として広く使われている2つの点、(a)幸福度（happiness）と(b)全体的な生活満足度（life satisfaction）について尋ねている。幸福と生活満足を形成する要因は幾分異なるものの、両者はリンクしており、社会レベルの相関度は0.81を示す。生活満足度は、生活全般についてどの程度満足しているかを、1「不満」から10「満足」の尺度で尋ねた。幸福度は、「非常に幸せ」「やや幸福」「あまり幸せではない」「まったく幸せではない」の4段階で尋ねた。これらは主観的幸福度の指標として広く認知されているものだ。

　世界価値観調査グループは最初から、重要だが解決不可能な問題である文化間の等価性について懸念していた。研究者は何十年もの間、バックトランスレーション（逆翻訳）など、等価翻訳を生み出すための技術や、状況依存が強すぎて有意な等価性を持たない（したがって比較分析しても役に立たない）質問を明らかにするための技術を開発・改良してきた。たとえば、女性が公共の場所でヘッドスカーフを身につけるのはどうかと尋ねたら、フランスの保守的な人は「ノー」、トルコの保守的な人は「イエス」と答え、このことが問題になっていない国の人は戸惑うかもしれない。これらの回答を等価と扱うのは誤解を招く。だが、パイロットテストや数々の調査で質問項目の含意や人口統計的相関を分析することによって、世界価値観調査グループは、全世界で同等な（同一ではないにしても）意味を持つ主要概念をいくつか特定した。そして幸福や生活満足という概念は、調査対象のあらゆる国でそれなりの意義を持つと思われる。この二つの質問には調査対象のほぼ全員が答えており、その回答から

は、家庭や仕事への満足など他の主観的幸福度の指標との相関性や、その社会の平均寿命や民主主義レベルなど有効な外的基準との相関性があり、一貫したパターンが読み取れる[18]。幸福の意味はどんな場所でも同じというわけではない。低所得社会では所得との相関が強いし、高所得社会では社会的寛容との相関が強い。だが、共通の意味を持つ部分が多く、それが有効な比較を可能にする。複雑な政策課題については、回答がなかったり、論理的に一貫した回答が得られなかったりするが、人は自分が幸福かどうかはわかっているため、ほぼ全員がこれらの質問に答えることができ、無回答の比率はきわめて低くなる。

　私たちは、申告された幸福度と生活満足度を均等加重し、これに基づいて「主観的幸福度指標」をつくった[19]。2つの変数のどちらかだけを見るよりも、ある社会の主観的幸福度を幅広く表す指標になる。この指数とそれぞれの変数のトレンドを、10年以上の間隔で実施された最低2つの調査からデータが得られる62の国（地域）について分析した。平均すると、変化を分析した期間は21年、1国当たり4回以上の調査で測定した。

　私たちは、自由な選択ができ、自分の人生をコントロールできることが幸福に大きく影響するという仮説を持っているため、この変数の変化も測定した[20]。経済的要因や民主化による影響の測定には、世界銀行データベースの1人当たりGDP（購買力平価ベース）と経済成長率、ポリティIVプロジェクトの民主主義指標を用いている[21]。

結果

　1990年代までさかのぼると、価値観調査の横断的データからは経済発展が主観的幸福度の上昇に資することが示唆されていた[22]が、当時私たちはまだ長期的な変化を確認するデータを持ち合わせていなかった。米国についてのみ長期的データがあったが、変化はほとんど見られなかった。したがって、国が繁栄すると幸福度が上がるという主張は一般に受け入れられなかった。以下の分析は、経済発展が（社会的寛容や民主化の高まりなど、自由選択に資する他の要因と相まって）主観的幸福度を高めるという仮説を検証するものである。

　この数十年、世界の多くの地域で未曾有の経済発展と民主主義の拡大がみられた。同時に、豊かな民主主義国では社会規範が大きく変化し、ジェンダー間

の平等の拡大、外集団への寛容性の高まりによって、人口の半分以上に相当する人々の選択の自由が増え、すべての人にとって寛容な社会的環境が築かれている。つまり、主観的幸福度は上がっているはずである。

　その証左となるデータを調べる前に、世界人口の大半を占める人々の間で、経済発展と主観的幸福の横断的関係がどうなっているかを確認しよう。そのうえで、1981〜2014年という広範囲のデータベースを使って、各国の実際の経時変化を見ていこう。

経済発展と幸福——横断的関係

　図8-2は、世界人口の90%を占める95か国（地域）における、生活満足度と1人当たりGDPの関係を示している[23]。信頼性を最大限にするため、数値はすべて1981〜2014年に実施された価値観調査のデータに基づいている。これらの国々の平均生活満足度と、2000年の1人当たりGDPの関係をプロットした。図8-2の曲線は、1人当たりGDPと生活満足度の関係を対数回帰曲線で表したものだ[24]。各国の生活満足度が経済発展レベルによって全面的に決まるなら、すべての国がこの線上にくる。ほとんどの国がこの回帰曲線にかなり近いが、それは収穫逓減のカーブになっている。仮説の通り、左下ローエンド領域では、経済が少しよくなっただけで主観的満足度は大きく上昇する。だが、裕福な国々のハイエンド領域では線が水平に近づき、経済発展が進んでも主観的満足度があまり上昇しなくなる。GDPと生活満足度の相関は0.60で、かなり強い相関が認められるが、1対1の関係にはない。つまり、経済発展は主観的満足に重要な影響を及ぼすが、それがすべてではないということが窺える。ハイエンド領域では、国によってまだ生活満足度が異なるが、これは経済的要因よりも異なる社会タイプを反映しているようである。つまり、貧しい国にとっては、満足を最大化するために最も効果的なのは経済成長を最大化することであるが、高所得国で幸福を最大化するには別の戦略が必要になりそうである。

　近代化と結びついた文化的変化は、経済的・物理的な安全を何よりも求めて生き残る確率を最大化することから、文化的・社会的変化を通じて人間の幸福を最大化することへのシフトと解釈できる。この戦略シフトは奏功しているようだ。すなわち、自己表現を重視する価値観の人々は生存を重視する価値観の

第 8 章　変化する幸福の源

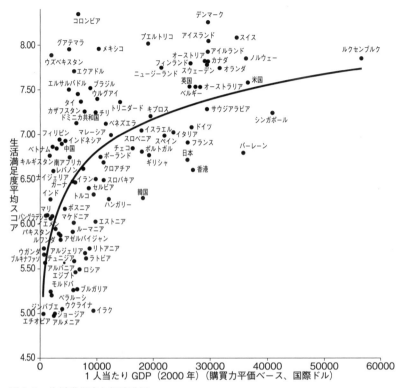

図 8-2　生活満足度と経済発展
生活満足度平均スコアは、すべて 1981〜2014 年の世界価値観調査／ヨーロッパ価値観研究より。1 人当たり GDP（購買力平価ベース）は、世界銀行 2000 年データより。対数曲線をプロット（相関係数 r=0.60）。

人々よりも幸福度や生活満足度が高いし、民主主義社会に暮らす人は独裁社会に暮らす人より幸福度が高い。

　経済発展と自己申告による幸福度の関係を示すグラフも、同様の曲線的パターンを示す。つまり極端な貧困から経済発展のレベルが上がると幸福度が急上昇し、その後水平になる。富裕度の高い社会では、経済が発展しても幸福度はわずかしか上昇しない。

　極貧の人々にとっては、経済的利得が幸福に大きな影響を与える。食べるのにも困る状況では、幸福は十分な食べ物とほぼ同意である。ジンバブエやエチ

153

オピアのような極貧国から、貧しいながらも極貧とは言えない国に移るにつれ、グラフのカーブは急上昇する。しかし、キプロスやスロベニアの水準に達すると、カーブはなだらかになる。ルクセンブルクはデンマークの2倍豊かなのに、デンマーク人のほうがルクセンブルク人より幸せである。このレベルになると、1人当たりGDP以外の要因が生活満足度の差に反映されるのだ。

　高所得国の人々は低所得国の人々より幸福で、生活満足度も高い。そして、この差はかなり大きい。デンマークでは、52%の人が生活にとても満足している（10段階で9か10）と答え、45%がとても幸せだと答えた。アルメニアでは、生活にとても満足している人はわずか5%、とても幸せだと答えた人は6%だった。国の内部では少しの差しかない国が多いのに対して、国家間の差は非常に大きい。

経済発展と幸福──2つのタイプの国

　図8-3も世界各国の経済発展と生活満足度の関係を示しているが、ここでは(1)旧共産圏諸国、(2)中南米諸国という2つのグループがわかるようにした。その結果、経済発展レベルを調整すると、国民の主観的幸福度をうまく最大化しているタイプの社会があることが明らかになる。(1)と(2)の両グループは所得水準がほぼ同じなのに、生活満足度と幸福度は中南米諸国のほうが旧共産圏諸国より総じて高い。データがある中南米12か国のすべてが回帰曲線より上に位置しており、これは、経済水準から予測されるレベルよりも主観的幸福度が高いことを示している。反対に、旧共産圏のほぼすべての社会は、経済水準から予測されるレベルよりも主観的満足度が低い。実際、ロシアをはじめとするいくつかの旧ソ連諸国は、インド、バングラデシュ、ナイジェリア、マリ、ウガンダ、ブルキナファソなど、もっと貧しい国々よりも満足度が低くなっている。

　生活満足度と幸福度は同じようなパターンを示す。主観的幸福の指標となる両者において、中南米社会はスコアが高く、旧共産圏社会はスコアが低い。中南米諸国では平均45%の人が自分はとても幸せだと答え、42%が生活全般にとても満足していると答えた。一方、旧共産圏諸国でとても幸せだと回答した人は12%、生活にとても満足していると答えた人は14%にすぎなかった。

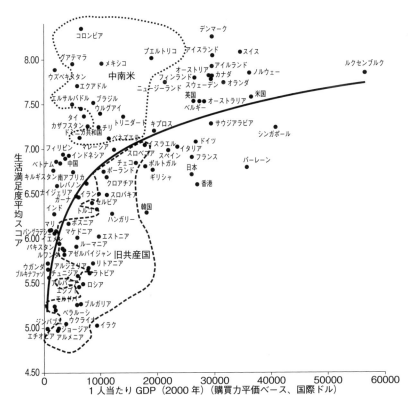

図 8-3　生活満足度と経済発展
生活満足度平均スコアは、すべて 1981〜2014 年の世界価値観調査／ヨーロッパ価値観研究より。1 人当たり GDP（購買力平価ベース）は、世界銀行 2000 年データより。対数曲線をプロット（相関係数 r=0.60）。

　共産党支配が主観的幸福度の低さとリンクしているとは限らない。いまも共産党に支配され、経済成長著しい中国とベトナムは、旧ソ連諸国に比べて満足度がずっと高い。政治・経済システムおよび信念体系の崩壊により、他の旧共産圏諸国の主観的幸福度は急落した感がある。
　信念体系の役割は重要である。これらの国は長い間宗教色が弱かったが、かつては共産主義イデオロギーが宗教に匹敵する役割を果たした。何十年もの間、共産主義は今後のトレンドになると思われていた。よりよい社会を築いているという信念が、多くの人々の生活に目的意識を与えた。共産主義の崩壊によっ

て旧共産圏諸国には精神的な真空状態が生まれたが、中南米では伝統的な神や国家への信仰が根強い。

主観的幸福に貢献する要因の回帰分析によってわかるのは、Time 1 における宗教性の高さが、後の主観的幸福度の高さの予測材料になるということだ[25]。これは、特に経済的に安定しない条件下では、宗教が安心感や安定感を提供するからである[26]。最近までは、共産主義イデオロギーが多くの人にとってこの機能を果たしていたが、その崩壊によって空白地帯が生まれ、幸福感が低下した。この空白を埋めるように、ほとんどの旧共産圏諸国で宗教性が高まりつつある。

こうした回帰分析によれば、社会の寛容度も主観的幸福の形成に一役買っており、経済発展レベルを調整しても、この結果が得られる。不寛容な社会規範は人々の選択肢を限定し、主観的幸福を低下させる。ジェンダー間の平等、同性愛、他宗教の人たちに対する寛容さは、主観的幸福に大きな影響を与える。単に寛容であることが人を幸福にするというだけでなく、寛容な社会環境に暮らすことが、すべての人の幸福に資するのである[27]。

自国に対する誇りは主観的幸福と強い相関があるが、宗教の重視とも密接に結びついている。したがって宗教性が分析に含まれていると、自国に対する誇りはほとんど影響力を示さない。宗教も国家に対する誇りも、先進国より途上国のほうが強く、これによって発展レベルの低さが補われている部分もある。このように、中南米社会と旧共産圏社会とが対照的なのは、中南米の人々は宗教性や愛国心が強いのに対して、旧共産圏の人々はそうでないという事実をある程度反映しているのかもしれない。

民主主義も幸福と強い結びつきがある。私たちの主観的幸福度指標によると、民主化の波直前、1987 年の民主主義との相関は 0.74 だった。つまり民主主義国の人々は独裁国家の人々よりもかなり幸福だった[28]。

進化論的近代化論は、過去 30 年間の変化が幸福の増大につながったのは、選択の自由が増えたからだと考える。ここでも中南米は旧共産圏を上回る。中南米の人々の 45% が「自由に選択できる」(10 段階で 9 か 10) と答えたのに対し、旧共産圏の人々では平均 21% だった。

第 8 章　変化する幸福の源

幸福度と生活満足度の上昇——時系列データ

　進化論的近代化論や既述の横断的データが意味するのは、社会が経済的に安定し、民主的かつ寛容になり、人々の生き方の選択幅が広がると、主観的幸福度は上昇するはずだということである。この予測と歩調を合わせるように、1981 年から 2014 年にかけて、時系列データが入手可能な 62 か国の大多数で生活満足度と幸福度が上昇した。

　図 8-4 が示すように、この期間に幸福度は 52 か国で上昇し、下落したのはわずか 10 か国。また図 8-5 が示すように、生活満足度は 40 か国で上昇し、下落したのは 19 か国（3 か国は変化なし）である。言い換えれば、幸福度は 84％ の国で上昇し、生活満足度は 65％ の国で上昇した。1981～2014 年に、主観的幸福度が上昇する圧倒的トレンドがあったことになる。

　幸福度上昇のトレンドは低所得国から高所得国まで幅広く見られ、あらゆる文化圏に及ぶ。その多くはかなり大きな上昇幅である。中央値に相当する国で、「非常に幸せ」と答えた人の割合は、最初の調査から直近の調査で 8 ポイント増えている。これらの上昇（増加）が不規則変動の結果だという可能性はわずかしかない（ある研究者は、幸福度と生活満足度がこれだけ幅広く上昇しているのは、幸福度に関する質問に際してのインタビュアーへの指示が変わったためだとしているが、付属資料 1 で示すように、実証データからこの主張は否定される）[29]。

　幸福と生活満足は密接に相関しており、生活満足度の上昇と幸福度の上昇は同時に起こりやすい。だが、両者は主観的幸福の異なる側面を反映したものである。生活満足は金銭的な満足や社会の経済レベルとの結びつきが強く、幸福は感情的要因との結びつきが強い。これは、近年、生活満足度の上昇よりも幸福度の上昇トレンドのほうが大きい理由を説明する助けになる。民主化によって自由が広く拡大したものの、必ずしも経済レベルは上昇しなかった。旧共産圏のほとんどの国で、民主化に伴って経済が破綻し、その結果、幸福度が上昇する一方で生活満足度が低下した。また、第 5 章で示したようにジェンダー間の平等への支持や同性愛者に対する寛容度が急速に高まっている一方、第 9 章で示すようにこの 30 年間、富裕国で所得格差が広がり、実質所得が減っている。ジェンダー間の平等や同性愛者への寛容は、生活満足感よりも幸福感に大きな影響を及ぼすだろう。反対に、経済状態の悪化は幸福感よりも生活満足感

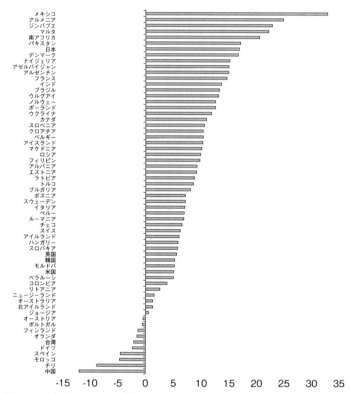

図 8-4 全般的にいって、「非常に幸せ」と答えた人の割合の変化（最初の調査～直近の調査）

出典：1981～2014 年に実施された世界価値観調査およびヨーロッパ価値観研究（最低でも 10 年間のデータがあるすべての国を含む）。調査期間の中央値は 20 年。

に大きな影響を及ぼすだろう。実際、生活満足度より幸福度のほうが全世界で着実に上昇を続けている。

　さらに、大不況は幸福度にも生活満足度にもマイナスの影響を及ぼしたと思われる[30]。図 8-6 は、初回の価値観調査と直近の調査（2012 年頃実施）の両方のデータが入手できる全 12 か国のデータを使って、これを検証したものだ。ここからわかるように、幸福度も生活満足度も 2005 年頃にピークに達し、2008 年以降の調査では低下している。

第 8 章　変化する幸福の源

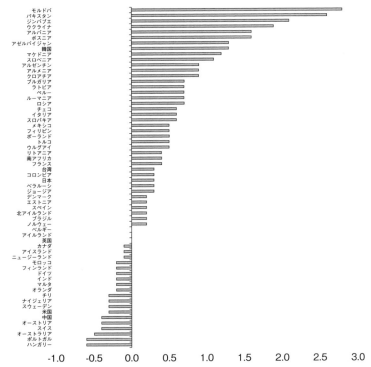

図 8-5　生活満足度平均スコアの変化（最初の調査〜直近の調査）

出典：1981〜2014 年に実施された世界価値観調査およびヨーロッパ価値観研究（最低でも 10 年間のデータがあるすべての国を含む）。調査期間の中央値は 20 年。

なぜこうしたトレンドは見落とされたのか？

　こうした主観的幸福度の長期的上昇のような重要な現象が、なぜ見落とされたのか？　理由は 3 つ考えられる。第一に、初期データの大部分は富裕国のものだった。これらの国はすでに収穫逓減のポイントを超えて経済発展によるリターンが減少し、あまり変化を示さなかったため、国の幸福度は変わらないという解釈を後押しした。第二に、明確な社会変動——グローバル経済の成長、民主化の広がり、多様性に対する寛容度の高まり、自由意識の高まり——は比較的最近のものであり、対象国も少なかった初期調査では、それらが反映されなかった。そして第三に、幸福の決定要因に関する国際比較研究は、幸福度

159

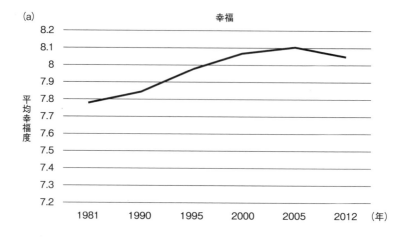

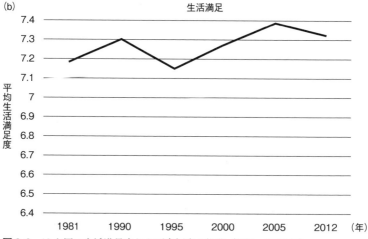

図 8-6 12 か国の生活満足度および幸福度の推移（1981～2012 年）

出典：価値観調査より。第 1 回（1981～1983 年実施）と第 6 回（2010～2014 年実施）のデータが入手可能な全 12 か国の推移。アルゼンチン、オーストラリア、フィンランド、ドイツ、日本、韓国、メキシコ、オランダ、南アフリカ、スペイン、スウェーデン、米国の調査から各年の平均スコアを算出。生活満足度は 10 段階評価（1＝不満、10＝満足）。幸福度は 4 段階評価（1＝非常に幸せ、4＝全く幸せではない）。比較しやすくするため、幸福度は「1＝全く幸せではない、4＝非常に幸せ」に反転させ、スコアに 2.5 をかけた。

(こちらのほうがトレンドははっきりしている) よりも生活満足度に重きを置いてきた。

　米国で幸福度が横ばいだという、よく引き合いに出される時系列データの起点は1946年だが、この時点ですでに過去最高の水準だった可能性がある。米国は第二次世界大戦後、世界の最強国、最富裕国として国際舞台に登場したばかりだった。また、米国民は第二次大戦で善が悪を滅ぼすという歴史的勝利を収めて、熱狂的陶酔感（euphoria）を味わっていたに違いない。もし1930年代の大恐慌時に調査が実施されていたら、1946年時点より主観的幸福度はもっと低かったのではないか。だが、この可能性が排除されるとしても、米国は決して典型的な国とはいえない。

　多くの国で幸福度が高まったとの結論は、26か国の追加データによっても裏づけられる。「世界幸福データベース」は、1946年までさかのぼった幸福の時系列データを提供しており[31]、より最近の価値観調査のデータがこれを補完している。これら26か国のうち19か国で幸福度は上昇している。インド、アイルランド、メキシコ、プエルトリコ、韓国は特に上昇幅が著しい。他に上昇傾向にあるのは、アルゼンチン、カナダ、中国、デンマーク、フィンランド、フランス、イタリア、日本、ルクセンブルク、オランダ、ポーランド、南アフリカ、スペイン、スウェーデンである。米国、スイス、ノルウェーという3つの富裕国は、最初の調査から直近の調査まで幸福度が横ばいだが、3か国ともそのレベルは高い。幸福度が下降したのはオーストリア、ベルギー、英国、西ドイツ4か国（地域）だけである。経済発展と幸福の関係は収穫逓減カーブを描くという仮説の通り、上昇幅が著しい国のうち、ひとつを除くすべてが、時系列データをとり始めた時点では低中所得国だった。また、横ばいないし下降気味の国はみんな高所得国だった。

　一定の条件下では、ある国の幸福度や生活満足度は、「主観的幸福は固定的である、または遺伝的要因で決まる」の主張と矛盾する、大規模で永続的な変化を示すことがある。ソ連の崩壊は特に劇的な事例であった[32]。

主観的幸福と社会の崩壊――ロシアの場合

　1982年、ロシアの人々の幸福度と生活満足度は、経済発展のレベルから予

想される位置周辺にあった。だが、その後の経済・政治システムや信念体系の崩壊に伴い、ロシアの主観的幸福度はそれまでにない水準にまで落ち込み、1995～99年には最悪の状態になった。ほとんどの人が自分たちは不幸だと考え、生活全般に不満を抱いていた。これは驚くべき事態だった。こうした事態が起きる前、幸福や生活満足に関する質問に対して、ほぼすべての国の人がプラス寄りの反応をするのはなぜかという論文がいくつか発表されていたくらいだ[33]。

こうした落ち込みのほとんどは、1991年のソ連崩壊前に起こっている。つまり、主観的幸福度の急落は政治的崩壊の主要な指標になる可能性がある。1999年以降はかなり持ち直したものの、2011年のロシアの生活満足度はまだ1982年の水準に及ばなかった。主観的幸福度は一定しているというセットポイントセオリーに反して、そのレベルは共産主義の崩壊とともに劇的かつ長期的に低下した。

遺伝的要因は、「ある時点の、ある国の」主観的幸福度の変化をかなりの部分説明できるかもしれないが、ロシアで起こったような主観的幸福度の大規模かつ長期的な変化（生活満足度がほぼ2段階下落し、「非常に幸せ」の比率が28ポイントも下落）を説明することは恐らくできない。また、この変化は30年間にわたって生じ、上下両方向の変化が理論的に予測可能であることを示した。まず、ロシアの経済、政治、社会、イデオロギーの崩壊に伴って、主観的幸福度が大幅に下落した。そして17年後、政治経済の回復に合わせて主観的幸福度も上昇した。これはまた、マルクス主義イデオロギーの放棄で残された空白を埋めるかのような、宗教性やナショナリズムの拡大ともリンクしていた。ロシアの主観的幸福度の激的な下落は、政治経済の崩壊を単に反映したものではなく、かつて多くのロシア人の生活に意味をもたらしていたマルクス主義的信念体系の崩壊とも関係していたのである。

歴史を通じて、不幸を減らすための方法は2つあった。1つ目は、期待度を下げ、苦悩は必然であると受け止めること。世界の主な宗教はたいてい、この方法を採り入れている。2つ目は、物質的、政治的、社会的な選択の幅を広げること。これは近代化とも呼ばれる。経済発展も信念体系も、人々の主観的幸福を形づくる助けとなる。人間は何か重要な意味を持つパターンを追い求める

第8章 変化する幸福の源

ように進化してきた。そして、宗教的であれ非宗教的であれ、強力な信念体系は比較的高いレベルの主観的幸福と結びついている。

信念体系は主観的幸福の形成において、つねに重要な役割を果たしてきたと思われる。なぜなら、宗教的な人はそうでない人よりも幸福になりやすいからだ[34]。宗教は共産主義国では組織的に阻害され、かつてはマルクス主義イデオロギーが宗教に近い役割を担ったことがある。何十年もの間、共産主義は今後のトレンドになると思われていた。よりよい社会を築いているという信念が、多くの人々の生活に目的意識を与えた。

1964～1982年のブレジネフ時代、ロシアのマルクス主義的信念体系は衰退した。一時は活力にあふれたソビエトも、経済、技術、知性の面で停滞した。平等で階級のない社会という革命のビジョンが、特権的・永続的な「新しい階級」（その主流は共産党）が支配する社会に取って代わられたことが明らかとなったからだ。ソ連こそ将来のトレンドだという思いが影をひそめ、人々はやる気を失い、仕事に身が入らず、アルコールに依存する傾向が増えた。1985年に権力を握ったゴルバチョフはこの衰退ぶりに歯止めをかけようとしたが、実は改革の主な障害は共産党そのものだということが徐々に明らかになった。共産党支配とソ連が崩壊した1991年には、ロシアのマルクス主義イデオロギーが破綻したことは誰の目にも明らかだった。

ロシア人は、ロシア国民としての自己イメージも損なわれた。ソ連はかつて米国と並んで世界の二大超大国とされ、それが恐らく多くのロシア人に誇りや満足感を与えていた。1991年にソ連は15の後継国に分裂したが、これが国民のプライドにダメージを与えることとなった。中南米では72%の人々が自身の国に誇りを持つと答えているが、旧共産圏諸国ではそれが44%にすぎない。中南米では伝統的な神や国家への信仰が根強いが[35]、旧共産圏国では共産主義の崩壊によって空白地帯が生まれ、それをナショナリズムや宗教が埋め始めている感がある。

ほとんどの旧共産圏社会の人々は、経済レベルから予測されるよりも主観的幸福度が低いが、これは必ずしも通常のケースではない。彼らの主観的幸福度が明らかに低いのは、経済、社会および政治的システムの崩壊や、マルクス主義的信念体系の崩壊を反映したものである。

163

この点を検証するため、ロシアにおける生活満足度と幸福度の増減を見てみよう。効果的な検証のためには、有力な仮説を立てる必要がある。共産主義崩壊の影響を分析するには、崩壊前後の主観的幸福度を測定しなければならない。だが共産主義体制の下では、国際比較調査への参加がほとんど認められなかった。ハンガリーは例外で、1982年の第1回価値観調査に加わった唯一の共産国だった。

　当時、ソ連で全国的な調査を行うのは不可能だったが、世界価値観調査プロジェクトに参加していたソ連科学アカデミーの同僚たちは、ロシアの行政区のひとつであるタンボフ州がロシア共和国全体を代表していると考え、この地で価値観調査を実施した。タンボフがロシアを代表しているとの主張は大変重要である。なぜなら、私たちはタンボフでの結果を、ロシアの時系列調査の第1時点データとして使用するからだ。ソ連崩壊1年前の1990年にはロシアで調査が行われているが、タンボフをロシア全体の代表と見なすことで、1982年から2011年までの長期間の時系列データを確認できる。タンボフがロシア全体を代表していると考えてよいかどうかを確かめるため、私たちは1995年と2011年にタンボフの追加調査を行った。後に見るように、どちらの年も、タンボフでの調査結果は同時期に行われたロシア全体の調査結果にきわめて近かった。ソ連科学アカデミーの同僚たちの主張は正しかったと考えられる。

　主観的幸福に資する要因を明らかにするための回帰分析によると、共産党支配を経験したことは、たとえその国の経済的繁栄などの要因を調整しても、生活満足度に大きなマイナスの影響を及ぼすことがわかる。これはマルクス主義信念体系の崩壊によって残された空白を反映している面もありそうだ。先の図4-3が示すように、まるでその空白を宗教が埋めるかのごとく、宗教性は他のどこよりも旧共産圏で勢いを増している。どの程度自分の人生において自由選択があるかという感覚は、その国の生活満足度に大きく影響するが、この自由選択を考慮に入れると、宗教の影響も、共産党支配の経験の影響も急激に小さくなる。つまり、旧共産圏諸国のスコアが低いのは、人生をコントロールできるという実感が少ないからではないか。また逆に、宗教性が重要なのは、大いなる力に抱かれて安全に暮らせる、と人々が思えるからではないか。

　図8-7は、1982〜2011年のロシアの生活満足度の変化を示している（1982

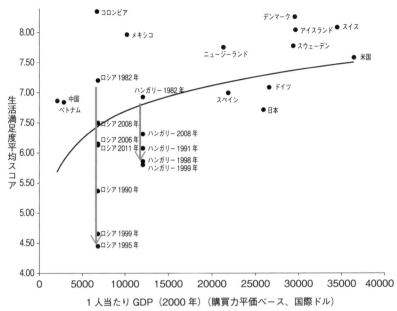

図 8-7 共産主義の崩壊と生活満足度の変化（1981〜2011 年）
生活満足度平均スコアは、表示年の世界価値観調査より。GDP（購買力平価ベース）は、世界銀行 2000 年データより。

年はタンボフをロシア代表として使用）。当初の満足度は経済レベルから予測される位置周辺にあり、中国とベトナム（共産主義が崩壊しなかった2つの国）を少し上回っていた。1960 年代および 1970 年代には、ロシアの幸福度は恐らくもっと高かったと思われる。なぜなら 1982 年にはすでに、アルコール依存、職場放棄、男性の平均余命の低下が起きていたからだ。その後、ソ連および共産主義的信念体系の崩壊に伴い、ロシアの生活満足度はかつてない水準にまで落ち込んだ。

ロシアの人々は社会的・経済的な大打撃を経験した。1人当たり所得は 43% 下落し、失業率はゼロに近かったものがピーク時にはほぼ 14% に達した[36]。さらに汚職、経済格差、組織犯罪が爆発的に増大した。男性の平均余命は、ソビエト時代に 65 歳近かったのが 1995 年には 58 歳を下回った。多くのサハラ以南のアフリカ諸国よりも低い数値である[37]。

1982年のロシアの平均生活満足度は10段階で7.13だったが、1990年（ソ連崩壊直前）に5.37に落ち、1995年には未曾有の4.45にまで落ち込んだ。その後、1999年に4.65とやや持ち直したものの、ロシアの大部分の人は生活満足度が中間点に達していなかった。2000年に政権を握ったプーチンは秩序を回復させ、原油価格の高騰が好景気をもたらした。生活満足度は2006年に6.15に上昇し、2008年には6.50を記録し、2011年に少し下がって6.13となった。ただ、これでも1982年の水準には到底及ばない。ロシアの生活満足度の低下は決して一時的なものではなかったのである。

　ハンガリーは、共産主義崩壊前に価値観調査を実施できた唯一の共産社会である。同国の市場民主主義への移行は、ロシアのそれほど激しくはなかった。経済不況や治安の悪化は比較的ましで、ソ連が崩壊したなかでもハンガリーは国家のアイデンティティを保持。2003年には、EUへの加盟を認められるほど経済的に豊かで民主的な国になっていた。それでも、共産主義の崩壊は生活満足度の急落と結びついた。1982年のハンガリーの平均生活満足度は6.93で、同時期のタンボフのレベルに近く、中国をやや上回る。だが共産主義が崩壊すると、1991年に6.03、1999年には5.69へとさらに低下。2008年に6.3に回復したが、それでも1982年の水準には到底及ばない。

　共産主義の崩壊が生活満足度の低下につながることを実証するのに必要な、他の旧共産国の事前事後データが、私たちの手元にはない。だが、旧共産国であるアルメニア、ジョージア、ウクライナ、ベラルーシ、ブルガリア、アルバニア、ラトビア、リトアニア、エストニア、マケドニア、ルーマニア、アゼルバイジャンのすべてが、経済レベルから予測されるよりも主観的幸福度がかなり低いのは興味深い。これだけ文化的に多様な国々の人たちに、不満を訴える傾向が一様にあるとは考えにくい。彼らの主観的幸福度の低さは、共産主義の崩壊と結びついたトラウマ的な経験のせいではないか。

　同様に、私たちはイラク、エチオピア、ジンバブエの長期時系列データを持っていないため、それらの国の人たちが図8-2に示すように主観的幸福度がいつもきわめて低かったとは限らない、と実証することはできない。しかしその可能性は高い。これらの社会の経済的、社会的、政治的な状況は過酷である。イラク人、エチオピア人、ジンバブエ人は、生活満足の意味に対する文化的に

第8章 変化する幸福の源

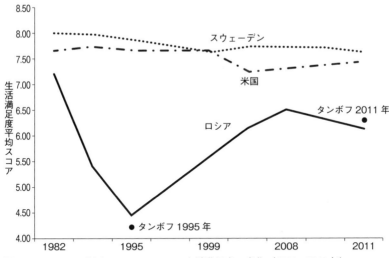

図 8-8 ロシア、米国、スウェーデンの生活満足度の変化（1982～2011年）
出典：生活満足度平均スコアは世界価値観調査より

独特の理解を持っているため、恐らく世界で最も不満が大きい人たちである。だが、彼らが不満を覚える理由は、自国での暮らしが衛生環境も悪く野蛮で、余命が短くなったことにあると考えるほうがよさそうだ。

　共産主義の崩壊のような大きな出来事は、国全体の主観的幸福度を永続的に変容させる可能性がある。主観的幸福度のそうした急落は頻繁には起きないが、起きたときの影響はきわめて広範囲に及ぶ。1991年のソ連崩壊に先立って、主観的幸福度は激しく低下した。同様に、1980年代のベルギーの分裂、民族性に基づく連邦制への移行に先立って、主観的幸福度が大きくダウンした[38]。国の主観的幸福度は通常は非常に安定しているが、生活満足度や幸福度の大きな低下は、政治的崩壊の主要指標となり得るかもしれない。

　図8-8は、ロシアの生活満足度の平均値の変化を、高所得で安定した民主主義国であるスウェーデンおよび米国と比較したものである。1981～2011年の30年間、スウェーデンと米国の生活満足度は10段階で7.5周辺と高位安定していた。1982年、ロシアはすでにそれより低い7.13で、1995年には4.45まで低下、その後2011年には6.13まで持ち直した。ただ、それでも1982年の水

167

準には遠く及ばない。

　図8-8が示すように、1995年と2011年に追加的に行ったタンボフの調査では、同じ年のロシアの調査に近い生活満足度が得られた。タンボフの生活満足度からロシアの生活満足度を合理的に推測できる、との考えを裏づける結果である。米国とスウェーデンの高位安定は、高所得の民主主義国（過去のほとんどの研究はそこで実施された）に一般的に見られるパターンを示している。しかしロシアやハンガリーでは大きな振幅があり、生活満足度が、セットポイントセオリーや社会的比較理論の言う安定とはほど遠いことがわかる。

信念体系の役割：幸福の源としての宗教と自由選択

　宗教的な人は無信仰者より幸福であるという根拠はいろいろあるが、それらは主に先進民主主義国のデータである[39]。これは世界全体に当てはまるのだろうか？　図8-9は、さまざまな経済発展レベルにある100か国（地域）以上を対象に、生活満足と宗教の関係を示している。縦軸を示すラインは宗教と生活満足の間に相関がないというゼロ点を表す。このラインの右側の国は正の相関があり、左側の国は負の相関がある。図からわかるように、大部分の国に正の相関が見られる。信心深い人はそうでない人よりも幸福になる傾向があるということだ。79か国（地域）が統計的に有意な正の相関を示し、6か国が有意な負の相関を示している。また、23か国には有意な相関が見られない。統計的に有意な相関を示す国の93%で、宗教性と生活満足の間に正の相関が見られることになる。

　世界人口の20%を占める中国は最も重要な例外で、宗教と生活満足の間に負の相関がある。これは、中国の信心深い人たちのほとんどは最近、宗教に頼るようになったという事実を反映しているのではないか。中国で宗教性を測定した最初の調査（1990年）では、神が生活においてとても重要だ（10段階で9または10）と考える人はほんの一握り（1.2%）だったが、2012年にはそれが4.7%になった。きわめて低いベースラインからスタートしたものの、宗教的な人の割合が4倍近くになったわけだ。宗教は長い目で見て主観的幸福に資する可能性があるが、中国で宗教を信じる人の大半は、恐らくは自分が不幸だから最近、宗教に頼り出したと考えられる。長期的には宗教は主観的幸福に貢献

第 8 章　変化する幸福の源

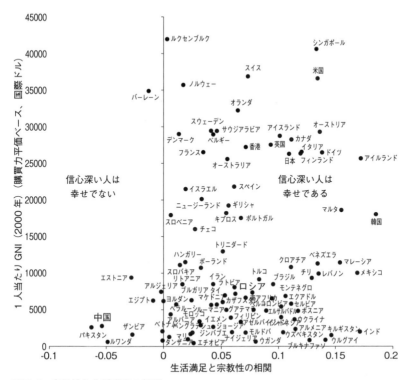

図 8-9　宗教性と生活満足の相関
生活満足と宗教性のスコアは世界価値観調査（1981〜2014 年）より。1 人当たり GNI（購買力平価ベース）は、世界銀行 2000 年データより。

するかもしれないが、どうやら生活に満足できない人から新しい信者を取り込んでいる感がある。この解釈を裏づけるように、宗教と生活満足に負の相関がある他の国々のほとんどは、生活満足度が低い低所得国である[40]。

第 4 章で、最低 15 年間の時系列データが入手できるすべての国について、1981〜2014 年の宗教重視の度合いの変化を見たところ（対象期間の中央値は 23.5 年）、定説とは逆に、世界的な宗教の復興は確認できなかった[41]。むしろ高所得国のほとんどで、宗教重視の度合いは低下している。だが中には、宗教重視度が高まった国もあり、その増加幅が最も大きかった 7 つの国はすべて旧共産主義社会（ロシア、ベラルーシ、ブルガリア、中国、ルーマニア、ウクライナ、

スロバキア）である。宗教性の絶対的レベルはイスラム主流国が最も高いが、宗教性の増加幅が最も大きいこれらの国では、宗教がイデオロギー上の空白を埋めるために拡大しているように思える。

選択の自由が増すと幸福も増すか？：主観的幸福度の変化の原因を探る

　進化論的近代化論では、過去30年間の変化が幸福の増大につながった主な理由は、この変化によって自己表現重視の価値観が高まり、選択の自由が重要視されるようになったからだとする。

　価値観調査の対象期間中に、選択の自由があるという意識を国民がどの程度持っていたかは、3つの主要な介在要因から推測できる。第一に、比較的大きな経済成長を経験した国の人々は自由選択意識が高まった。つまり、経済的困窮は自由選択を著しく制限するが、リソースの増大は自由選択を拡大する。民主化も同じく重要である。民主化レベルが上がった国の人々もやはり自由選択意識が高まった。実際、この間に独裁支配から民主主義へ移行したすべての国で、自由選択意識が高まっている。しかし意外かもしれないが、社会的寛容度の高まりのほうが、経済成長や民主化よりも自由選択意識に対する影響が大きい。

　社会が裕福になると、生存への脅威が弱まり、人々はジェンダー間の平等や社会の多様性に寛容になる。女性の役割、民族の多様性、新たな生活様式に関する社会規範がよりオープンになり、人々の生き方の選択肢が広がる。この四半世紀、多様性に対する寛容度は大幅に高まった。たとえば、同性愛は決して認められないと主張する回答者の割合は、1981年の33%から2011年頃には15%まで低下した（両時点のデータが入手可能な国々の調査結果）。女性に対する差別的な態度も同じく低下する傾向が多くの国で見られた。

　国が裕福になると、収入や所得が主観的幸福に与える影響は減り、個人の自由の影響が大きくなる。基本的欲求をほとんど満たせないときは、経済的要因が幸福や生活満足の決め手になる。だが社会が安定するにつれ、自由選択や自己表現が優先されるようになり、それらが幸福の形成において重要な役割を果たし始める。

　進化論的近代化論では、過去30年間の変化が幸福の増大につながった主な

第 8 章　変化する幸福の源

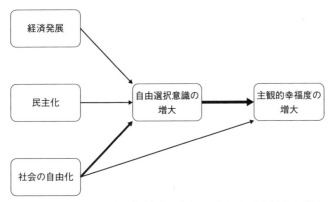

図 8-10　主観的幸福度の「増大」に資する要因（56 か国の初回調査から直近の調査）
Inglehart et al., 2008, p. 28 の図に基づく。

理由は、選択の自由が拡大したからだとする。そして、各国の最初の調査から直近の調査までの主観的幸福度の変化を分析すると、自由な選択ができるという感覚こそが、主観的幸福度の増減に圧倒的に重要な影響を及ぼすことがわかる。価値観調査の時系列データがそろっている国の 79% で、自由な選択ができ、自分の人生をコントロールしているという感覚が高まっていた。また、自由を感じる度合いが高まった国はほぼすべて、主観的幸福度もアップした。つまり、進化論的近代化論が主張するように、ここ数十年の変化は、主に自由選択を拡大することで幸福に貢献してきたと考えられる。

図 8-10 はパス解析の結果をまとめたものである。パス解析とは、因果関係を分析するための統計手法である[42]。これは動的モデルで、モデル内の他の変数の影響を調整して、ある変数の変化の後に他の変数がどの程度変化したかを表し、前述の横断分析よりも因果関係を的確に検証できる。かなり長い期間（1990 年前後の平均 20 年以上）のデータが入手できる全 56 か国で観察された変化を分析した[43]。矢印の幅は、それぞれの要因の相対的な影響度を示す。

この図が示すように、1 人当たり GDP の増加も、民主主義レベルの上昇も、自由選択意識の統計的に有意な増大につながった。だが、社会の自由化（外集団に対する寛容度の増大によって測定）は、自由選択感覚の増大につながる傾向

がより強かった。次いで、自由選択意識の増大は、主観的幸福度の増大（幸福度と生活満足度に基づく指標で測定）にもっとも大きな影響を及ぼしていた。経済発展と民主化の影響は、それによって自由選択意識が高まるという事実に負うところがほとんどだが、社会の自由化は、主観的幸福度にわずかながら直接の影響も及ぼしていた（両者をつなぐ矢印で示されている）。

　ある国がこの期間に経験した経済発展、民主化、社会の自由化の増大によって、自由選択意識の増大の44％を説明できる。さらに、これら経済発展、民主化、社会の自由化の増大に自由選択意識の増大を加えると、主観的幸福度の増大の62％を説明できる。

　宗教性は主観的幸福との横断的つながりが大きいが、ここで分析される主観的幸福度の変化には大きな影響を及ぼさない。つまり、宗教的な人はそうでない人よりも幸福になりやすいが、宗教重視の拡大は幸福度の増大とは関連していなかった。実際、既出のデータからは、宗教性の高まりは比較的不幸な国で見られるように思われる。

　私たちの発見は、幸福に関する研究は経済成長だけに焦点を当てるべきではないという主張の裏づけになる[44]。経済成長は主観的幸福に大きく資するものの、ここで調べた要因の中では影響力が最も弱い。

　高所得国の人々の主観的幸福度が比較的高い理由は、生き方の選択の自由が比較的大きいからだ。1989年以降、十余りの国がより民主化した。また、ほぼすべての中高所得国がジェンダー間の平等を支持し、外集団に寛容になった。そのすべてが、人々の選択の自由を広げている。時系列データが入手可能な国の大部分で、1981年以降、自由な選択ができ、人生をコントロールしていると答えた人の割合が増加している。ヘドニック・トレッドミルや社会的比較モデルでは、こうした事実が度外視されている。低位の国はいつまでも低位のままだというのである。だが、すでに見たように、1981年から2014年にかけて、圧倒的大多数の国で主観的幸福度が上昇した。

　主観的幸福度が永遠に上がり続けるとは思わない。だが天井効果はさておいたとしても、私たちが調査した期間には、好材料がいくつも同時に観察された。多くの低中所得国はきわめて高い経済成長率を達成した。富裕国では経済成長はそれほどでもなかったが、社会の自由化が大いに進み、ジェンダー間の平等

や同性愛に絶対反対の人は1981年の半分以下になった。この同じ時期、十を超す国が民主化を経験したが、これは一度きりの現象だろう。1981〜2007年に起きたような急激な経済成長や社会の自由化が将来にも起きるとは考えにくい。

結論

　ここに示す研究結果からは、遺伝的決定論やセットポイントセオリー、社会的比較理論が述べるように、社会全体の主観的幸福度は永続的変化の影響を免れないことがわかる。これらの要因は何の影響も及ぼさないどころか、大きな影響力を持つことが有力なデータからわかる。また、安定した高所得国ではかなりの期間、それらの要因が主流を占めることもある。しかし、国の政治的・経済的システムや信念体系の崩壊など、非常に大きな出来事が起きると、社会全体の幸福度や生活満足度は大きな変化を遂げることがある。
　ヘドニック・トレッドミル・モデルは修正が必要だが、放棄すべきではないと思われる。最近の研究では、遺伝的要因が主観的幸福に重要な影響を及ぼすという有力な証拠が得られている。また、人は変化に適応する、したがって主観的幸福度は一定のレベル周辺で変動するという、同じように有力な証拠もたくさんある。だが、かつての解釈のように、これらの要因が関連するすべてというわけではない。ヘドニック・トレッドミル・モデルは、他の要因が一定のときしか有効ではない。通常時（たとえば米国が第二次世界大戦以降経験した、長き繁栄と安定した民主主義の時代）の幸福度の変化を説明するには、それで十分だろう。だが、共産主義の崩壊に伴って起きた生活満足度の急落や、1981〜2014年に大部分の国で見られた幸福度の上昇を説明することはできない。
　歴史的、文化的、制度的な要因は主観的幸福に大きな影響を及ぼす可能性がある。これらの要因は過去の研究ではほとんど注目されなかった。というのも、研究のほとんどはひとつの国で実施され、歴史や文化、国の制度は一定不変だったからだ。同様に、主観的幸福に対する遺伝的な影響に関する研究も、そのほとんどはひとつの国で、比較的短い期間に行われたため、主観的幸福は比較的狭い範囲でしか変化しない。この範囲内では、ほとんどの変化を遺伝的要因で説明できるかもしれない。だが、ある社会の経済的・政治的制度や信念体系

は主観的幸福感の形成に寄与しており、視点をほかの社会に移せば、あるいは特定の社会を時系列に沿って追跡すれば、遺伝的要因では説明できない大きな変化が見つかる。

　信念体系は、国全体の主観的幸福に関して大きな役割を果たすと思われる。経済的要因は低所得国の主観的幸福に大きく影響しそうだが、発展の度合いが高い国では進化的・文化的な変化が起こり、それを通じて人々は自己表現や自由選択を重視するようになる[45]。近代化が成功すると、高い水準の繁栄がもたらされ、自己表現重視の価値観へのシフトが起き、それが社会連帯、寛容、民主主義を促進する結果、主観的幸福度が高まりやすくなる。その意味で、生存重視の価値観から自己表現重視の価値観へのシフトは、文化的進化の成功事例のひとつである。

　近代化は必ずしも社会全体の幸福度を押し上げるものではない。主観的幸福は様々な要因から構成されるため、経済発展だけでは幸福感の上昇が担保されないからだ。にもかかわらず、生活満足とその国の一人当たりGDPの間に0.6の相関関係があるということは、発展が幸福感の上昇をもたらす傾向があることを示唆してはいる。しかしその関係は決定的というよりは蓋然的なもので、飢餓レベルの困窮からそこそこの経済レベルに移行するにつれて自由と社会的寛容がより重要となり、より高度な発展を迎えた段階でペイオフされる。歴史的に見ても、採集社会時代の人々は、初期農耕社会時代の人々よりも背が高く、滋養もあり、より自律的だった傾向があり、採集社会から農耕社会の移行によって社会全体の幸福度が押し上げられたわけではないことが示唆されている。

　人工知能社会の到来は急激な不平等をもたらし、全体の幸福度が押し下げられるかもしれない。しかし1980年から2014年についていえば、運よく状況が組み合わさって経済発展と自由の拡大に結びつき、ほとんどの国の人々に幸福をもたらした。

　近代化が可能になるよりずっと前に、伝統的な社会は人間の存在や必要性についての意味や意義に焦点をあてる方法を進化させてきた。だから今日の宗教は──貧しい国（幸福度が比較的低い）で特に盛んだが──幸福に資するものとなっている。信仰も自由も幸福に貢献するもので、このふたつはある程度、互いに補い合うことができるが、幸福に資する高度の自律と信念体系の両方を

社会が保持できない理由はない。

　このように考えれば、中南米の多くの国々が経済水準から予測される以上の主観的幸福度を達成した理由を説明できるかもしれない。この数十年、ほとんどの中南米諸国は民主的な制度を実現し、ジェンダー間の平等に関しても同性愛の容認に関しても、驚くほど急速に社会の自由化を果たす一方で、比較的高いレベルの信仰や国家への誇りを維持している。バランスをとりながら、伝統的な方法と近代的な方法の両方の「いいとこ取り」で幸福を実現しているのだ。

　以上の結果は、社会学者や政策立案者にとって重要な意味を持つ。つまり、人間の幸福は固定されたものではなく、信念体系や社会政策の影響を受けうるということである。

第9章　静かなる「逆革命」
——トランプの登場と独裁的ポピュリスト政党の台頭*

概要

　生存が当たり前と思えるようになると、人は新しいアイデアを受け入れ、外集団に対して寛容になる。生存が不安定だと逆の効果がある。すなわち権威（独裁）主義的反射行動が促され、人々は強力なリーダーを先頭に集団内結束を固める。内集団の連帯が強まり、集団規範が厳格に守られ、外集団が排除される。第二次大戦後に先進民主主義国が経験した30年にわたる異例の安定は、環境保護政党の台頭や民主主義の広がりなど、広範囲の文化的変化をもたらした。1975年以降、経済成長は継続したが、高所得諸国ではその果実はほとんど上位階層の人々によって享受された。多くの人々、特に教育水準の低い人たちの生存への安心感が低下した結果、英国のEU離脱、フランスの国民戦線（現・国民連合）、ドナルド・トランプ大統領の誕生など、排外的・独裁的なポピュリスト運動への支持が高まった。これは2つの疑問を提起する。(1)高所得諸国ではなぜ排外的・独裁的な動向が支持されるのか？　(2)なぜ高所得国では数十年前よりも排外主義が高い支持を得ているのか？　2つの疑問に対する答えはそれぞれ異なる。

　排外的・独裁的なポピュリスト運動への支持は、文化的変化に対する反発が原動力になっている。世代間の価値観の衝突が長引くなか、当初から、脱物質主義者の出生コーホートは環境保護政党をかなり支持していたが、生活があまり安定しない年長の人たちは排外的・独裁的なポピュリスト政党を支持していた。だがこの30年間は、強い時期効果のせいで排外的政党への支持が高まっている。多くの人々の実質所得が減少し、雇用の安定が崩れ、さらに大量の移民や難民が流入したからである。ある種の人たちが排外的・独裁的なポピュリスト運動を支持する理由は文化的反動で説明できるが、こうした運動への支持が30年前より拡大したのは、生存への安心感の低下が理由である。

静かなる革命から権威主義的反射行動へ

40年以上前、自著『静かなる革命』で次のように論じた。生存が当たり前という環境で育った人たちは、新しいアイデアを受け入れ、外集団に対して寛容になる——。その結果、すでに見たように、先進民主主義国が第二次大戦後に経験した、未曾有の生存への安心感の高まりによって、脱物質主義的価値観への世代間シフトが生じ、表現の自由、民主化、環境保護、ジェンダー間の平等、同性愛者や障がい者、外国人に対する寛容が重んじられるようになった[1]。

生活が不安定だと逆の効果が生じる。人類はほとんどの間、食べるのに精一杯という生活を続けてきた。窮乏状態にある者にとって、排外主義は現実に起きる問題だ。ある部族の土地で、その部族が食べる分しか食料がとれないとき、そこへ別の部族が入ってきたら、どちらが生き残るかという争いが始まる。不安定な生活は排外的な権威主義的反射行動を喚起する。反対に、第二次大戦後の高水準の生存への安心感は、自由選択の余地を拡大し、部外者を受け入れやすくした。

戦後の先進国は平和と未曾有の繁栄を謳歌し、高度な福祉国家となったため、生存はかつてないほど安定的なものになった。戦後の出生コーホートは生き残ることが当たり前のように育ち、脱物質主義的価値観への世代間シフトをもたらした[2]。生存は何よりも大切な目標であるから、それがままならないときは、人は生き残ることばかりを考える。反対に、生存が当然視されるときは、性的指向から民主的制度まで、あらゆる面で新しい規範が生まれてくる。脱物質主義者は、経済的・物質的安定を何よりも重んじる過去の価値観に比べて、体制に順応せず、新しいアイデアを受け入れやすく、権威主義になびかず、外集団に寛容である。だがこうした価値観は、経済的・物理的な安定度の高さに依存しているため、低所得国に現れることはなく、高所得国の安定した若年層に広く見られる[3]。

第二次大戦後の30年間に先進民主主義国が経験した急速な経済成長と経済的・物理的な安定は、広範な文化的変化をもたらし、環境保護政党の台頭や民主主義の拡がりに寄与した。

この30年間の異例の安定によって、ジェンダー間の平等が高まり、外集団への寛容性が拡大し、環境保護や個人の自律がより重視されるようになった。

その間も、これらの国々は経済的に成長し続けたが、その果実のほとんどが上位10%層の人々のものとなったのに対して、教育水準の低い人たちの実質所得は減少し、相対的位置が急激に低下した。同時に大量の移民も、独裁的なポピュリスト政党への支持を後押しすることになった。

脱物質主義は自ら墓穴を掘った面がある。なじみの価値観が損なわれることを恐れた、経済的に安定しない年長者層は急激な文化的変化に対して最初から反応を示した。ピエロ・イグナツィはヨーロッパでの極右政党の台頭を「静かなる逆革命」と呼んだ[4]。文化的変化に対する物質主義者的な反応が、フランスの国民戦線(現在は国民連合)のような排外的政党の出現につながった。これによって社会階級的投票行動は減少し、20世紀の大半において再分配政策を行った、労働者階級志向の左派政党は弱体化した。さらに、脱物質主義者が新たにもたらした非経済的争点のせいで、旧来の左派・右派的な経済的争点がかすんでしまい、人々の関心は再分配から文化的な問題に移った。これが格差拡大をいっそう後押しする形になった[5]。

40年前の『静かなる革命』では、戦後に現れた高度経済繁栄国家および先進福祉国家の意味を探った。本書では、高度先進国が新たに突入しようとしている人工知能(AI)社会の影響について検討する。この新しい時代は素晴らしいチャンスに満ちているが、経済的には「勝者総取り」で、格差を拡大する。しかるべき政策で補わない限り、戦後に出現した民主主義や文化的開放性は損なわれてしまう。

文化的反動と、排外的・独裁的なポピュリスト政党の台頭

脱物質主義的価値観への世代間シフトによって、平和、環境保護、人権、民主化、ジェンダー間の平等を重んじる趨勢が支持されるようになった。こうした動きはまず、1968年頃、富裕国の政治世界に姿を現した。戦後世代が政治に影響を与える年代になり始めた時期、いわば学生運動時代の幕開けである[6]。若年コーホートが高齢コーホートに取って代わるなか、この文化的シフトが脱工業化社会を変容させてきた。

『静かなる革命』は、脱物質主義者の数が増えると、非経済的な争点が政治分野に新たに持ち込まれ、社会階級対立が減少するだろうと予測した。脱物質

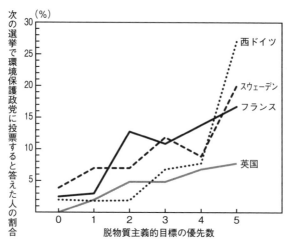

図9-1 環境保護政党への投票意向と脱物質主義的価値観
（環境保護政党がある4か国）
出典：Inglehart, 1997: 243.

主義者は経済的に安定した高学歴層に集中しているが、社会変革に比較的前向きである。したがって、伝統的で安定した保守政党支持層が出身母体であるにもかかわらず、彼らは政治的・文化的な変革を支持する政党に引き寄せられていった。

　これは当初から、なじみの価値観が脅かされると感じた、経済的に不安定な年長者の間の文化的反動のきっかけになった。20年以上前、私はこれが排外的なポピュリスト政党への支持を後押しするだろうと述べ、現在にも大いに当てはまる構図を提示した。

　　物質主義者か脱物質主義者かという枠組みは、西ヨーロッパにおける政治的二極化の新しい軸になった。……1980年代、環境保護政党が西ドイツ、オランダ、ベルギー、オーストリア、スイスに登場した。1990年代に彼らはスウェーデンとフランスで大躍進し、英国でも大きな支持を得始めている。いずれの場合も、これらの政党はきわめて脱物質主義的な人たちから一貫して支持されている。図9-1が示すように、物質主義から脱物質主

第9章　静かなる「逆革命」

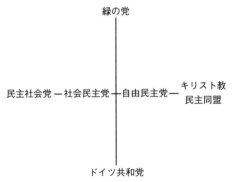

図9-2　ドイツにおける社会階級ベースの左派・右派軸と、ポストモダンの政治軸
出典：Inglehart, 1997: 245.

義へ向かうほど、自国の環境保護政党への投票意向が急激に高まる。……純粋な脱物質主義者は、純粋な物質主義者の5倍から12倍、環境保護政党に投票する可能性が高い。

西ドイツは、環境保護政党が初めて大躍進を遂げた工業大国である。1983年、緑の党は5％のハードルを突破して西ドイツ議会進出を果たした。だが最近、緑の党は、文化的保守主義や排外主義を特徴とするドイツ共和党と対立している。1994年の国政選挙で、緑の党の得票率は7％。一方のドイツ共和党は、ナチスの後継者の汚名を着せられて2％の得票率にとどまり、議会進出はならなかった。それでも、排外主義勢力はすでにドイツ政界に大きな影響力を持っており、既存政党もドイツ共和党支持者を取り込むべく政策を転換させている。そうした動きのひとつに、ドイツ憲法の修正がある。外国人の流入を減らすため、政治亡命の権利を保証した条項を、議会の3分の2の賛成で1993年に削除したのである。

　ドイツでの緑の党の台頭は、単なる環境政党ではないという点でも大きな影響を及ぼした。彼らは現在主流の工業モデルとは基本的に違う社会を築こうとしている。一方的軍縮から女性解放、同性愛者の権利、身障者の権利、移民の市民権まで、ポストモダン的な幅広い理念を積極的に支持し

ている。(Inglehart, 1997: 243-245)

　図9-2が示すように、緑の党とドイツ共和党は「新しい政治」の両極に位置する。ドイツ共和党は自らを「反環境政党」とは呼ばないし、緑の党も自身を「移民支持政党」とは呼ばないが、環境や移民をはじめとする主要な問題で、両党は正反対の政策を唱える。一方の極は「静かなる革命」のダイナミクスを反映し、反対する極は、排外的・独裁的政党への支持を促す権威（独裁）主義的反射行動を反映している。

　比較的古い政党は、伝統的な左派・右派の軸上（図9-2の水平軸）にある。この対立軸ができたのは、政治的亀裂のほとんどが社会階級対立だった時代である。民主社会党（旧共産主義）が極左で、社会民主党、自由民主党と続き、キリスト教民主同盟が右派である。緑の党は左派と思われがちだが、実際には新しい軸に位置づけられる。伝統的に、左派政党は労働者階級を支持者とし、所得の再分配を訴えた。対照的に、脱物質主義左派は主に中流層にアピールし、昔ながらの左派の主張にはあまり関心がない。しかしながら、政治的・文化的変化にはかなり前向きで、左派の伝統的支持層である労働者階級と衝突し、排外的・独裁的政党の台頭を促進している。伝統的な保守政党という意味合いでこれを極右政党と表現する人も多いが、それでは誤解を招きかねない。伝統的な右派は比較的裕福な層の支持を得て減税や規制緩和に重きを置くが、独裁的ポピュリスト政党の支持基盤は幅広い低学歴層で、外国人排斥や急激な文化的変化への抵抗を示すのである。

　図9-2の縦軸は、脱物質主義的価値観と排外的・独裁的価値観の二極化を示している。この新しい政治軸の一方の極は民族多様性やジェンダー間の平等を受け入れ、他方の極は排外的・独裁的な価値観を重視する。

　図9-3が示すように、5つの先進工業国において、純粋な物質主義者の70%が逆アファーマティブアクションを政策として最初から支持した。つまり「就職難の時代には、雇用者は移民より自国民を優先すべきだ」という考え方である。純粋な脱物質主義者では、自国民を優先すべきだと考える人が25%しかいなかった[7]。同様に、移民や外国人労働者を隣人にしたいかという問いに対して「そう思わない」と答えた人の割合は、物質主義者が脱物質主義者の6倍

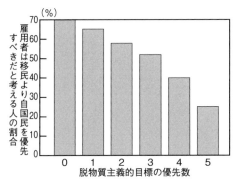

図9-3 就職難の時代には、移民より自国民を優先すべきだと考える人の割合（米国、英国、フランス、西ドイツ、スウェーデン）
出典：Inglehart, 1997: 247.

にのぼった。

「新しい政治」の軸は、フランス、デンマーク、スウェーデン、スイス、オランダ、イタリア、オーストリアなど、他の多くの国にも出現した。新しい政党が成功するかどうかは、その国の制度的制約の中でいかにうまく人々にアピールするかにかかっている。たとえば二大政党制は、新しい政党を阻害する傾向がある[8]。だが2016年、新しい政治運動は二大政党制をとる米国を席巻し、それぞれの政党内部で大きな動乱を生じさせた。共和党では、生活が安定しない年長有権者の支持を受けたトランプが大統領候補となり、民主党では、高学歴の若者に支持されたサンダースが大統領候補選で善戦した。

なぜいま、排外的な独裁主義が30年前より力を持つのか？

独裁的なポピュリスト政党を後押しする、脱物質主義に対する反動は、いまに始まったものではなく、数十年前からある。新しいのは、これらの政党がかつては非主流的な存在だったのに、現在は主要国の政権を奪いかねないという点だ。

排外的・独裁的なポピュリスト政党の台頭は、2つの大きな疑問を投げかける。(1)人々がこうした動きを支持する動機は何か？　(2)なぜ排外的な独裁政党が数十年前より多くの票を集めるのか？　先述したように、2つの疑問に対

する答えは異なる。

　こうした政党への支持は、経済的要因よりも、脱物質主義者や自己表現重視の価値観の台頭とリンクした文化的変化への反動によるものだ。ポピュリストが票を集める直接の原因は、文化的変化が広まり、外国人が入り込むと、子どもの頃からの生活様式が損なわれるという不安の拡大である。極右と呼ばれることも多い[9]欧米のポピュリスト政党に共通しているのは、移民や文化的変化への反応である[10]。実際、これらの政党は「極右政党」などと呼ぶよりも「反移民政党」と呼ぶべきだ、と主張する専門家もいる。なぜなら、それこそが彼らに共通の特徴だからである[11]。伝統的・独裁的・ナショナリスト政党と呼ぶ人もいる[12]。私は「独裁的（権威主義的）ポピュリスト政党」と言ってもよいと考える。

　この分野の権威であるハーバート・キッチェルトは次のように結論づける。「極右（急進的右派）は、スキルや資格が十分でない都市部労働者という『新しい社会的亀裂』に生じた憤りの政治の表れであるという考え方や、彼らの台頭はすべて、ヨーロッパにおける失業や就業不安の拡大のせいであるという考え方を、疑ってみる必要がある」[13]。カス・ムッデも、これら政党の台頭を経済的理由だけで説明することに懐疑的だ[14]。

　所得や失業率といった経済的要因は、独裁的ポピュリストに対する支持の予測材料としては驚くほど弱い[15]。2016年の米大統領選の出口調査では、経済問題に関心の高い人たちがクリントンに投票し、移民を最も重要な問題と考えた人たちがトランプに投票したことがわかる[16]。

　大統領就任後も引き続き、トランプへの支持は経済的要因よりも世代間の文化的亀裂に基づいていた。図9-4aが示すように、2017年3月時点でトランプに好意的な人の割合は、30歳未満ではわずか20%なのに対し、65歳以上では52%だった。つまり、高齢層は若年層よりもトランプ支持の可能性が2倍以上高い。所得は、トランプ支持の予測材料としては弱かった。図9-4bが示すように、家計所得が5万ドル未満の人は10万ドル超の人に比べてトランプ支持率が少し低い程度で、所得との直線的な関係は見られなかった。

　32か国を対象にした欧州社会調査データの分析によると、独裁的ポピュリストへの支持が最も高いのは、低賃金の肉体労働者ではなく小規模事業主であ

第9章　静かなる「逆革命」

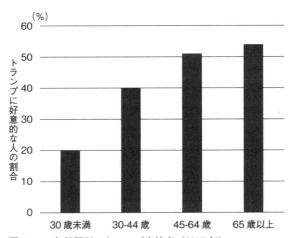

図 9-4a　年齢層別のトランプ支持率（2017年）
出典：エコノミスト／YOUGOV 調査（2017年3月13〜14日）

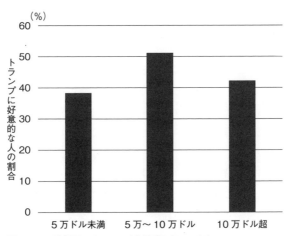

図 9-4b　所得別のトランプ支持率（2017年）
出典：エコノミスト／YOUGOV 調査（2017年3月13〜14日）

る[17]。独裁的・排外的ポピュリスト政党に対する支持を予測できる要因として際立っていたのは、5つの経済変数のうち「雇用状況」ひとつだけだったが、「反移民」「権威主義的価値観」など5つの文化的要因はすべてポピュリスト政党支持と強くリンクしていた。独裁（権威）主義的なポピュリスト政党への支持者は、年長世代、低学歴者、男性、信仰をもつ層、民族的多数派に集中している。いわば伝統的な文化的価値観の持ち主である。失業率は若者のほうが高いにもかかわらず、年長の有権者は若年有権者よりもこうした政党を支持しやすい。また、女性のほうが賃金は安くなりがちなのに、独裁的ポピュリスト政党を支持しやすいのは女性よりも男性である。

この30年間、独裁的・排外的ポピュリスト政党を主に支持してきたのは、年長の物質主義者である。だが30年前には、ドイツ共和党やフランス国民戦線は比較的小さかった。2016年9月、「ドイツのための選択肢」（共和党の継承者）は支持率が13％にのぼり、ドイツ第三の政党に躍り出た[18]。そして2017年、国民戦線のリーダーがフランス大統領選の候補者二人のうちの一人となった。他の条件が同じなら、若い脱物質主義者の出生コーホートが年長コーホートに取って代わるなか、こうした政党への支持は下がるはずである。だが、世代間変化を扱うときは、出生コーホート効果だけでなく、現状ないしは「時期効果」を考慮しなければならない。この点を見ていこう。

これまでで最大級の出生コーホート分析では、1971～2009年にほぼ毎年実施された調査を分析し、数十万人へのインタビューをもとに、西ヨーロッパ6か国の人々の物質主義者的価値観から脱物質主義者的価値観へのシフトを追跡している（第2章でこの分析を詳しく紹介している）。図9-5は、その結果を単純化したモデルである。若い出生コーホートは最初から年長の出生コーホートより脱物質主義の傾向が強く、その傾向は変わっていない。コーホート分析によると、ほぼ40年たっても、各出生コーホートの脱物質主義的傾向は最初とほぼ同じである。年齢を経ても物質主義者になることはなかった。つまりライフサイクル効果は見られない。したがって、世代による人口置換は、物質主義者的価値観から脱物質主義者的価値観への長期的なシフトをもたらした。しかし、経済の現状を反映した時期効果も顕著だった。1970年から1980年にかけて、大幅な景気後退を受けて全年齢層が物質主義者の傾向を強めたが、その後の景

第9章 静かなる「逆革命」

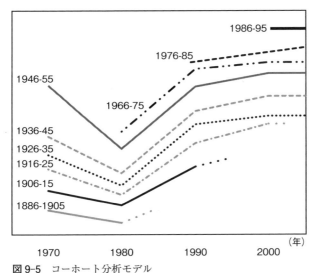

図9-5 コーホート分析モデル
西ヨーロッパ6か国の脱物質主義者の比率から物質主義者の比率を引いた値
(1971～2009年)

気回復によって脱物質主義者の比率も回復した。

どの時点でも若年コーホートは、排外主義的政党を支持しやすい年長コーホートよりも脱物質主義者である（かつ環境保護政党を支持しやすい）。だがどの時点でも、社会経済状況により、人口全体が物質主義者になり排外主義的政党を支持しやすくなったり、あるいは逆になる可能性がある。

物質主義／脱物質主義的価値観に関するこの分析と同様、排外的ポピュリスト政党支持に関するコーホート分析を実施するための大規模データベースはないものの、排外的政党への支持を高める強い力が働いてきたのは明らかである。排外的ポピュリストへの投票と年齢との強い関係で特徴的なのは、1990年代すでに明らかとなっていた世代間の差違パターンを反映して若い人よりも年長者の方がこうした政党に投票する傾向が続いているということだ。

通常ならこうした世代間の差異は、若くあまり排外主義的でない出生コーホートが成年人口に占める割合が高まるにつれて、独裁的ポピュリスト政党への支持は徐々に低下させていくことになる。しかし実際にはこの30年間でこ

うした政党への投票数が伸びている。これは人口置換効果を十分相殺するほどの強い時期効果の存在を示唆している。これほど強い時期効果をもたらしているものは何だろうか。

　圧倒的に明らかな要因は二つある。この分野の専門家の多くも指摘するように、一つは実質所得の低下と経済的不平等の高まりである[19]。この解釈は経済的不平等が排外主義を招くことを示す多くの証左とも一致する。しかし実証データによれば、独裁的ポピュリストへの投票は経済的要因よりもむしろ文化的反動によって推進されていることが一貫して示されており、驚くべきことに経済的要因はポピュリズム票に結びつく主な予測因子ではないのだ。経済の不安定化が独裁的ポピュリスト票に結びつく根本的な原因ではないものの、その重要性を強調した専門家が間違っているわけではない。経済の不安定化は因果関係の初期プロセスで重要な役割を果たしており、独裁的ポピュリストへの支持がなぜ今日、30年前よりはるかに強いのかを説明する助けとはなる。

　独裁的ポピュリスト支持への長期シフトを後押しした第二の要因も同じく明らかで、それはいまだかつてないほどの高所得国への移民流入である。二つの要因は関与しあい、互いに補完しあう。大量の移民流入は、スウェーデンやデンマーク、ドイツ、オランダなど、安定していて最近までは寛容だった国でなぜ、独裁的ポピュリストが勢力を持っているかを説明する助けとなる。これらの国は、きめ細やかな社会福祉が備わった豊かな国で、(最近まで)難民と移民が比較的あたたかく受け入れられていたことから、多くの移民流入の対象となってきた。移民や難民たちはイタリアかギリシアを経由してEU圏に入国しても、北欧の方が条件的にも魅力的なため、滞在したいと思う移民はほとんどいない。

　ここ数十年、高所得国の大部分の人々が実質所得を減らし、雇用が不安定になり、所得格差が拡大し、その結果、生存の不安が高まった。これらの現象は移民や難民が大量に入り込んできたという文脈で起きたものである。本書では多くの情報源から、不安定性が集団内の結束や排外主義と結びついた権威(独裁)主義的反射行動を引き起こすことを示す広範なデータを提示してきた。最近の調査でも、人々が不安定な時に排外主義が高まることが確認されている[20]。史実からも同じ結論が指し示される。1928年の比較的安定した条件下では、

第9章 静かなる「逆革命」

ドイツの有権者はナチスを過激な弱小政党と見なし、国政選挙での得票は3%にも満たなかった。だが大恐慌が始まると、ナチスは1933年に44%の票を獲得し、議会で最大の政党になった。その時代、スペインから日本まで数々の国がファシストの支配下に入った。

同様に2005年、預言者ムハンマドの風刺画がきっかけでデンマーク領事館が放火され、神への冒瀆を禁じるイスラム令は言論の自由に優先されるとの怒りの声が巻き起こったときも、デンマークの人々は実に寛容だった。風刺画危機真っ只中の2005〜2006年には何の反動もなかった[21]。ところが2007〜2009年の大不況の後に反動が起きた。危機勃発前の2004年、反イスラムを公然と掲げていたデンマーク国民党は7%しか票を得ていなかったが、2014年には27%を勝ち取り、同国最大の政党に躍進した。経済的困窮よりも文化的反動が、デンマーク国民党の得票を予測する最大の判断材料だったが、経済不安の高まりによって同党の得票可能性が増したのである[22]。

どんな時代も高所得諸国では、脱物質主義の若い有権者は物質主義者よりも排外的政党を支持する可能性が低い。だが有権者全体でみると、そうした政党を支持する傾向が高まっている。特定の人たちが排外的政党に投票する理由は、文化的反動で大部分は説明できる。一方、これらの政党が30年前より強い理由は、経済的・物理的安心感の低下でほぼ説明できる。

何十年も実質所得が下がり、格差が拡大し続けたことと、かつてない大規模な移民の流入が相まって、ポピュリスト政党を支持する長い時期効果がもたらされた。このように、ポピュリスト政党支持の近因は文化的反動であるが、現在の高い支持率は、多くの論者が強調するように、経済的安定の低下や経済格差の拡大、大量の移民という状況を反映している。

出生コーホート効果が時期効果と共存できるという事実は、直感的に明らかではないため見過ごされやすい。だが、この事実によって、「経済的要因は特定の人がポピュリスト政党に投票する理由の説明にはならないが、ポピュリスト政党への支持が昔より現在のほうが強い理由の説明にはなる」という逆説めいた考え方を説明できる。また、オバマ（2012年）からトランプ（2016年）へのとりわけ顕著なシフトがなぜ、米国の中でも景気下落を経験した州において起きたのかも、これで説明できる（たとえ個人レベルでは、トランプ支持は文化

的反動が主な動機だったとしても)。

外国人に対する意識の特殊性
　第5章で示したように、ジェンダー間の平等や同性愛に対する好意的な態度は高所得国で急速に広まってきたのに、移民への寛容な態度は広まらなかった。なぜか？
　世代間変化の他の側面と同じように、排外主義にもコーホート効果と時期効果の両面がある。だが、外国人に対する態度は一種独特である。かつてないほど多くの移民や難民の流入が影響を与えたうえに、同じ頃、マスコミがテロ攻撃（犯人はたいてい外国人）のニュースを何度も流し、外国人は危険だという印象を人々に与えていた。この数十年、欧米マスメディアは同性愛や女性解放に対するプラスのイメージを意図的に呼び起こしてきた。それが同性愛者や解放的な女性に対する好意的な見方を促したのは、ほぼ間違いない。一方、外国人のマイナスイメージをマスメディアが意図的に喚起してきたわけではないが、テロを幅広く報じることで同じ効果が生じた。テロ行為はメディアでの露出を最大化するのがねらいであり、その意味では大いに目標を達している。世界価値観調査ではアラビア語圏の9か国も対象になっており、私もアラブ人の友人は多い。私が知るアラブ人のほとんどは魅力的で友好的な面白い人だが、やや誇張していうならば、テレビで見聞きするアラブ人はみんなテロリストである。
　高所得国では、煙草を吸って（あるいは自転車に乗るだけでも）死ぬ危険のほうが、テロリストに殺される危険よりよほど大きい。なのにメディア（特にテレビ）は煙草（や自転車）の危険にはめったに触れず、テロ事件ばかりを報道する。その上、飛行機に乗るたびに検査のためにコートや靴を脱ぎ、鞄を開け、コンピュータを取り出さなければならないので、どの空港にもテロリストが潜んでいるというメッセージがいつの間にか伝わってしまう。
　女性や同性愛者は昔からいた。だが外国人は、大量の移民のせいでもっと目立つようになった。1970年から2015年にかけて、米国のヒスパニック系住民は5%から20%以上に増加。スウェーデンは、1970年にはほぼスウェーデン人だけの国だったが、いまや外国生まれの住民が16%を数える。スイスでは外国生まれの住民が28%以上に増加した。2013年、移民出自のドイツ人がド

イツ人口の20%を占めるようになった。見た目の違う「よそ者」が大量に入ってくると、根深い権威主義的反射行動が引き起こされる可能性がある。これは先史時代の狩猟採集社会に生存と大きく関係して進化した反応かもしれない。この反応はいまも私たちの中にある（そして、第1章で述べたように、こうした傾向は遺伝的な要素を持っている可能性さえある）[23]。急速な文化的変化に大規模な移民が重なった結果、年長者は「もはや自分が育った昔の国とは違う」と感じ、移民阻止を約束する排外的ポピュリスト政党を支持するようになる。

　移民や所得格差拡大に基づく時期効果が、先進国で出生コーホートによる違いを消し去ることはなかった。つまり、学歴の高い若者（脱物質主義者が多い）はそれ以外の人たちに比べてポピュリスト政党を支持する確率がかなり低い。先進社会の若年コーホートの多くの構成員は、多民族環境の安定した条件下で育ち、年長者に比べて多様性を脅威と感じない。そして、付属資料4の図A4-1が示すように、ほぼすべての高所得国で、若者は年長者よりも排外主義に陥りにくい[24]。したがって、経済的・物理的安定の低下が排外的ポピュリズムへの支持を高めたとはいえ、年齢に関わる文化的差異が、やはりポピュリスト政党支持を予測する最大の要因である。

墓穴を掘る：階級に基づく政治から価値観の政治へ

　20世紀を振り返ると、先進国では労働者階級の有権者が概して左派政党を支持し、中・上流階級の有権者が経済的に保守的な右派政党を支持する傾向があった[25]。左派政府は主に福祉国家の規模に対する影響力を通じて、所得の再分配および格差縮小を図ろうとする[26]。階級をベースとした左派政党は、経済的な平等をめざした戦いを成功させていった。

　しかし20世紀も終わりに近づくと、脱物質主義的な考え方を持った戦後世代が登場し、経済的再分配よりも非経済的な争点を重視し始めた。そこへ、文化や宗教の異なる低所得国から大量の移民が入り込んだため、労働者階級の多くの人たちは伝統的な価値観を守るために右派へ転身した。

　昔からの経済的問題がなくなったわけではない。だが相対的な重要性が低下し、西側諸国の政党選挙綱領（マニュフェスト）では、非経済的争点のほうが経済的争点より目立つようになった。図9-6は、13の西側民主主義国で重視

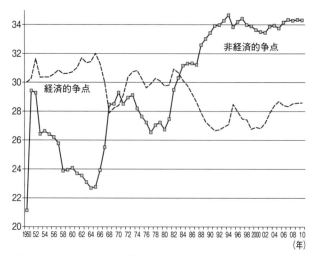

図 9-6 13 の西側民主主義国の政党マニフェストにおける経済的争点と非経済的争点の目立ち方の推移（1950〜2010 年）

出典：オーストリア、ベルギー、カナダ、デンマーク、フランス、ドイツ、アイルランド、イタリア、オランダ、ノルウェー、スウェーデン、スイス、アメリカの政党マニュフェストデータより。Zakharov (2016)。
ザハロフが経済的争点と非経済的争点をどのように分類したかは付属資料の表 A5-1 に示す。

されてきた争点の推移（1950〜2010 年）を示している。1950 年から 1983 年くらいまでは、経済的争点がつねに非経済的問題より目立っていた。だが以降は非経済的争点のほうが目立ち始め、その後も優勢を保っている。

さらに、脱物質主義的な問題の台頭は、階級に基づく政治的二極化を中和する傾向があった。左派支持の社会的基盤が徐々に中流階級へ移る一方、労働者階級のかなりの割合が右派へ移行した。その結果、図 9-7 が示すように、社会階級的投票行動は著しく減退した。労働者階級の 75% が左派に投票し、中流階級でそうする人が 25% しかいないとき、階級投票指数は 50 となる。1948 年のスウェーデンがほぼその状態だったが、2008 年には同国の指数は 24 まで落ちている。しかし、スウェーデンの階級投票指数はまだ比較的高い。フランスとドイツでは同指数が 30 前後から 5 前後へと低下し、米国ではゼロまたはマイナスにまで落ち込んでいる。

第9章 静かなる「逆革命」

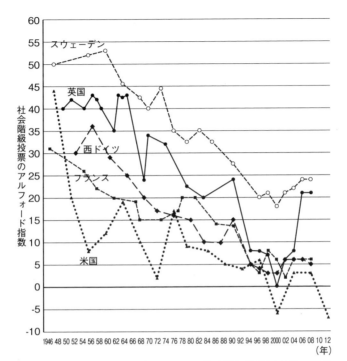

図9-7 5つの西側民主主義国における社会階級的投票活動の推移（1947～2012年）

出典：1947～1992年のデータはInglehart, 1997: 255より。それ以降のデータは、米国はANES調査、それ以外の国はユーロバロメータ調査より。該当年とその前後の年の調査から社会階級投票指数の移動平均を求め、国政選挙調査（British Election Survey 1992, 1997, 2001, 2005, 2010; German Election Study 1998, 2002, 2005, 2009; Politbarometer 2012）のデータで補完。1948～2008年の米国のデータは、Paul Abramson et al., (2015) Change and Continuity in the 2012 Elections. Sage: Los Angeles, pp. 128-129より。非白人のサンプリングは調査全体で一貫していないため、白人の社会階級的投票を反映したデータになっている。2016年選挙の出口調査に基づく同様の指標では、社会階級投票指数はマイナス8。

階級と所得は文化的問題に比べて、政治的嗜好を示す要因としては弱くなった。妊娠中絶や同性婚に反対する人々は、民主党の大統領候補よりも共和党の候補を圧倒的に支持した。2016年の米大統領選では、白人労働者階級の有権者がクリントンよりトランプに投票する傾向が強く、社会階級投票指数は実際にマイナス値を示した。有権者は階級に基づく二極化から価値観に基づく二極

193

化へシフトしており、かつては経済的再分配をもたらした連携がなくなった。

実質所得の減少と所得格差の拡大

　過去40年間、多くの高所得国で半数を占める学歴が低い人々の実質所得や生存の安心レベルが低下してきた。20世紀に入って先進工業国では経済格差が縮小したが、1970年頃以降はトマ・ピケティ（Thomas Piketty）が実証したように、格差が急拡大している[27]。ピケティによれば、1915年にはアメリカ人の上位1％の金持ちが国民所得の18％を稼いでいた。1930年代から1970年代にかけて、そのシェアは10％以下に下がったが、2007年には24％に上昇した。米国だけが特別なのではなく、データが入手可能なOECD加盟国では、ひとつを除くすべての国で1980～2009年に所得格差（税・再分配前）が拡大している[28]。

　ピケティの研究はいくつか修正されたが、先進国で経済格差が拡大しているという彼の主張は明らかに正しい。彼は米国、英国、ドイツ、フランス、スウェーデンの1900～2010年の所得格差の推移を分析している。データによれば、20世紀初め、ヨーロッパ4か国はすべて米国よりも所得格差が大きく、上位10％の層が総所得の40～47％を占めていた。その後、格差はかなり縮小し、1950～1970年には上位10％のシェアが25～35％だった。1980年以降、所得格差はまた広がり、米国では上位10％が総所得の約48％を占めている。

　図9-8の5つの国すべてがU字型のパターンを示しているが、各国の政治制度を反映したと思われる大きな違いがある。結局のところ、経済格差は政治の問題だからである。突出しているのはスウェーデンだ。20世紀初めには米国を大きく上回る格差だったが、1920年代には他の4か国を下回る水準になり、それは現在も続いている。米国では2010年に上位10％が総所得の半分近くを占めたが、スウェーデンでは28％にすぎなかった。長らく政権を握ったスウェーデン社会民主労働党が導入した先進福祉国家という文化が、長きにわたって影響を及ぼしたと思われる。反対に、1980年代にロナルド・レーガンやマーガレット・サッチャーが率いた新保守主義体制は、労働組合を弱体化させ、国の規制を大幅に緩和した。その遺産の下、米英の保守主義者はほとんど宗教的とも言える熱意で政府の支出を減らそうとしている。いまや両国は、他の先進

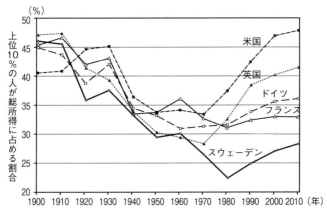

図9-8 ヨーロッパと米国の総所得に占める上位10%の人の割合（1900〜2010年）

出典：Piketty, 2014: 323. 同氏のデータソースは http://piketty.pse.ens.fr/capital21c に示されている。

資本主義国に比べて経済格差がきわめて大きい。トランプ大統領の選出、英国のEU離脱と、排外主義色の強い現象が米英でここのところ続いているのは、まったくの偶然ではあるまい。

　旧共産主義国が国営経済を断念したときに起きた劇的な変化も、経済格差が国の政治体制の表れだという証拠になる。共産主義の崩壊は、西側諸国における以上の所得格差拡大をもたらした[29]。1980年前後、ほとんどの共産主義国では経済格差が比較的小さかったが、付属資料の図A5-1が示すように、中国とロシアはいまや、経済的不平等を表すジニ係数が米英より高い。

　ピケティによると、格差の拡大はいわば正常な状態であり、外生的ショック（二度の世界大戦と大恐慌）によって一時的に相殺されてきた。だが、史実はこの主張を裏づけてはいない。第一次大戦前には多くの資本主義国で格差が縮小し始め、第二次大戦後も長い間、福祉国家の法体制が導入され続けた。実際、スウェーデンはいずれの世界大戦にも参戦することなく、先進的な福祉国家を築き上げた。

　ピケティは政治的要因をランダムなショック（衝撃）のようなものとして扱い、彼のモデルには政治的要因が含まれていない。しかし政治的要因はランダ

ムなものとはほど遠いと言えるだろう。経済的な平等または不平等は、結局のところ、雇用主と労働者の政治力のバランス次第である。このバランスは経済発展の段階ごとに違ってくる。農業社会から工業社会への移行によって、工業労働者の需要が創出された。最初は搾取されていた彼らだが、労働組合や労働者支持政党が組織化されると、所得を再分配し、金融や産業を規制し、福祉国家を築く政府を選挙で選ぶことができた。これによって20世紀の大半は所得格差が縮まった。1970年頃から組合労働者は減少して少数派となり、政治的影響力を弱めた。レーガンおよびサッチャーの時代に、政府による所得再分配や経済規制は縮小、そして知識社会の台頭に伴って勝者総取りの経済が生まれ、最上位の人たちが利益を独占している。

エレファントカーブ

ブランコ・ミラノヴィッチの名著はピケティの発見をグローバルな文脈で捉え、格差の拡大が資本主義経済に固有のものではなく、経済発展の段階によるものだと述べている[30]。ミラノヴィッチが示すように、世界全体は裕福になっているが、その内情は不均一である。彼はその様子を「エレファントカーブ」と呼んだ。図9-9がそのカーブで、1人当たり実質所得の全世界の成長率（1988～2008年）を示している。最も貧しい10％の人々（左端の象の尾に相当）の所得成長率は15％程度だったが、世界のほとんどの人々の実質所得は大幅に増えている。成長率が最大だったのは、A付近の40％の人々で（大部分が中国、インド、タイ、ベトナム、インドネシア在住）、実質所得が20年間に80％近く増加している。対照的に、B付近の10％の人々（大部分が西ヨーロッパ、米国、カナダ、オーストラリア、日本などの高所得国在住）は、もともとのレベルが高く、20年間に伸びは見られなかった。むしろ多くの人は実質所得を減らした。これは、レーガン・サッチャー革命の時代に規制緩和や減税、市場依存を推し進めた政治家に、人々が期待したのとは逆の結果である。

この数十年の「勝ち組」は中国、インド、東南アジアの人々で、「負け組」は高所得国のほぼ全員であった。だが、絶対的な増加額が最大だったのは、Cの世界の上位1％の人々である。これは高所得国の超富裕層で、もともと所得が高かった上に大きな伸びを示し、格差を助長した。

第9章 静かなる「逆革命」

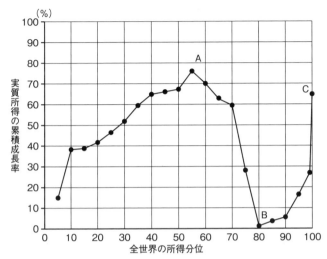

図9-9 グローバルな所得水準でみた1人当たり実質所得の相対的増加率（1988〜2008年）
出典：Milanovic, 2016: 11.

　格差の拡大や貧困化は資本主義の不可避の側面ではない。それは社会の発展段階を反映するものである。高所得国では格差が拡大してきたが、中国やインドをはじめとする途上国では、ほとんどの国民の実質所得が増加してきた。なぜなら、農業経済から工業経済への移行により、多数の工業労働者が必要とされ、彼らの交渉力が高まるからだ。工業経済からサービス経済への移行は逆の効果があり、オートメーション（自動化）が人間に置き換わると、組織労働者の交渉力が損なわれる。最初は工業労働者の交渉力が、次いで高学歴の専門家の交渉力が損なわれてゆく。

　高所得諸国はいま、知識社会の先進段階である人工知能（AI）社会に移行しつつある。人工知能社会は大きな格差を生む傾向がある。工業社会では、製品の製造と流通のコストが相当かかるため、非常に安いものから非常に高価なものまで幅広い需要がある。しかし、マイクロソフトのようなナレッジ・プロダクト（知識製品）の場合、追加コピーの製造と流通にかかるコストはたいしたものではない。トップ製品を買わない理由はないため、トップ製品は市場全体

を支配する傾向があり、莫大な報酬を生む。しかしそれができるのはトップ製品だけだ。ほとんどの人の仕事がコンピュータプログラムによって置き換えられるような知識社会への移行により、格差はますますひどくなる。全体の労働力を絞って、ほんの一握りの最上位の人たちのみが経済利得を累積させることが可能になるからだ。アウトソーシングは過渡的な問題に過ぎない。いまや中国でさえ工場を自動化し始めている。長期的な問題は自動化であり、壁を築くことや貿易障壁では解決されない。

　世界のほとんどの人が過去20年間に大きな経済的利益を得たのは、人のあずかり知らぬ何かランダムなショックのせいで、高所得国はなぜかその影響を受けなかったと考える向きもあるかもしれない。だが、中国・インド・インドネシア・タイ・ベトナムと高所得国のパフォーマンスが対照的なのは、これら2つのグループが近代化の異なる段階にあるからだという可能性のほうが高そうである。中国・インド・インドネシア・タイ・ベトナムは農業社会から工業社会へ移行中であり、そこでは平均的な人の交渉力はもともと知識経済の場合よりも大きい。高所得国は工業社会から知識経済へ移行中で、そこでは教育水準によって仕事が大きく差別化され、教育水準が低ければ交渉力も弱い。また、こうした国々が人工知能社会へ移行すると、高学歴の人でさえ交渉力を失う。人工知能社会ではほとんどの仕事が自動化され、彼らは企業支配者の言いなりになる。

カーテンに潜むものに注意を払わない

　保守的な人々は、格差の拡大は問題ではないと言う。経済全体が成長している限り、みんながもっと裕福になるのだから、格差の拡大に注意を払うべきではないというのだ。

　だが、みんなが裕福になるわけではない。何十年もの間、先進国の労働者階級の実質所得は減少してきたが、許容できる生活水準の物質的基盤はレベルアップしている。19世紀には、ちゃんと食べられれば十分と見なされ、「万人の鍋にチキンを」が人々を鼓舞する政治スローガンだった。その後、「万人のガレージに自動車を」というスローガンが野心的な目標になった。今日、十分な食と自動車は高所得国では最低限の生活水準の一部となっているが、労働者階

第 9 章　静かなる「逆革命」

級は雇用見通しが不安定で、上級階層の人たちが得ている多大な経済的利益を知り、自分たちが成長の恩恵から締め出されていると感じている。こうして相対的地位の低下を知った結果、自分たちの社会的地位に対する見方が変化している。2000 年には米国民の 33% が自分を「労働者階級」と考えていたが、2015 年にはその数字が 48% に上昇した[31]。

保守的なエコノミストは、高額所得者に多額の税金をかけても、状況を大きく変えるだけの資金は調達できないと主張していたが、それはもはや真実ではない。格差が急速に拡大したため、2007 年には上位 1% が米国の総所得の 24% を稼いでおり[32]、2011 年には上位 1% の世帯が国の富の 40% を支配した[33]。2014 年のウォール街のボーナスは、最低賃金で働くアメリカ人正規労働者の全収入のおよそ 2 倍にのぼった[34]。そして、2015 年に 25 人のヘッジファンドマネジャーが受け取った報酬は、米国のすべての幼稚園教師の給与を上回った[35]。

20 世紀が始まって以来、近代化によって平均余命が延びるのは自然なことに思えた。だが 2000 年以降、米国における中年の非ヒスパニック系白人の平均余命は短くなっている[36]。余命の短縮が集中しているのは大卒未満の人間で、その主な原因は薬物乱用、アルコール中毒、自殺である。これは由々しき事態で、近代でこれに相当する現象といえば、ソ連の崩壊に伴って男性の平均余命が大きく低下したことくらいだろう。知識経済においては、経済成長はもはや全員の生活水準を——さらには平均余命を——高めることはない。

政治動員によって格差は拡大・縮小する

　格差・不平等は、エリートと大衆の政治力のバランスを反映する。それを形成するのは近代化である。初期の工業化では、労働者の容赦ない搾取、低賃金、長時間労働、労働組合の弾圧がもたらされた。だが最終的に、認知動員によって政治的スキルのバランスが是正され、エリートと大衆のギャップを縮めることに成功した。都市化によって人々は密集するようになり、労働者は工場に集まり互いにコミュニケーションをとり合った。マスリテラシーが拡大し、人々が国政に接するようになると、労働者は組織立って効果的なアクションを起こすことができるようになった。19 世紀後半から 20 世紀前半にかけて、労組は

199

団結権を勝ち取り、労働者は団体交渉ができるようになった。参政権の拡大により労働者も投票権を獲得し、左派政党はそうした労働者を動員した。こうして新しく動員された有権者が、累進課税、社会保険、幅広い福祉制度などの再分配政策を実行する政府を選び、20世紀の大半において格差を縮小させたのである。

だが、それは再分配重視の左派政党が強かった時代である。現状では、裕福な人たちが富の集中を高めるように政策を誘導することができる。2012年、アメリカの人々は、億万長者の大統領候補ミット・ロムニーに課される税率が彼の秘書よりも低いことを知った。そして2016年、繰り返しの要請にもかかわらず、億万長者の当時大統領候補ドナルド・トランプは納税申告書の開示を拒み、しかるべく納税していないのではないかという疑念を招いた。マーティン・ギレンズは、米政府が同国の上位10%の金持ちの要望に忠実であるため、「ほとんどの条件下で、大多数のアメリカ人の要望は、政府がどの政策を採用するか否かにほとんど影響を与えていない」という証拠を示している[37]。

アメリカ国民を守っていたセーフティネットも手薄になっている。政治家や企業が、医療費、所得保障、老齢年金を削ったためだ[38]。米国の金融機関は連邦議会議員1人につき2〜3人のロビイストを雇っている。銀行への規制強化をやめさせるのが主な目的である[39]。金融セクターに対する不十分な規制が大不況を招き、多くの人が仕事や家を失った後も、議会は銀行規制に後ろ向きだったことから、この投資は功を奏していると言えるだろう。

ジョセフ・スティグリッツは、米国では一握りの大富豪が莫大な政治的影響力を手に入れたという説得力ある主張をしている。彼らはその影響力をバックに、富の集中を高める政策を導入させ、結果的に経済成長を損ない、教育や研究、インフラへの投資を減少させているというのだ[40]。ジェイコブ・ハッカーとポール・ピアソンは、米国の勝者総取り政治は大企業と保守政治家の結びつきによるものだと述べている。これによって富裕層の税率は1970年の75%から2004年には35%以下へ削減され、経済規制や金融市場規制も大幅に弱まった[41]。これは実際に近因ではある。だが、米国の政治家が一方的に企業寄りの政策を採用できたのは、組合の弱体化、グローバリゼーション、勝者総取り的な経済トレンドによって後押しされた面もある。50年前の資本家や保守政治

家も恐らく現在と同じように貪欲で利口だったはずだが、強い労組と左派政党の連携によって制約を受けた。それが富裕層のパワーを相殺し、再分配政策を可能にしていた。労組の支持を受ける政党が勢いを失い、勝者総取り経済が台頭したことで、この政治的連携は弱まり、いまやほぼすべての先進国で格差が拡大している。

　格差の拡大や経済不安の高まりは、すでに大きな政治的不満を生んでいる。次の第10章で述べるように、これらの国が知識社会すなわち人工知能社会の成熟期に入ると、格差や経済不安はもっと深刻になる可能性がある。

第 10 章　人工知能社会の到来

　高所得国は人工知能社会に突入しようとしている。人工知能社会とは知識社会の先進的段階であり、そこではたいていの人の仕事が自動化可能となる。人工知能は社会全体のために使えば、人々の繁栄や健康を大いに向上させる可能性があるが、市場原理に任せていると、利益がトップ層ばかりに吸い取られる勝者総取り経済をもたらす。

　人工知能社会は徐々に大きな不平等を生む傾向がある。その理由は二つある。

(1) 工業社会では、製品の生産と流通に高いコストがかかり、非常に安いものから非常に高価なものまで、幅広いニーズがある。 しかしナレッジ・プロダクトは、いったん制作すれば、追加コピーの生産と流通にはほとんどコストがかからない。トップ商品を買わない理由はないため、いったんトップになると市場全体を占有する傾向があり、巨額の利益を生む。しかしそれはトップ商品に限った話である。
(2) 人工知能社会への移行により、ほとんどの人の仕事がコンピュータプログラムで置き換えられ労働力が絞られることで、経済的利益を最上位層に集めることが可能となり、不平等はさらに悪化する。

人工知能社会のインパクト

　モノの製造に関しては、たとえば製造コストがあまりかからない小型車から中型車、大型車、超高級車まで、工業社会には幅広い製品群があり、さまざまな製品が価格競争にさらされている。だが知識経済では、再生コストがゼロに近い。一度マイクロソフトのソフトウェアをつくったら、追加コピーの生産・流通にほとんど費用はかからない上に、トップ商品以外のものを買う理由はない。この勝者総取りの経済において、ビル・ゲイツは 40 歳前に、マーク・ザッカーバーグは 30 歳前に億万長者になった。これら勝者の取り分は莫大であ

るが、その行き先はますます一握りの上位層に限られるようになっている。

このトレンドをさらに悪化させているのは、人工知能社会ではほとんどの人の仕事が自動化できるという事実である。初期段階の知識社会では、教育・スキル水準が高い人への需要はまだまだ大きく、彼らは安定した高給職を得られる。だが人工知能社会へ移行すると、それが変化する。コンピュータが高学歴の専門家にさえ置き換わり始めるのである。市場原理に任せていたら、高学歴の者でも安定した高給職に就けなくなるだろう。人工知能社会で経済的に対立するのは、もはや労働者階級と中流階級ではなく、スティグリッツが言うように、上位の1％とそれ以外の99％なのである[1]。

この50年間、高所得国における低学歴者の実質所得と生存への安心感は低下してきた。50年前、米国最大の雇用主だったゼネラルモーターズでは、労働者の賃金は2016年のドル換算で時給50ドル相当だった。現在の最大の雇用主、ウォルマートの時給はおよそ8ドルである。最近では、人工知能が高学歴層の経済的立場を弱くしている。コンピュータプログラムが大卒者や院卒者の仕事を奪っているのだ。当初は知識社会のおかげで彼らはチャンスが増え、生活水準も上がったが、図10-1が示すように、これはもはや真実ではない。1991年から2015年まで、米国の実質所得の中央値はどの学歴層も横ばいだった。大卒者も博士号保有者も、そして弁護士、医師などの専門職も同様である。こうした高学歴層でさえ実質所得の中央値は1991年から停滞気味で、1999年以降はむしろ低下している。この数字は男女両方の平均所得を示しているため、女性の実質所得が増えたにもかかわらず、それを相殺するくらい、男性の実質所得が減っていたという事実が隠されている。男性のほうが女性に比べてトランプのような排外的ポピュリストを支持するようになったのはそのためである。

高学歴者はいまなお低学歴者よりかなり給料が高いが、1991年以降、米国では後者だけでなく前者の実質所得も低迷している。問題は経済成長の欠如ではない。GDPは1991年以降、大幅に増加している。では、そのお金はどこへ行ったのか？　同国の大企業のCEOなど、エリート中のエリートが手にしたのである。医師、弁護士、科学者、大学教授、ジャーナリスト、エンジニアなどの高学歴専門家の実質所得が横ばいだった間、企業CEOの実質所得は著しく増加した。1965年には、米国最大の企業350社のCEOの平均所得は平均的

第 10 章　人工知能社会の到来

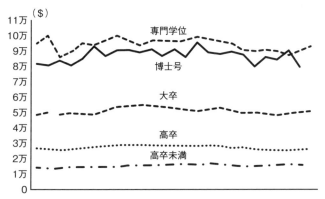

図 10-1　教育水準別の実質所得中央値（1991〜2015 年米国、2013 年のドル換算）

出典：米国勢調査局（https://www.census.gov/data/tables/time-series/demo/income-poverty/historical-income-people.html）
各年の所得は、男女所得の中央値の平均

労働者の 20 倍だったが、1989 年にはそれが 58 倍になり、そして 2012 年には、CEO は平均的労働者の 354 倍の報酬を受け取っていた[2]。この格差拡大は CEO のパフォーマンスが向上したからではない。経済成長の規模はいまよりも 1960 年代のほうが大きかった。いまの CEO の生産性が 1965 年の 17 倍になったわけではない。それどころか、ゼネラルモーターズを破綻させた人間が巨額のボーナスをもらって退職し、一般労働者は職や手当を失う世界に我々は生きているのである。

1860 年には、米国の働き手の大半が農業に従事していた。1950 年には農業セクターの雇用の多くが失われていたが、工業関連の大量雇用が増えたため、失業や貧困が広がることはなかった。しかし 2017 年には、自動化やアウトソーシングによって工業労働者の割合が 9% 以下に減少した。工業の仕事が失われた分、サービスセクターの仕事が急増してこれを補った。いまや米国のほとんどの人がサービス産業で働いている。

サービスセクターの中核のひとつはハイテクセクターである。これを構成するのは、情報、専門職、科学・技術サービス、金融・保険分野で働く人たちだ。

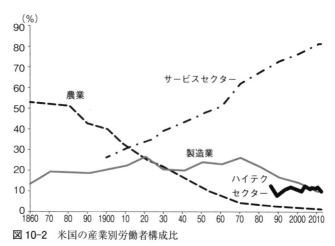

図 10-2 米国の産業別労働者構成比

農業・工業（1860〜2012年）、サービスセクター（1900〜2012年）、ハイテクセクター（1986年〜）（サービスセクターの1899年以前、ハイテクセクターの1985年以前のデータはなし）

出典：Federal Reserve Bank of St. Louis, 2014; Hadlock, 1991; Hecker, 1999; Hecker, 2005; Kutscher and Mark, 1983; Lebergott, 1966; National Science Board, 2012; National Science Board, 2014; Powell and Snellman, 2004; United States Bureau of Labor Statistics, 2013; United States Bureau of Labor Statistics, 2014; United States Bureau of the Census, 1977.

ハイテクセクターは高給の雇用を数多く生み出すとされることが多い。だが、意外かもしれないが、ハイテクセクターの雇用は増えていない。図10-2が示すように、米国の全雇用に占めるハイテクセクターの割合は、統計がとれるようになった約30年前からほぼ変わっていない。付属資料の図A5-2が示すように、これはカナダ、ドイツ、フランス、スウェーデン、英国など、データが入手できる他国のハイテク雇用にも当てはまる。農業社会から工業社会への移行とは違って、人工知能社会は安定した高給の仕事を数多く生み出してはいない。

たとえば1979年のピーク時にはゼネラルモーターズだけで約84万人の従業員を雇用し、2010年のドル換算で約110億ドルを稼ぎ出していた。対照的に、2010年グーグルは140億ドル近い利益を生み出していたが、3万8000人しか雇用していない。ゼネラルモーターズがかつて雇用していた数の20分の1にも満たない[3]。You Tubeは2005年に3人で設立された。2年後も依然として

第 10 章　人工知能社会の到来

わずか 65 人しか雇用されておらず、Google は約 16 億 5000 万ドルで買収した。人工知能に基づく企業は、数百万人にサービスを提供する市場を独占することができ、比較的少ない従業員数で大規模な利益を生み出す。人工知能は貪欲に我が身を食らうヘビのようなものだ。コンピュータプログラムの作成を含め、人間ができることすべてを、よりうまく進めるようになっている。

　工業労働者の数はすでに劇的に減少し、その結果、かつて福祉国家を実現させるほど強力だった労働者本位の政党の選挙地盤は弱まっている。自動化やアウトソーシングによって工業労働者の立場は弱くなり、人工知能経済の登場に伴い、人間の労働者全体が交渉力を失いつつある。最近まで、法律職は比較的安定した職業だった。法律事務所は新米弁護士を何人も雇い、そうした弁護士が何千ページもの書類を読み込んで、各事案の基本的事実を把握していた。いまではコンピュータが弁護士よりも速く、安く、正確に、この仕事をやってのける。昔は法律の学位があれば高給が約束され、失業のリスクも低かった。ところが近年は、米国のロースクール卒業生の 4 割が、法学位を要する仕事に就いていない。多くの若手弁護士が失業ないし潜在失業状態にあり、ロースクール入学者も 2010 年から 2015 年に 3 割減少した。

　医療関係の仕事はまだましである。先進国が高齢化し、医療への需要が高まっているからだ。しかし、現在はほとんどの医師が大企業に雇われており、給与や労働条件も企業が決める。さらに、アウトソーシングが医師の交渉力を弱めている。米国で X 線検査を受けたら、その画像がインドに送られ、アメリカ人医師の何分の一かの給料の医師がそれをチェックするようになるだろう。だが、これはまだ労働力削減のほんのてはじめにすぎない。自ら学習し、何百万もの症例をもとに医師より速く正確に、そしてはるかに安く診断ができる「合成頭脳（Synthetic intellects）」が開発中だ。人工知能はインド人レントゲン技師にも取って代わろうとしているのだ。他国へのアウトソーシングは一時的な問題にすぎない。人間の仕事が人工知能に奪われることのほうが、これから長期にわたる深刻な課題となる。

　新聞・雑誌ジャーナリズムはインターネットニュースに取って代わられようとしているが、ネット上では本当のニュースと偽のニュースの区別が難しく、本来重要な「民主主義の番人」が機能しなくなっている。学問の知的誠実性も

損なわれつつある。50年前に大学の教職に就いた者は、いずれは終身職となり、関心あるテーマの研究に自由に携われると考えるのが当たり前だった。1970年には、米国の大学教員の多くは終身在職権を持っていた。だが、この数十年で、終身在職権を持つフルタイムの教育者の割合は45%から25%に減少した[4]。大学の経営者は企業のCEOと同じように、安定した雇用をなくし、代わりに給料が安い非常勤講師などに置き換えようとしている。多くの学者はいま、短期の仕事を探し、また次の仕事を探すということを繰り返している。

また、コンピュータプログラムもコンピュータプログラムによって書かれるようになってきた。ハイテクセクターの雇用数が伸びないのは、それが大きな原因である。

壁を築き、ビザの発給を拒んでも、この流れは止められない。政治家や有権者は、自国の経済が厳しいのを国際貿易やオフショアリングのせいにしがちだが、アメリカの製造業の雇用で、2000～2010年に貿易によって失われたのは13%にすぎず、85%以上はテクノロジーの向上による生産性アップのせいで失われた[5]。自動化は、国際貿易など比較にならないほどたくさんの仕事を奪う。コンピュータは最も低賃金の人間よりも安上がりだからだ。コンピュータは24時間休みなく、速く正確に仕事をする。給料も年金も医療保険も要らないし、そのコストは急速に下がっている。

人工知能は非常に有望である。正しく利用すれば、みんなの暮らしも安全に長くよりよいものとなるだろう。だがいま、熟練の中流層も含め、多くの仕事が急速に人工知能に置き換わっている[6]。もしそうなら、なぜ失業が広がっていないのか？　一見、米国の景気はよさそうだ。2016年には景気が拡大し、株式市場も好況で、失業率は低く見えた。普通に考えれば、同年の大統領選では現政権党が明らかに信認されたはずである。ところが実際には、民主・共和両党のリーダーシップに対する大きな反発が見られた。なぜか？

人工知能が失業を生んでいないように見えるひとつの理由は、雇用見通しが悪いため、多くの人が労働力から離脱せざるをえなかったことにある。2016年12月の失業率は4.7%に低下した。これは完全雇用と解されることが多い水準である。だが失業率は労働力の離脱を考慮に入れておらず、そしてアメリカの成人就業率は30数年ぶりの低水準だった。1970年から2016年にかけて、

20歳以上の男女人口に対する雇用比率は64.6から59.7に落ち込んだ[7]。2008〜2010年の米国成人の就業率の急減は、前回の戦後最悪の不況時のおよそ2倍にのぼった。2017年には、25〜55歳の失業中のアメリカ人男性1人に対して、働いておらず求職もしていない者が3人いた。女性の就業率は第二次大戦後、2000年までは着実に上昇していたが、その後は減少している[8]。

　人工知能がどのようにしてほぼすべての人の仕事を急速に代替していくのかについて詳細に述べたマーティン・フォードの著作が印象深い。彼は著書でユニバーサル・ベーシックインカムの導入を強く論じている[9]。ユニバーサル・ベーシックインカムは何もしないよりはましだが、最適な解決方法とは言えない。

　失業や労働力からの離脱は幸福なことではない。働き盛りの男性が働いていない場合、幸福感が非常に少なく、日常生活にもほとんど意義を見いだせない[10]。早死につながる可能性さえある。1999年から2013年まで、45〜54歳の非ヒスパニック系白人男女の死亡率の上昇はわずかだったが、高卒か高卒に満たない学歴の者の死亡率は急増した。また、この低学歴層の死亡率上昇の原因はほとんどが自殺、肝硬変、薬物過剰摂取によるものだった[11]。2016年の調査では、アメリカにおけるオピオイド（鎮痛剤）蔓延の新たな状況が明らかになった。労働力から離脱している労働年齢男性（約700万人）の半分近くが、習慣性のある鎮痛剤を日常的に使っているというのだ[12]。彼らは飢え死にするのではなく、無気力な生活が原因で死亡している。2016年の米国における薬物過剰摂取による死亡率は、1980年のおよそ10倍にものぼり、今や50歳以下のアメリカ人の主たる死亡原因の一つとなっている[13]。国民全員に最低限の所得保障をするベーシックインカムが最適の解決策でないのは、それも理由のひとつである。労働力からの離脱者の死亡率が上昇していることもあって、米国全体の平均余命は低下している。2016年12月、アメリカ疾病管理予防センターは、アメリカ人全体の平均寿命（出生時平均余命）が数十年ぶりにわずかに低下したと発表した[14]。

　人工知能は経済の空洞化を招き、安定した高給職を不安定な低報酬の仕事で置き換えている。最初は労組加入の工業労働者が、交渉力が弱く仕事が安定しない非組合労働者に取って代わられ、いまや弁護士がコンピュータに、終身教

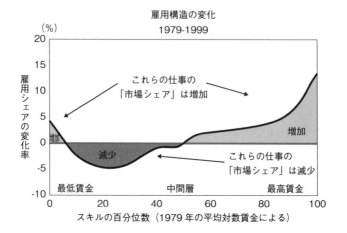
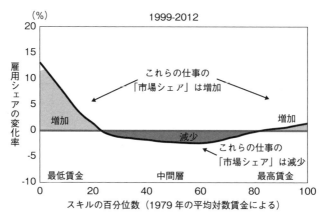

図 10-3 米国の労働者構成の変化（1979〜1999 年と 1999〜2012 年の比較）

出典：McAfee, 2017; Autor and Dorn, 2013 のデータに基づく

授が薄給の非常勤講師に取って代わられている。図 10-3 はこのプロセスを図示したもので、米国の労働者構成の変化を 1979〜1999 年と 1999〜2012 年とで比較している。

　1979〜1999 年は、労働者のスキル水準全体がまだ上昇傾向にあり、低賃金の仕事が、高いスキルを必要とする高賃金の仕事に取って代わられた。つまり、

各世代が親の世代よりよくなるという長期トレンドが続いていた。1999年以降、経済の空洞化が始まる。1999～2012年は、中間層の仕事の割合が減り、低賃金の不安定な仕事が大きく増加した。高いスキルを要する高賃金の仕事もわずかながら増加したが、1979～1999年の増加率には遠く及ばない。2016年12月のレポートによれば30歳の人が、親が同じ年齢だったときよりも多く稼ぐ確率は、40年前の86%から減少して51%にすぎないという[15]。親世代より生活がよくなる確率は五分五分にまで下がり、それも急速に低下しているのである。

　21世紀に入ってから、多くの弁護士が法学位を必要とする仕事に就けていない。失業こそしなかったものの、期待したレベルよりも下の仕事にしか就けなかった。同じように、医師不足にもかかわらず政府支出の一律カットのせいで、インターンになれず、結果、開業できなかった医師もいる。失業した者はほとんどいないが、期待を大きく下回るレベルの仕事しかできなかった。表面上は好景気経済でも、働き手の景気は悪い。こうした現象は米国だけのものではない。1993年から2010年にかけて、西ヨーロッパの16の高所得国も経済が空洞化し、中流層の雇用を数多く失った[16]。

　この傾向は続くのか？　未来は本質的に予測不能だが、市場原理はこの傾向が続く上での強いインセンティブを生み出す。CEOの視点からすると、未組織労働者、低賃金の外国人、ロボットなどで労働力をまかなえれば、会社の利益を最大化し、ライバルよりも有利な立場に立つことができる。労働者なしで済ませられれば理想的だ。すべての会社がそうしたら、誰も何も買うことができなくなり、その国は1930年代以上のひどい恐慌に陥るだろう。だが、個々の企業から見れば、こうした労働力の合理化は止められず、戦略として一般的になっている。

　これらの問題は解決可能である。高所得国は貧しくなっているわけではない。生産性も上がっている。米国経済は1970年以来、大幅に成長した。富は増し、トップ層の給与は高騰している。変わったのは、企業を支配する側の交渉力と、従業員の交渉力の関係である。高学歴の働き手でさえもはや給与は頭打ちで、GDP成長の恩恵はほとんど、資本家、起業家、経営者など一握りのトップ層が持って行く。人工知能が人間に置き換わると、無秩序な市場原理のせいで、一部の少数者が経済を支配し、多くの者は庭師、ウェイター、ベビーシッター、

美容師などの不安定な仕事に就くという状況が生まれやすい。今日のシリコンバレーの社会構造は、そんな未来の予兆かもしれない。

いまの政治的対立はもはや労働者階級対中流階級ではなく、1%対99%の構図である。低学歴の白人を含む99%の利益を代表する新しい政治連合が登場するまで、経済は空洞化を続け、人々の生存の安心は低下し続けるだろう。

技術先進社会でトップ層に所得が集中していくのを防ぐには、政府の介入しか方法はないと思われる。ユニバーサル・ベーシックインカムには重大な経済的・心理的欠点がある。もっと効果的なのは、社会的にQOL（生活の質）を向上させ、人々に自尊心や目的意識を持たせるような役立つ仕事を、政府が生み出すことだ。米国のニューディール時代、政府出資のプログラムによって高速道路や郵便局がつくられ、環境が保護され、教育や文化が盛んになった。いまの時代の人々もその頃に劣らず想像力豊かで、効果的なプログラムを設計できるはずだが、まだうまく組織化されていない。

新しい政治連合の必要性

99%の人たちの不満がだんだん高まっている気配がある。歴史的に、社会主義者であることはアメリカ政治でのキャリアにとって致命的だった。だが2016年の米大統領予備選で、ヒラリー・クリントンは、民主党エスタブリッシュメントから強く支持されていたにもかかわらず、比較的無名で社会主義者として広く知られていたバーニー・サンダースに多くの予備選で敗れた。社会主義がないことでよく知られた国、アメリカでの出来事である。若い有権者の間では、この国の政治システムを変えなければならないとの認識が高まっている。もし35歳未満の有権者だけが投票できたら、サンダースがたぶん大統領になっていただろう。共和党内でもあからさまな反発があり、ドナルド・トランプが、同党幹部のほとんどに否認されたにもかかわらず大統領候補に選ばれた。両党とも国民の代表として効果的に行動できていない、との感覚が広がっている。そして、それは十分根拠がある。アメリカ経済は空洞化し、雇用の安定が失われているのだ。

2012年には、米国で最も裕福な1%と、それ以外の99%の差が1920年代以来最大となった[17]。長期的には、経済格差の拡大によって、政府の介入に対す

る人々の支持が復活する可能性が高いが、いまのところは、移民や同性婚といった文化的問題が感情的な議論を呼び、そのおかげで保守政治家は低所得有権者の支持をとりつけることができ、格差拡大の問題は前面に出ていない。

政治の世界では、難しいバランスのとり方がつねに求められる。政府の介入が多すぎることもあれば、少なすぎることもある。現在は、高所得国の政治的安定や経済的健全性のために、20世紀の主役だった再分配政策をもっと重視する必要がある。アメリカのニューディール連合やヨーロッパの同様の存在の社会基盤はもうないが、99％と1％の利益の対立により、新たな連合の可能性が生まれている。上位1％に対する懲罰的態度は非生産的であろう。その1％には、国にとって有用な人間が数多く含まれているからだ。しかし所得税の累進性を高めることは、まったく理にかなっている。1950～1970年の米国のトップ1％は、いまよりもずっと高率の所得税を支払っていた。これが経済成長の足かせになることはなく、当時の成長は現在より力強いものだった。

アメリカを代表する大富豪、ウォーレン・バフェットとビル・ゲイツは、富裕層の税率アップを支持している。彼らはまた、教育、医療、研究開発、インフラへの投資拡大に欠かせない資金を調達するには、相続税が比較的痛みの少ない方法であると主張する。だが、保守派の強い意向によって、米国はそれとは反対の方向へ舵を切り、相続税を大きく引き下げるとともに、政府支出を削減している。

トランプはアメリカを再び偉大にすると約束した。だが、金融セクターを規制緩和し、医療保障を削減し、富裕層を減税するという彼の政策は、取り残された者たちが必要とする政策とは真逆だ。所得税を払わない億万長者のためにアメリカを偉大にする政策である[18]。

アーリー・ラッセル・ホックシールドは、低所得のアメリカ人が共和党保守派を支持して、自身の経済的利益と反する投票行動をするという矛盾は、強い情緒反応の表れであると述べる[19]。右派政治家が低所得者の怒りをまんまと文化的問題に誘導し、永遠の最下層という境遇の改善策から目を背けさせている――といった単純な話ではない。低学歴の白人アメリカ人は、自分が「故郷を失った人たち（*Strangers in Their Own Land*）」になってしまったと感じている。自分たちはアファーマティブアクションの被害者であり、アメリカンドリーム

の待ち行列に割り込んできたアフリカ系アメリカ人、移民、難民、女性といった「割り込み者たち」に裏切られたというのだ。低学歴の白人アメリカ人は、リベラルな知識人を憎んでいる。彼らから「割り込み者」に申し訳ないと思えと言われ、そう思わないと「偏見の持ち主」「ひどい人間」呼ばわりされるからだ。ドナルド・トランプは、人種差別的・排外主義的な感情をあからさまに表明することで、そんな彼らに精神的な支援を提供している。

　スウェーデンの著名な社会民主主義者は次のように問うている。

　　経済格差が激しく、拡大を続ける国で、トランプの政策で経済的に間違いなく損失をこうむる人たちが、なぜ彼を支持するのか？　大金持ちに対する減税、成立したばかりの医療保険制度の見直しなど、彼の反政府的な政策が、なぜこれほどまでに成功したのか？　さらに、これらの政策が白人労働者階級からの得票にとりわけ奏功したのはなぜか？　……民主党およびクリントンは、アメリカ人全員またはきわめて幅広い層に向けた普遍的プログラムを重視する代わりに、少数派へのひいきだと労働者階級の白人男性から見なされる政策を表明するようになった[20]。

　私たちは、1930年代と同じような政治的亀裂の変化を経験しているのかもしれない。当時、一方ではファシズムが台頭し、他方ではアメリカでニューディール政策、ヨーロッパでも同様の政策が登場した。急速な文化的変化や移民に対する否定的反応は、排外的なポピュリスト政党への支持を高める結果になった。だが、格差の拡大はまた、再分配政策の必要性を感じている人々による左派の反乱も招いた。いまのところ、この運動を主に支持しているのは高学歴の若い有権者である。文化的政策は今後も投票行動に影響を及ぼすだろうが、政界再編の要求が現れ始めているのも事実である。

　高所得国は徐々に勝者総取りの経済と化し、その結果、ごく一部の少数者が社会を支配し、圧倒的多数の人々は不安定な仕事にしか就けなくなっている。市場原理に任せ続ければ、この傾向はさらに広がるだろう。だが、政府はこれに対抗する形で、社会全体のために資源を再配分することができる。この数十年、政府は主にその逆をやってきたが、国民の大多数の間ではいま、再配分を

第 10 章　人工知能社会の到来

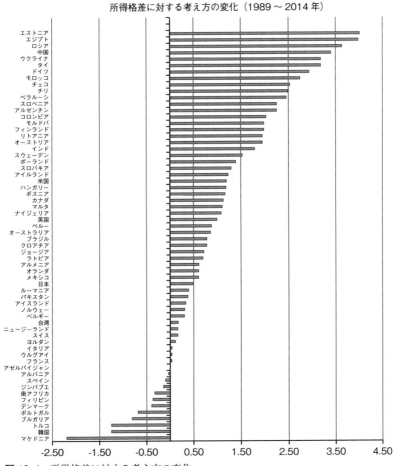

図 10-4　所得格差に対する考え方の変化

出典：1989〜2014 年に実施された世界価値観調査およびヨーロッパ価値観研究（最低でも 10 年間のデータがあるすべての国を含む）。変化の中央値は、段階評価で 0.86（所得平等への支持がそれだけ増えた）。調査対象期間の中央値は 17.6 年。

進める政府を選ぼうとする動機が高まっている。99% の人たちのうちの多くがこの事実に気づけば、新たな連合を形成して政権を勝ち取ることができる。その兆しはすでにある。

　1989〜2014 年に実施された調査で全世界の人々に、「収入はもっと平等にす

べき」か、それとも「個々人の努力を刺激するようもっと収入の開きを大きくすべき」か、どちらに考え方が近いかを尋ねた。最初の調査では、少なくとも2回調査をした65か国（調査対象期間の中央値はほぼ18年）のうち5分の4で、「個々人の努力を刺激するようもっと収入の開きを大きくすべき」と考える人が多かった。ところが、その後の25年間で、図10-4が示すように状況は一転し、直近の調査では65か国の5分の4が所得の平等を志向していた。アメリカもその中に含まれている。

　感情が絡む文化的諸問題のせいで、新たな連合はいまのところまだ出現していない。だが、ポピュリスト動向と格差に対する懸念の高まりは、どちらも既存の政治連携に対する幅広い不満の表れである。多くの人々は怒っているし、怒るべきである。政府は彼らのために仕事をしてこなかった。人工知能は豊富なリソースの利用を可能にするが、これらのリソースのかなりの部分を再分配して、人の手が必要な医療、教育（幼稚園から大学院まで）、インフラ、環境保護、研究開発、介護、人文芸術などの分野で有意義な雇用を創出するためには、政府の介入が必要である。その目標は、企業利益の最大化ではなく、社会全体のQOLの向上だ。この目標を達成するためのプログラムの策定が、社会科学者や政策立案者にとって、今後20年間の重要な仕事になるだろう。

結論

　生存が確実かそうでないかによって、社会全体の世界観が形成される。19世紀および20世紀の偉大な成果のひとつは、工業労働者階級の利益を代表する政治運動が出現したことだ。長い苦闘の過程で、多くの人により高い給与、安定した雇用、退職後の保障、教育、医療をもたらす政府が選ばれた。これが結局は生存への安心感を高め、さらなる成果を生んだ。それが「静かなる革命」時代の文化的・政治的変化である。高所得社会はよりオープンな信頼社会、そして寛容な社会になり、女性や少数民族、同性愛者を解放するとともに、人々の生き方の選択の自由を拡大した。そして民主主義の拡がりを促し、幸福度を高めた。

　だが、歴史はそう単純ではない。旧来の左派を支えていた労働者階級が徐々に姿を消し、人工知能社会の到来が「勝者総取り」の経済をもたらした。いま、

富や政治力が一握りの人々に集中し、大部分の人々の生存の安心が損なわれている。高所得社会はいま、不安と結びついた排外的・独裁的政治へと退行している。だが、かつての排外的独裁主義と違って、今回の原因は客観的な窮乏ではない。これらの社会ではリソースが豊富にもかかわらず、人間の福祉を最大限にする目標という観点からはかけ離れ、正しく配分されていない。今日の不安の原因はリソースの不足ではなく、格差の拡大である。そして格差や不平等は究極的には政治の問題である。しかるべき政界再編がなされれば、かつての左派が担った役割を果たす政府が出てくるだろう。

　先進社会は少数が支配するディストピアになる可能性もあれば、増大するリソースを活かして、生存への安心感の高い、寛容で信頼ある社会を築く可能性もある。排外的独裁主義への支持が今後も拡がり続ける客観的理由はない。世界はいま、新たな大恐慌のような深刻な事態に見舞われているわけではない。リソースは豊富で、なお増え続けている。2000年前半から2016年後半にかけて、アメリカの世帯とNPOの推計純資産は44兆ドルから90兆ドルへと2倍以上に増加した。4人家族の平均で100万ドルを超える計算である[21]。2008年のリーマンショックにもかかわらず、こうして富は急増している。高所得社会における不安の広がりは、リソースの不足に起因するものではなく、経済的利得がほとんどトップ層に握られていて、安定した高収入の仕事が姿を消しているという事実を反映したものだ。その傾向が今後も続くかどうかは政治的問題であり、政治力を多数派の手に取り戻す新しい連合が現れるかどうかにかかっている。

　工業労働者階級が識字能力を獲得し、有力な政治勢力として知的に動員・組織化されるには何十年もかかった。だが現在の知識社会は、自ら考えることに慣れた高学歴の人々をすでに擁している。99％のうち大部分の人々は雄弁で、政治的スキルを備えている。必要なのは、現在の主な経済的対立がこの99％対1％であると認識することに尽きる。

　新しい政治連合の構築は簡単ではない。「不平等」という抽象的概念は、ほとんどの有権者にはピンとこない。不平等や格差は視覚化しにくいし、測定しにくい。ジニ係数を算出したり説明できる人が1,000人の市民のうちどれだけいるだろうか。生活が不安定化しているという事実について、外国人を非難す

るほうがよほど簡単である。外国人は視覚化しやすい。特にテレビでは毎日のように目にするし、それによって外国人を危険視する根深い傾向が強まりやすい。外国人を危険視すると、人工知能社会における主な経済的対立は99%対1%だという構図が見えなくなる。

　外国人が問題なのではない。先進社会が仮に外国人や輸入品をすべて排除しても、雇用の安定は引き続き失われるだろう。なぜなら「圧倒的に」主たる原因は自動化にあるからだ。ひとたび人工知能が独自に学習を始めるようになれば、人間の知能を大幅に上回るペースで動くようになる。人類は、人工知能を管理する手段を考案する必要があり、今後20年以内にそうしなければ、選択肢がなくなると思われる。人工知能に上手に対処する戦略を練るのは不可欠な課題であり、想像力、忍耐、そして実験が求められるだろう。

　99%を代表する政治連合の構築はひとりでに起きるものではない。だが、圧倒的多数の利益を反映する以上、民主主義国で出現する可能性は高いのである。

　産業化社会が義務教育制度や児童労働法、公衆衛生プログラム、食品医薬品法、老齢年金、社会保障制度を導入するにしたがって、政府による介入の恩恵を学ぶことが20世紀前半の間、文化的進化の主要な要素となっていた。大恐慌により資本主義は崩壊の危機に瀕し、多くの国々でファシズムや共産主義が台頭した。おそらくニューディール政策と戦後の福祉国家の発展なしには生き残れなかっただろう。そして20世紀後半、世界は国営経済がうまく機能していないことを知った。政府による介入については、行き過ぎの介入と少なすぎる介入と、その程度がうまくバランスの取れたときに成功することから、東ベルリンから北京までの共産主義政権は崩壊、あるいは市場経済に移行することとなった。そして21世紀、人口知能社会は勝者総取りとなる傾向を本来的に強く内包しており、政府による介入によってのみ緩和されるものである、という事実を学ぶプロセスの途中に我々はある。市場と政府の間の最適バランスを見出すには、試行錯誤の実験と本質に対する深い理解に基づくイノベーションが求められる。生存の危機が脅かされる、それは人類が立ちあがる時である。

訳者あとがき

本書は Ronald F. Inglehart, *Cultural Evolution : People's Motivations are Changing, and Reshaping the World*（Cambridge University Press, 2018）の邦訳である。翻訳にあたっては、著者本人から得た原稿およびハードカバー版を参照している。本書では原著と異なる箇所がいくつかあるが、著者に直接確認、了承を得て修正させていただいた。また、索引項目については、翻訳との兼ね合いもあり一部作成し直しており、その際、原著ではカバーされていなかったものの、本書を理解するうえで必要と思われる用語をいくつか追加させていただいた。

さて本書の著者であるロナルド・イングルハートことロンに初めて会ったのは 1993 年、世界価値観調査に参加する各国の研究代表者が初めて一堂に会したマドリッド会議だった。世界カルチュラルマップのプロトタイプが作られたばかりの頃で、ロンはマップ上で点在する日本など東アジア地域の解釈について頭を悩ませていた。東アジアから参加していた研究者は私だけだったということもあり、未知なる日本からやってきた私に彼は興味津々。日本人の価値観や日本社会について質問攻めにあい、中国や韓国と日本の歴史についても質問された。そして次に会った時には、本書でも紹介されたマップにも記載されている儒教圏というグルーピングが誕生していた。

今にして思えば彼は当時すでに「アラカン」。還暦近い、地位も名誉もある政治学者だったが、あふれんばかりの好奇心・探求心をその目にたたえた少年のようだった。その後もロンの関心テーマは幸福や自律・自由を基軸とした人々のエンパワーメントへ、そして対象エリアもアジアからアフリカ、中東へと、その探求心はとどまることを知らない。今も政治は人々のためにこそあるべきという基本スタンスに立ち、執筆・講演に意欲的だ。

そんな彼が社会と政治、そして人々の安寧の危機を感じて立ち上がって執筆したのが本書である。人工知能社会という新たな歴史的ステージに突入しつつ

ある今なお、多くの社会ではその準備ができていない。それどころか、本書の第9章で指摘されるようにむしろ逆行ともいうべき政治・社会現象が起きている。著者はそうした「逆革命」に警鐘を鳴らすことで、人々が気づき、自ら立ち上がることを期待しているように思われる。

　日本も例外ではない。著者の分析は、90か国以上を対象とし、およそ40年にわたる時系列変化もとらえた「世界価値観調査」の膨大なデータに基づいている。日本も1981年から世界価値観調査に参画しており、最新の調査を2019年に行うべく準備中である。本書を契機に、世界価値観調査や日本の価値観変化について関心をもたれた読者は、『日本人の考え方　世界の人の考え方──世界価値観調査から見えるもの』（勁草書房、2016）をご一読いただきたい。

　本書サブタイトルにもあるように、著者の願いは世界が再構築されることであり、その主役は一般の人々であると考えている。序章でも記載されているように、より多くの人に関心をもって読んでもらいたいという著者の思いを受け、翻訳の際には統計的な専門用語も含め、できるだけ平易な言葉を使って意訳することを心がけた。世界を形づくるのは我々一人ひとりの価値観と行動である、という著者の思いが届けば幸甚である。

　また、勁草書房編集部の渡邊光氏には大変お世話になった。図表の量の多さからくる苦労は本書をご覧いただければ言うまでもないと思う。加えて交互に一家中でウィルス性胃腸炎にかかったり、インフルエンザにかかったりという事態にも見舞われた。励ましあいながら何とか本書の出版にたどり着くことができたのはひとえに氏のお陰である。この場を借りて心からの感謝を申し上げたい。

付属資料 1
イースタリン・パラドックス

そもそものイースタリン・パラドックスは、富裕国の人々は貧しい国の人々よりも生活満足度が高くはないというものだ。1950年代に調査対象となった14か国のデータサンプルを分析したリチャード・イースタリン (Easterlin 1974)[1] は、1人当たり GNP と生活満足の間に相関関係をほとんど見いださなかった。たとえば、西ドイツはアイルランドより2倍も裕福だったのに、生活満足度はアイルランドのほうが高かった。1人当たり GNP と主観的幸福度の間に相関関係がないのは、経済発展が人間の運命をよくするわけではないことを意味する、と彼は結論づけた。これが「イースタリン・パラドックス」として広く引き合いに出される発見である。

だがイースタリンの発見は、富裕国が中心の比較的少ないサンプルに基づいていた。イングルハート (Inglehart 1990)[2] はより多くのサンプルを分析し、GNP と生活満足の間に 0.67 の相関があることを見いだした。その後の幅広い国々の調査でも、この事実が確認された。すなわち、当初のイースタリン・パラドックスとは逆に、富裕国は貧しい国よりも主観的幸福度が高いのである。

こうした発見が公表されると、イースタリンは当初のパラドックスを修正し、経済発展によって時間とともに主観的幸福度が「高まる」ことはない（つまり、横断的相関が強いのは単なる偶然に違いない）とした。幸福度を測定した時系列データで最も期間が長いのは米国で（飛び抜けて長い）、1946年から最近まで幸福度の増加は見られないことから、この主張は一見正しく思えた。

だがイングルハート、フォア、ピーターソン＆ウェルツェル (Inglehart et al. 2008) は、1981〜2008年に収集された、あらゆる発展段階にある国々のデータを分析し、大多数の国で幸福度も生活満足度も上昇したことを発見した。図8-2 が示すように、非常に貧しい国からやや豊かな国へ移行すると、生活満足度は急激に上昇し、その後富裕国ではあまり変化しなくなる。

イースタリン (Easterlin 2009) は、このように幸福度と生活満足度が広範囲

に上昇するのは、幸福に関する質問に際してのインタビュアーへの指示が変わったからだと主張した。

> 世界価値観調査の第2回と第3回の間（1990～1995年）、回答の選択肢の順序を回答者ごとに変えよとの指示がインタビュアーになされなかった。そのため初頭効果が働いた。つまり、回答者は後のほうの選択肢よりも先に出てくる選択肢を選びやすく、結果的に「非常に幸せ」が多くなり、「まったく幸せでない」が少なくなった。このバイアスによって幸福を選ぶ人が増え、旧共産国では幸福度が上がったのに生活満足度は下がったのである[3]。

もし幸福度上昇の原因がインタビュアーへの指示の変更にあるとしたら、1995年の調査で一度だけ幸福度の上昇が見られ、その前後の調査では上昇が見られないはずである。だが、データはそのようなパターンにはなっていない。図8-6が示すように、幸福度は1981年から2005年まで着実に上昇しており、1995年に特段の増加が見られるわけではない。

さらに、幸福に関する質問でインタビュアーへの指示が変わったことは、生活満足の上昇を説明できるものではない。イースタリンはこの点を認識せず、旧共産国で生活満足度が下がるのは、いかにも一般的なパターンであるかのように述べている。しかし、そうはなっていないことは明らかだ。

イースタリンは幸福度の大幅な上昇を初頭効果のせいにしようとしているが、初頭効果というのはふつう、回答者が該当のテーマに自分なりの意見を持っていない場合でないと影響を及ぼさない。またその場合、無回答の割合も多くなりやすい。幸福や生活満足に関する質問には、ほぼ全員が意見を持っており、無回答の割合もきわめて低い。不明瞭な質問や混乱を招く質問では無回答が30～40%あるものだが、幸福度に関する質問の無回答者はおよそ1%である。平均的な市民は、地球温暖化の原因については確固たる意見を持たないかもしれないが、自分が幸福か幸福でないかはよくわかっている。インタビュアーに指示がされなかったのは、それでも影響がないと思われたからだ。図8-6の実証データがそれを裏づけている。1995年にその指示を出さなくても、これと

いった影響はなかったのである。
　イースタリン・パラドックスは立証できない。経済発展は人間の運命を確かに改善すると思われる——ただし収穫逓減カーブを描くが。第8章で示したように、経済発展は幸福や生活満足に影響を与えるいくつかの要因のうちのひとつにすぎない。

付属資料2

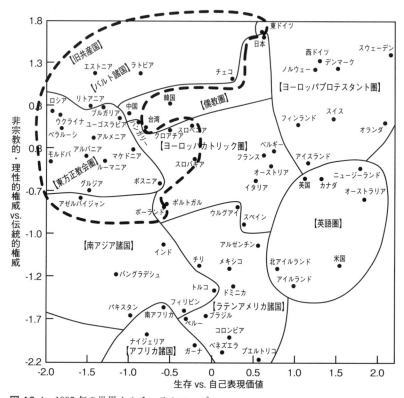

図 A2-1　1995年の世界カルチュラルマップ

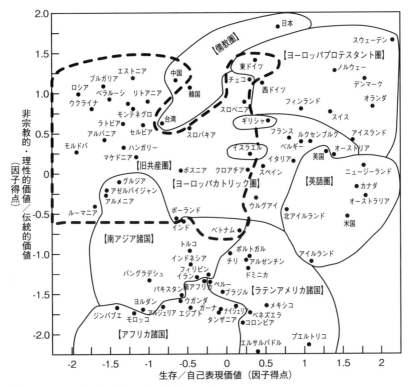

図 A2-2　2000年の世界カルチュラルマップ

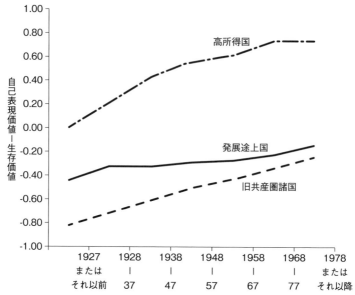

図 A2-3　3 タイプの社会における生存／自己表現価値の年齢別差異

出典：世界価値観調査、1981〜2014 年

高所得国（1992 年時点）：アンドラ、オーストラリア、オーストリア、ベルギー、カナダ、キプロス、デンマーク、フィンランド、フランス、ドイツ、イギリス、アイスランド、アイルランド、イスラエル、イタリア、日本、ルクセンブルク、オランダ、ニュージーランド、北アイルランド、ノルウェー、シンガポール、スペイン、スウェーデン、スイス、台湾、アメリカ

発展途上国（1992 年時点）：アルジェリア、アルゼンチン、バングラデシュ、ブラジル、ブルキナファソ、チリ、中国、コロンビア、ドミニカ共和国、エクアドル、エジプト、エチオピア、ガーナ、ギリシア、グアテマラ、インド、インドネシア、ヨルダン、マレーシア、マリ、マルタ、メキシコ、モロッコ、ナイジェリア、パキスタン、ペルー、フィリピン、ポルトガル、ルワンダ、南アフリカ、韓国、タンザニア、タイ、トリニダードトバゴ、トルコ、ウガンダ、ウルグアイ、ベネズエラ、ベトナム、ザンビア、ジンバブエ

旧共産圏諸国：アルバニア、アゼルバイジャン、アルメニア、ボスニア、ブルガリア、クロアチア、チェコ共和国、エストニア、グルジア(現ジョージア)、ハンガリー、カザフスタン、コソボ、キルギスタン（現キルギス）、ラトビア、リトアニア、マケドニア、モルドバ、モンテネグロ、ポーランド、ルーマニア、ロシア、セルビア、スロバキア、スロベニア、ウクライナ

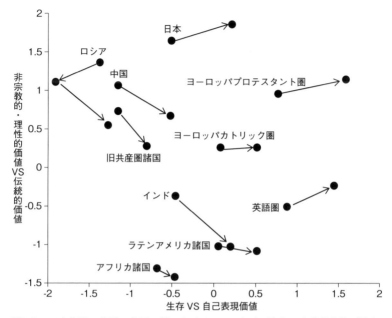

図 A2-4 文化間の差異の主要二軸における 10 タイプの社会の時系列変化（最も古い 1981 年調査と最新の 2014 年調査より）

旧共産圏諸国：アルバニア(1998〜2008 年)、アゼルバイジャン(1997〜2011 年)、アルメニア(1997〜2011 年)、ボスニア(1998〜2008 年)、ブルガリア(1991〜2008 年)、ベラルーシ(1990〜2008 年)、クロアチア(1996〜2008 年)、チェコ共和国(1991〜2008 年)、エストニア(1996〜2011 年)、グルジア／現ジョージア(1996〜2009 年)、ハンガリー(1991〜2008 年)、キルギスタン／現キルギス(2003〜2011 年)、ラトビア(1996〜2008 年)、リトアニア(1997〜2008 年)、モルドバ(1996〜2008 年)、ポーランド(1990〜2012 年)、ルーマニア(1998〜2012 年)、セルビア(1996〜2008 年)、スロバキア(1991〜2008 年)、スロベニア(1992〜2011 年)、ウクライナ(1996〜2011 年)

ラテンアメリカ諸国：アルゼンチン(1984〜2006 年)、ブラジル(1991〜2006 年)、チリ(1990〜2011 年)、コロンビア(2005〜2011 年)、メキシコ(1981〜2012 年)、ペルー(1996〜2012 年)、ウルグアイ(1996〜2011 年)、ベネズエラ(1996〜2000 年)

アフリカ諸国：ガーナ(2007〜2012 年)、モロッコ(2007〜2011 年)、ナイジェリア(1990〜2011 年)、ルワンダ(2007〜2012 年)、南アフリカ(1982〜2006 年)、ジンバブエ(2001〜2012 年)

ヨーロッパカトリック圏：オーストリア(1990〜2008 年)、ベルギー(1981〜2009 年)、フランス(1981〜2008 年)、ギリシア(1999〜2008 年)、イタリア(1981〜2005 年)、ルクセンブルク(1999〜2008 年)、ポルトガル(1990〜2008 年)、スペイン(1981〜2011 年)

ヨーロッパプロテスタント圏：デンマーク(1981〜2008 年)、フィンランド(1990〜2009 年)、ドイツ(1981〜2008 年)、アイスランド(1990〜2009 年)、オランダ(1981〜2012 年)、ノルウェー(1982〜2008 年)、スウェーデン(1982〜2011 年)、スイス(1996〜2008 年)

英語圏：オーストラリア(1981〜2012 年)、カナダ(1982〜2006 年)、イギリス(1981〜2009 年)、アイルランド(1981〜2008 年)、ニュージーランド(1998〜2011 年)、北アイルランド(1981〜2008 年)、アメリカ(1982〜2011 年)

ロシア(1990 年、1995〜2011 年)、**中国**(2007〜2012 年)、**日本**(1981〜2010 年)、**インド**(1990〜2012 年)

付属資料3

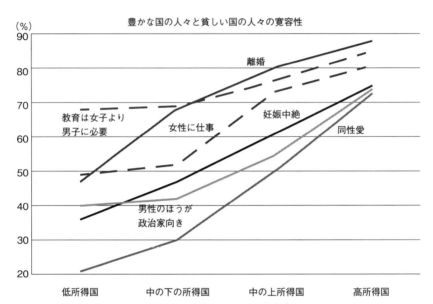

図A3-1 経済発展レベルごとにみた、6指標に対する寛容度

それぞれの指標について寛容な意見を表明した比率を示す
　離婚、中絶、同性愛に関する質問には10段階で答えてもらい、6から10を寛容としてコード化。

低所得国（2000年の世界銀行の分類による）：アゼルバイジャン、バングラデシュ、ブルキナファソ、アルメニア、エチオピア、グルジア（現ジョージア）、ガーナ、インド、インドネシア、キルギスタン（現キルギス）、マリ、モルドバ、ナイジェリア、パキスタン、ルワンダ、タンザニア、ウガンダ、ウクライナ、ウズベキスタン、ベトナム、ザンビア、ジンバブエ

中の下の所得国：アルバニア、アルジェリア、ボスニア、ブルガリア、ベラルーシ、中国、コロンビア、ドミニカ共和国、エクアドル、エジプト、エルサルバドル、グアテマラ、イラン、イラク、カザフスタン、ヨルダン、ラトビア、リトアニア、マケドニア、モンテネグロ、モロッコ、ペルー、フィリピン、ルーマニア、ロシア、セルビア、タイ、チュニジア、トルコ

中の上の所得国：アルゼンチン、ブラジル、チリ、クロアチア、チェコ共和国、エストニア、ハンガリー、韓国、マレーシア、マルタ、メキシコ、ポーランド、プエルトリコ、サウジアラビア、スロバキア、南アフリカ、台湾、トリニダード、ウルグアイ、ベネズエラ

高所得国：オーストラリア、オーストリア、ベルギー、カナダ、キプロス、デンマーク、フィンランド、フランス、ドイツ、ギリシア、香港、アイスランド、アイルランド、イスラエル、イタリア、日本、ルクセンブルク、オランダ、ニュージーランド、ノルウェー、ポルトガル、シンガポール、スロベニア、スペイン、スウェーデン、スイス、イギリス、アメリカ

付属資料 4

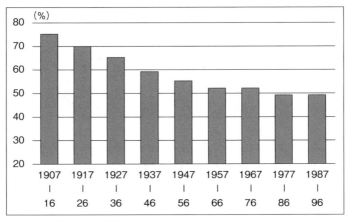

図 A4-1　排外主義と世代間変化
「仕事が少ない場合、雇用者は外国人労働者よりも自国民を優先すべきだ」
(26 の高所得国でこれに賛同する割合（生年別))
出典：世界銀行が 1990 年に「高所得」国と分類した国で得られた価値観調査データに基づく（1990 年の分類を用いるのは、世代間のタイムラグがあるため）。対象国（地域）は、アンドラ、オーストラリア、オーストリア、ベルギー、カナダ、キプロス（ギリシャ）、デンマーク、フィンランド、フランス、ドイツ、英国、香港、アイスランド、アイルランド、イスラエル、イタリア、日本、ルクセンブルク、オランダ、ニュージーランド、カタール、シンガポール、スペイン、スウェーデン、台湾、米国。回答者総数は 122,008。

付属資料 5

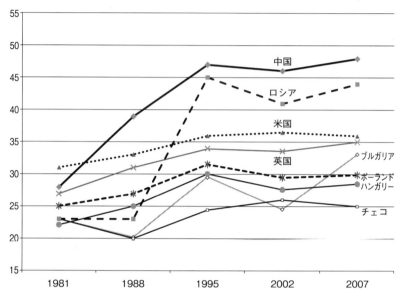

図 A5-1　家計所得の格差トレンド：ロシア、中国、欧米（1981〜2007 年）
縦軸はジニ係数。
出典：Whyte, 2014.

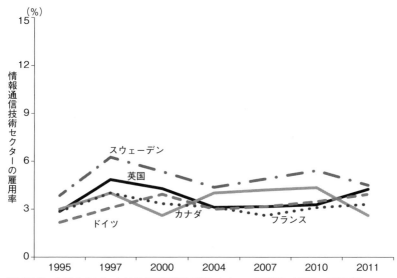

図 A5-2 先進5か国における情報通信技術セクターの雇用率（1995〜2011年）
出典：OECD (2014).

表 A5-1 ザハロフによる政党マニュフェスト比較データセットでの経済的争点と非経済的争点の分類

経済	右派：自由市場、インセンティブ、経済学の正統的な考え、福祉国家の制約、労働組合に否定的
経済	左派：市場規制、経済計画、ケインズ的需要管理、管理経済、国有化、マルクス主義的分析、福祉国家の拡大、社会的正義、労働組合に肯定的
非経済	右派：国古来の生活様式に肯定的、伝統的なモラル観に肯定的、法と秩序、多文化主義に否定的、政治権威、軍隊に肯定的、国際主義に否定的
非経済	左派：国古来の生活様式に否定的、伝統的なモラル観に否定的、多文化主義に肯定的、恵まれない少数派グループ、自由と人権、デモクラシー、国際主義に肯定的、平和、反帝国主義、軍隊に否定的、環境保護

注

序論――本書の概要

1 Stiglitz, Joseph E., 2011. "Of the 1 Percent, by the 1 percent, for the 1 percent," *Vanity Fair*, May.
2 2017年にも新しい調査がはじまっている。
3 Inglehart, Ronald and Christian Welzel, 2010. "Changing Mass Priorities: The Link between Modernization and Democracy," *Perspectives on Politics* 8, 2: 551-567.

第1章　進化論的近代化と文化的変化

1 Adorno, Theodor W., Else Frenkel-Brunswik, Daniel J. Levinson and R. Nevitt Sanford, 1950. *The Authoritarian Personality*. New York: Harper & Row.（『権威主義的パーソナリティ』田中義久・矢澤修次郎・小林修一訳、青木書店、1974年）
2 Christie, R. E. and M. E. Jahoda, 1954. *Studies in the Scope and Method of "The authoritarian personality,"* Glencoe: The Free Press.
3 Stenner, Karen, 2005. *The Authoritarian Dynamic*. Cambridge: Cambridge University Press.
4 生存重視の価値観と自己表現重視の価値観については、図3-1および関連する議論にて詳述する。
5 Inglehart, Ronald and Wayne E. Baker, 2000. "Modernization and Cultural Change and the Persistence of Traditional Values," *American Sociological Review* 65, 1: 19-51; Inglehart, Ronald and Pippa Norris, 2004. *Rising Tide: Gender Equality in Global Perspective*. Cambridge: Cambridge University Press; Inglehart, Ronald and Christian Welzel, 2005. *Modernization, Cultural Change and Democracy: The Human Development Sequence*. New York: Cambridge University Press; Welzel, Christian, 2013. *Freedom Rising: Human Empowerment and the Quest for Emancipation*. New York: Cambridge University Press.
6 Inglehart, Ronald, 1971. "The Silent Revolution in Europe: Intergenerational Change in Post-Industrial Societies," *American Political Science Review* 65, 4: 991-1017; Inglehart, Ronald, 1977. *The Silent Revolution: Changing Values and Political Styles among Western Publics*. Princeton: Princeton University Press

(『静かなる革命——政治意識と行動様式の変化』三宅一郎ほか訳、東洋経済新報社、1978 年); Inglehart, Ronald, 1990. *Culture Shift in Advanced Industrial Society*. Princeton: Princeton University Press; Inglehart, Ronald, 1997. (『カルチャーシフトと政治変動』村山皓・富沢克・武重雅文訳、東洋経済新報社、1993 年) *Modernization and Postmodernization: Cultural, Economic and Political Change in 43 Societies*. Princeton: Princeton University Press; Abramson, Paul and Ronald F. Inglehart, 1995. *Value Change in Global Perspective*. Ann Arbor: University of Michigan Press; Inglehart, Ronald and Wayne E. Baker, 2000. "Modernization and Cultural Change and the Persistence of Traditional Values," *American Sociological Review* 65, 1: 19-51; Inglehart, Ronald and Pippa Norris, 2004. *Rising Tide: Gender Equality in Global Perspective*. Cambridge: Cambridge University Press; Norris, Pippa and Ronald F. Inglehart, 2004. *Sacred and Secular: Religion and Politics Worldwide*. New York: Cambridge University Press; Inglehart, Ronald and Christian Welzel, 2005. *Modernization, Cultural Change and Democracy: The Human Development Sequence*. New York: Cambridge University Press; Welzel, Christian, 2013. *Freedom Rising: Human Empowerment and the Quest for Emancipation*. New York: Cambridge University Press.

7 Gelfand, Michele J. et al., 2011. "Differences between Tight and Loose Cultures: A 33-Nation Study," *Science* 332, 6033: 1100-1104.

8 Thornhill, Randy, Corey L. Fincher and Devaraj Aran, 2009. "Parasites, Democratization, and the Liberalization of Values across Contemporary Countries," *Biological Reviews* 84, 1: 113-131; Thornhill, Randy, Corey L. Fincher, Damian R. Murray and Mark Schaller, 2010. "Zoonotic and Non-zoonotic Diseases in Relation to Human Personality and Societal Values," *Evolutionary Psychology* 8: 151-155; Fincher, Corey L. and Randy Thornhill, 2008. "Assortative Sociality, Limited Dispersal, Infectious Disease and the Genesis of the Global Pattern of Religion Diversity," *Proceedings of the Royal Society* 275, 1651: 2587-2594; Fincher, Corey L., Randy Thornhill, Damian R. Murray and Mark Schaller, 2008. "Pathogen Prevalence Predicts Human Cross-cultural Variability in Individualism/Collectivism," *Proceedings of the Royal Society B* 275, 1640: 1279-1285.

9 Barber, Nigel, 2011. "A Cross-national Test of the Uncertainty Hypothesis of Religious Belief," *Cross-Cultural Research* 45, 3: 318-333.

10 Morris, Ian, 2015. *Foragers, Farmers and Fossil Fuels: How Human Values*

Evolve. Princeton: Princeton University Press.
11 Adorno, Theodor W., Else Frenkel-Brunswik, Daniel J. Levinson and R. Nevitt Sanford, 1950. (=1974); Rokeach, Milton, 1960. The Open and Closed Mind. New York: Basic Books.
12 Inglehart and Welzel, 2005.
13 Inglehart, 1971.
14 Inglehart, 1977.
15 Rokeach, Milton, 1968. Beliefs, Attitudes and Values. San Francisco: Jossey-Bass, Inc.; Inglehart, 1977; Inglehart, 1997.
16 この仮説は1960年代末から1970年代初頭の学生運動の時代に台頭した世代間の価値観変化の兆候がみられたことが契機となった。
17 Böltken, Ferdinand and Wolfgang Jagodzinski, 1985. "In an Environment of Insecurity: Postmaterialism in the European Community, 1970-1980," *Comparative Political Studies* 17 (January): 453-484.
18 世界価値観調査とヨーロッパ価値観研究に関する詳細情報は下記ウエブサイトにある。
　世界価値観調査：http://www.worldvaluessurvey
　ヨーロッパ価値観研究：www.europeanvaluesstudy.eu.
19 1990年の世界銀行による「低所得」国に関する分類を参照。この古い時代の所得レベルを参照したのは、人の基本的価値観は、現在の経済状況よりも成長期に経験した状況により大きく影響されて形成されるという強い論拠があるからである。
20 Inglehart and Welzel, 2005: 219-221.
21 Tversky, Amos and Daniel Kahneman, 1974. "Judgment under Uncertainty: Heuristics and Biases," *Science* 185, 4157: 1124-1131; Morewedge, Carey K. and Daniel Kahneman, 2010. "Associative Processes in Intuitive Judgment," *Trends in Cognitive Sciences* 14: 435-440; Kahneman, Daniel, 2011. *Thinking, Fast and Slow*. New York: Farrar, Strauss and Giroux. (『ファスト＆スロー（上・下）』村井章子訳、早川書房、2014年)
22 Sanfey, Alan G., James K. Rilling, Jessica A. Aronson, Leigh E. Nystrom and Jonathan D. Cohen, 2003. "The Neural Basis of Economic Decision-making in the Ultimatum Game," *Science* 300, 5626: 1755-1758; De Martino, Benedetto, Dharshan Kumaran, Ben Seymour and Raymond J. Dolan, 2006. "Frames, Biases, and Rational Decision-making in the Human Brain," *Science* 313, 5787: 684-687; Soon, Chun Siong, Marcel Brass, Hans-Jochen Heinze and John-Dylan

Haynes, 2008. "Unconscious Determinants of Free Decisions in the Human Brain," *Nature Neuroscience* 11, 5: 543-545.
23 Greene, Joshua and Jonathan Haidt, 2002. "How (and Where) Does Moral Judgment Work?" *Trends in Cognitive Sciences* 6, 12: 517-523; Haidt, Jonathan and Fredrik Bjorklund, 2008. "Social Intuitionists Answer Six Questions about Morality," *Moral Psychology* 2: 181-217.
24 Ridley, Matt, 1996. *The Origins of Virtue: Human Instincts and the Evolution of Cooperation*. London: Penguin Press Science.(『徳の起源——他人をおもいやる遺伝子』岸由二・古川奈々子訳、翔泳社、2000 年)
25 Bednar, Jenna, Aaron Bramson, Andrea Jones-Rooy and Scott Page, 2010. "Emergent Cultural Signatures and Persistent Diversity," *Rationality and Society* 22, 4: 407-444.
26 Inglehart, 1971; Inglehart, 1990 = 1993.
27 Inglehart, 1971; Inglehart, 1990 = 1993; Inglehart, 1997.
28 Human Development Report, 2013. *The Rise of the South: Human Progress in a Diverse World*. New York: United Nations Development Programme.
29 Estes, Richard, 2010. "The World Social Situation: Development Challenges at the Outset of a New Century," *Social Indicators Research* 98, 363-402; Ridley, Matt, 2011. *The Rational Optimist: How Prosperity Evolves*. New York: Harper Perennial; Hughes, Barry B. and Evan E. Hillebrand, 2012. *Exploring and Shaping International Futures*. Boulder, CO: Paradigm Publishing.
30 Goldstein, Joshua S., 2011. *Winning the War on War: The Decline of Armed Conflict Worldwide*. New York: Plume; Pinker, Steven, 2011. *The Better Angels of Our Nature: Why Violence Has Declined*. New York: Viking Press.(『暴力の人類史(上・下)』幾島幸子・塩原通緒訳、青土社、2015 年)
31 Inglehart, Ronald, 2008. "Changing Values among Western Publics, 1970-2006: Postmaterialist Values and the Shift from Survival Values to Self Expression Values," *West European Politics* 31, 1-2: 130-146.
32 Norris, Pippa and Ronald F. Inglehart, 2009. *Cosmopolitan Communications: Cultural Diversity in a Globalized World*. New York: Cambridge University Press.

第 2 章　西洋諸国、そして世界における脱物質主義的価値観の台頭
1　物質主義的／脱物質主義的価値観の詳しい測定および検証方法については、著書『静かなる革命』(1977 = 1978)の第一章、および『カルチャーシフトと政治

変動』(1990＝1993) の第一章を参照されたい。
2 サンプルには各国の人口を反映するようウェイト（加重）がかけられている。2006年の世界価値観調査ではベルギーが調査対象となっていなかったため、1999年のデータを分析に用いた。そのため1999年から2006年の変化が少なくなる可能性はあるが、ベルギーの人口が6大陸の人口に占める割合は4%に過ぎないため、生じるひずみはそれほど大きくはない。
3 Inglehart and Welzel, 2005.

第3章 世界の文化パターン

1 Inglehart, 1990＝1993; Inglehart and Baker, 2000; Inglehart and Welzel, 2005; Norris, Pippa and Ronald F. Inglehart, 2004, 2011. *Sacred and Secular: Religion and Politics Worldwide* (2nd edn.). New York: Cambridge University Press.
2 Inglehart and Baker, 2000.
3 一人当たりGDPは生存への安心感を形成する一側面に過ぎず、社会保障制度や犯罪・暴力・疾病に脅かされずに済む安全性といった側面も重要であるものの、高所得社会は生存への安心感を形成するこうしたすべての側面で高いランクに位置する。そのため、ある社会の一人当たりGDPはその社会の人々が生存への安心感をどの程度享受しているかをみるためのよい指標となる。
4 Weber, Max, 1904 [1930]. *The Protestant Ethic and the Spirit of Capitalism*. London: Routledge; Bell, Daniel, 1973.（『プロテスタンティズムの倫理と資本主義の精神』大塚久雄訳、岩波書店、1989年）*The Coming of Post-Industrial Society*. New York: Basic Books; Toffler, Alvin, 1990. *Powershift: Knowledge, Wealth, Violence in the 21st Century*. New York: Bantam.
5 Huntington, Samuel P., 1996. *The Clash of Civilizations: Remaking of the World Order*. New York: Simon & Schuster（『文明の衝突』鈴木主税訳、集英社、1998年); Putnam, Robert D., 1993. *Making Democracy Work: Civic Traditions in Modern Italy*. Princeton, NJ: Princeton University Press（『哲学する民主主義——伝統と改革の市民的構造』河田潤一訳、NTT出版、2001年); Fukuyama, Francis, 1995. *Trust: Social Virtues and the Creation of Prosperity*. New York: Free Press（『「信」無くば立たず——「歴史の終わり」後、何が繁栄の鍵を握るのか』加藤寛訳、三笠書房、1996年); Inglehart and Baker, 2000; Inglehart and Welzel, 2005.
6 1949年に出版されたジョージ・オーウェルのディストピア小説『1984』は、ニュースや歴史書が、全体主義体制にとって都合の良い真実にあわせるように定期的に改竄される未来を描いている。この小説は、トランプ新政権発足に際し、大

統領就任式に出席した人々の数について明らかに真実ではない発言をしたのに対して「もう一つの事実（alternative facts）」に過ぎないと擁護したことが話題となった 2017 年、再びベストセラーとなった。

7 これら二軸をどのように構築したのかについては、Inglehart, 1997 の第 1 章に詳述されている。

8 Inglehart, 1997; Inglehart and Baker, 2000; Inglehart and Welzel, 2005; Inglehart, Ronald and Christian Welzel, 2010. "Changing Mass Priorities: The Link between Modernization and Democracy," *Perspectives on Politics* 8, 2: 551-567.

9 付属資料にある、各回の調査データに基づく他のマップと比べてほしい。すべて異なる時期に行われたにもかかわらず、これらのマップがあまりに似ていて驚く。

10 尺度の説明と有効性に関する検証は Welzel, 2013 "Freedom Rising: Human Empowerment and the Quest for Emancipation" の 57〜105 ページにある。

11 伝統的価値／非宗教的・理性的価値軸における標準偏差代表値は、生存価値／自己表現価値軸における標準偏差代表値より小さいため、正円ではなく楕円で示している。

12 Inglehart and Welzel, 2010.

13 Inglehart and Welzel, 2010.

14 Oyserman, Daphna, Heather M. Coon and Markus Kemmelmeier, 2002. "Rethinking Individualism and Collectivism: Evaluation of Theoretical Assumptions and meta-analyses," *Psychological Bulletin* 128: 3-72.

15 Hofstede, Geert, 2001, *Culture's Consequences: Comparing Values, Behaviors, Institutions and Organizations across Nations* (2nd edn.). Thousand Oaks, CA: Sage Publications.

16 Schwartz, Shalom, 2006. "A Theory of Cultural Value Orientations: Explication and Applications," *Comparative Sociology* 5, 2-3: 137-182.

17 他にも全国標本調査を用いて個人主義／集団主義を分析したものがあるが、対象国数が一か国または少数国にとどまる。

18 Inglehart and Welzel, 2005.

19 Inglehart and Welzel, 2005.

20 Welzel（2013）は生存／自己表現軸をテクニカルに改良した改訂版を開発し、解放（Emancipative）価値と呼んだ。生存／自己表現価値にかえてこの軸を用いて同じ因子分析を行うと、同じく第一主成分として浮かび上がる。

21 Gelfand et al., 2011; Thornhill and Fincher, 2009; Thornhill and Fincher, 2010.

22 Chiao, Joan Y. and Katherine D. Blizinsky, 2009. "Culture-Gene Coevolution of

Individualism-Collectivism and the Serotonin Transporter Gene," *Proceedings of the Royal Society B* 277, 1681: 529-553.
23 彼らの研究では個人主義と自己表現価値の間に 0.66 の相関がみられた。
24 Acemoglu, Daron and James A. Robinson, 2006b. *Economic Origins of Dictatorship and Democracy*. New York: Cambridge University Press.
25 Shcherbak, Andrey, 2014. "Does Milk Matter? Genetic Adaptation to Environment: The Effect of Lactase Persistence on Cultural Change." Paper presented at summer workshop of Laboratory for Comparative Social Research, Higher School of Economics, St. Petersburg, Russia, June 29-July 12, 2014.
26 Meyer-Schwarzenberger, Matthias, 2014. "Individualism, Subjectivism, and Social Capital: Evidence from Language Structures." Paper presented at summer workshop of Laboratory for Comparative Social Research, Higher School of Economics, St. Petersburg, Russia, June 29-July 12, 2014.
27 Inglehart, Ronald F., Svetlana Borinskaya, Anna Cotter et al., 2014. "Genetic Factors, Cultural Predispositions, Happiness and Gender Equality," *Journal of Research in Gender Studies* 4, 1: 40-69.
28 Cavalli-Sforza, Luigi Luca, Paolo Menozzi and Alberto Piazza, 1994. The History and Geography of Human Genes. Princeton: Princeton University Press; Inglehart et al., 2014. They used the forensic STR system because these data are available for many populations, including some not studied for other genes.
29 Benjamin, Daniel J., David Cesarini, Matthijs J. H. M. van der Loos et al., 2012. "The Genetic Architecture of Economic and Political Preferences" *Proceedings of the National Academy of Sciences* 109, 21: 8026-8031.
30 マップの煩雑さを避けるため、クラスター分けで用いられた国からなるグループ全体の変化の合計で示す。そこにロシア、中国、インド、日本の変化を追加した。

第4章 世俗化は終焉を迎えるのか
* 本章は Norris and Inglehart, 2011. を参考にしている。
1 Bruce, Steve, 1992. "Pluralism and Religious Vitality," in Steve Bruce (ed.), *Religion and Modernization: Sociologists and Historians Debate the Secularization Thesis*. Oxford: Oxford University Press: 170-194; Aldridge, A., 2000. *Religion in the Contemporary World*. Cambridge: Polity Press, Chapter 3.
2 ここで用いる「原理主義」とは、ほかのいかなる信条も受け入れず、自分たちの信仰の原理原則に絶対的信念をもつことをさす。

3 Finke, Roger, 1992. "An Unsecular America," in Steve Bruce (ed.), *Religion and Modernization: Sociologists and Historians Debate the Secularization Thesis*. Oxford: Oxford University Press: 145-169.

4 Stark, Rodney and William Sims Bainbridge, 1985a. "A Supply-side Reinterpretation of the 'Secularization' of Europe," *Journal for the Scientific Study of Religion* 33, 3: 230-252; Finke, Roger and Laurence R. Iannaccone, 1993. "The Illusion of Shifting Demand: Supply-side Explanations for Trends and Change in the American Religious Market Place," *Annals of the American Association of Political and Social Science* 527: 27-39.

5 Finke, Roger and Rodney Stark, 2000. *Acts of Faith: Explaining the Human Side of Religion*. Berkeley, CA: The University of California Press: 230.

6 Finke and Stark, 2000: 237-238.

7 このテーマに関する詳細は、下記で詳細に論じられている。Mueller, J. 1989. *Retreat from Doomsday: The Obsolescence of Major War*. New York: Basic Books

8 Norris and Inglehart, 2004: 92. Based on data from US General Social Survey, 1972-2002.

9 Norris and Inglehart, 2004: 5-6.

10 Thomas, Scott M., 2005. *The Global Resurgence of Religion and the Transformation of International Relations: The Struggle for the Soul of the Twenty-first Century*. New York: Palgrave Macmillan.

11 第5章で説明する理由から、国レベルの現在の基本的な文化的価値観を予測するには、その国の現在の経済的安定のレベルよりも一世代前のレベルのほうが、より正確なものとなる。2014年、世界銀行レポートでは今やロシアは高所得国に分類されると示しているが、現在のロシアの成人人口はその人格形成期に、物資欠乏と平均余命の低下を経験している。

第5章 文化的変化、遅い変化と速い変化——ジェンダー間の平等と性的指向を律する規範がたどる独特の軌跡について

＊ 本章はInglehart, Ponarin and Inglehart, 2017. に基づいている。

1 Inglehart, 1990＝1993.

2 Nolan and Lenski, 2015

3 Norris and Inglehart, 2004.

4 Inglehart, 1990＝1993.

5 Lesthaeghe, Ron and Johan Surkyn, 1988. "Cultural Dynamics and Economic

Theories of Fertility Change," *Population and Development Review*, 141: 1-46.
6 Yan de Kaa, Dirk J., 2001. "Postmodern Family Preferences: From Changing Value Orientation to New Behavior," *Population and Development Review* 27: 290-331.
7 Broadberry, Stephen and Kevin H. O'Rourke (eds.), 2010. *The Cambridge Economic History of Modern Europe: 1700-1870*. Cambridge: Cambridge University Press.
8 Human Development Report, 2013. *The Rise of the South: Human Progress in a Diverse World*. New York: United Nations Development Programme.
9 Ridley, Matt, 2011. *The Rational Optimist: How Prosperity Evolves*. New York: Harper Perennial（『繁栄——明日を切り拓くための人類10万年史』大田直子・鍛原多惠子・柴田裕之訳、早川書房、2013年）; Hughes, Barry B. and Evan E. Hillebrand, 2012. *Exploring and Shaping International Futures*. Boulder, CO: Paradigm Publishing.
10 Gat, Azar, 2006. *War in Human Civilization*. Oxford: Oxford University Press; Pinker, 2011＝2015.
11 Prentice, Thomson, 2006. "Health, History and Hard Choices: Funding Dilemmas in a Fast-Changing World," *Nonprofit and Voluntary Sector Quarterly* 37, 1: 63S-75S.
12 Singh, Gopal K. and Peter C. van Dyck, 2010. *Infant Mortality in the United States, 1935-2007*. Rockville, Maryland: US Department of Health and Human Services.
13 これは長期的な傾向だが、生存への安心感が低下すると影響を受けて大きく変動する。
14 Inglehart and Welzel, 2005; Andersen, Robert and Tina Fetner, 2008. "Cohort Differences in Tolerance of Homosexuality," *Public Opinion Quarterly* 72, 2: 311-330.
15 2000年の世界銀行の分類によれば、低所得国の一人当たり平均所得は1,582米ドル（購買力平価推計）で乳幼児の平均死亡率は54.5％。中所得国から高所得国になるにつれてこれらの数値はかわり、高所得国の一人当たり平均所得は27,223米ドルで乳幼児の平均死亡率は4.4％となる。
16 Robinson, William, 1950. Ecological Correlations and the Behavior of Individuals. *American Sociological Review* 15, 3: 351-357.
17 これらの指標は表5-1の分析から得られた因子スコアである。似てはいるがやや弱い因子が個人レベルでみられる。クロス集計分析では6要素に基づく指標を

用いるが、時系列分析では同性愛、離婚、中絶に関する3要素に基づく指標を用いる。この3要素は1981年の世界価値観調査実施以来、調査項目に含まれているため時系列比較が可能だが、ジェンダー間の平等に関する項目は1995年以降実施されたからである。
18　一人当たりGDPは国民所得統計を購買力平価で評価したPenn World Table、平均余命および乳幼児死亡率は国際保健機構のデータから。
19　多様な文化を比較するためのもう一つの重要な軸は伝統的価値 vs. 非宗教的・理性的価値であるが、これは生存 vs. 自己表現軸と相関関係がないため、ここでの分析の中心をなさない。
20　ここ数十年、西ヨーロッパ諸国では低所得諸国からの大量の移民流入を経験してきた。低所得国は概して個人選択規範にあまり寛容的ではない。こうした規範は変化に抵抗するため、民族間の対立的緊張や外国人を排除する政党の支持率上昇に繋がっている。
21　ここで示した結果は、それぞれの年の生存の安心指標が唯一の説明変数となった回帰分析に基づく。生存の安心指標は各国におけるある時点での平均余命、乳幼児死亡率、一人当たりGDPからなる。これら3つの要素を別々に用いた予備的回帰分析では同様のパターンがみられ、1960年代または1970年代のデータは個人選択規範に関する説明力が高く、また生存の安心指標は各要素よりも説明力が高い。
22　Traugott, Michael, 2001. "Trends: Assessing Poll Performance in the 2000 Campaign," *Public Opinion Quarterly* 65, 3: 389-419; Lewis-Beck, Michael S., 2005. "Election Forecasting: Principles and Practice," *British Journal of Politics and International Relations*, 7: 145-164.
23　Silver, Nate, 2015. *The Signal and the Noise*. New York: Penguin: 63.
24　Selig, James P., Kristopher J. Preacher and Todd D. Little, 2012. "Modeling Time-Dependent Association in Longitudinal Data: A Lag as Moderator Approach," *Multivariate Behavioral Research* 47, 5: 697-716.
25　Inglehart, 1971.
26　Inglehart, Ronald F., Ronald C. Inglehart and Eduard Ponarin, 2017. "Cultural Change, Slow and Fast: The Distinctive Trajectory of Norms Governing Gender Equality and Sexual Orientation," *Social Forces*（January）1-28.
27　Inglehart, Inglehart and Ponarin, 2017: Table 5.
28　出生コーホートごとに算出された個人選択規範の受容を示す平均スコアは、最初にデータが得られた1981年の調査と最新のデータが得られた2009年の調査に基づく。そして両方の調査からデータが得られた5つのコーホートについて、も

っとも古い調査年のスコアともっとも新しい調査年のスコアの差を算出した。コーホート内変化のスコアはこの差異の平均を示す。人口置換による変化は、もっとも古い調査年の全体平均スコアと最新の調査年の全体平均スコアの差をとり、コーホート内効果を減じて算出した。

29 Inglehart and Welzel, 2005.

第6章　社会の女性化と、国のために戦う意欲の減退——「長い平和」の個人レベルの構成要素

* 本章は Inglehart, Puranen and Welzel, 2015. を参考にしている。

1 Gat, 2006: Introduction, p. 7. 裕福な男性が多くの女性を養う一夫多妻制の社会にも、これはあてはまる。

2 Doyle, Michael W., 1986. "Liberalism and World Politics," *American Political Science Review* 80, 4: 1151-1169.

3 Mousseau, Michael, Håvard Hegre and John R. O'neal, 2003. "How the Wealth of Nations Conditions the Liberal Peace," *European Journal of International Relations* 9, 2: 277-314; Gartzke, Erik. 2007. "The Capitalist Peace," *American Journal of Political Science* 51, 1: 166-191; McDonald, Patrick J., 2009. *The Invisible Hand of Peace: Capitalism, the War Machine, and International Relations Theory*. New York: Cambridge University Press.

4 Rosecrance, Richard, 1986. *The Rise of the Trading State: Commerce and Conquest in the Modern World*. New York: Basic Books; Cf. Mueller, 1989.

5 Mueller, 1989.

6 Gat, 2006.

7 Pinker, 2011 = 2015.

8 Angell, Norman (1933 [1909]). *The Great Illusion*. London: G.P. Putnam's Sons.

9 Oneal, John R. and Bruce M. Russet, 1997. "The Classical Liberals Were Right," *International Studies Quarterly* 41, 2: 267-293; Hegre, Håvard, John R. Oneal and Bruce Russett, 2010. "Trade Does Promote Peace: New Simultaneous Estimates of the Reciprocal Effects of Trade and Conflict," *Journal of Peace Research* 47, 6: 763-774; Dorussen, Han and Hugh Ward, 2010. "Trade Networks and the Kantian Peace," *Journal of Peace Research* 47, 1: 29-42.

10 Gartzke, 2007; Mousseau, 2009; McDonald, 2009.

11 Dafoe, Allen, 2011. "Statistical Critiques of the Democratic Peace: Caveat Emptor," *American Journal of Political Science* 55, 2: 247-262; Dafoe, Allen and

Bruce Russett, 2013. "Does Capitalism Account for the Democratic Peace? The Evidence Says No," in Gerald Schneider and Nils Petter Gleditsch (eds.), *Assessing the Capitalist Peace*. New York: Routledge: 110-126.
12 Gat, Azar, 2005. "The Democratic Peace Theory Reframed: The Impact of Modernity," *World Politics* 58, 1: 73-100; Gat, 2006.
13 Pinker, 2011＝2015.
14 Goldstein, 2011.
15 Human Security Report Project, 2012. *Human Security Report 2012*. Vancouver: Human Security Press. Available at www.hsrgroup.org/human-security-reports/2012/text.aspx.
16 Chenoweth, Erica and Kathleen Gallagher Cunningham, 2013. "Understanding Nonviolent Resistance," *Journal of Peace Research* 5, 3: 271-276; Schock, Kurt, 2013. "The Practice and Study of Civil Resistance," *Journal of Peace Research* 50, 3: 277-290.
17 Ridley, 2011＝2013.
18 Human Development Report, 2013.
19 Estes, 2010.
20 Africa Progress Report, 2012. *Jobs, Justice, and Equity*. Geneva: Africa Progress Panel.
21 Welzel, 2013: 4.
22 Huntington, Samuel P., 1991. *The Third Wave: Democratization in the Late 20th Century*. Norman, OK: University of Oklahoma Press; Markoff, John and Amy White. 2009. "The Global Wave of Democratization," in Christian W. Haerpfer, Patrick Bernhagen, Ronald F. Inglehart and Christian Welzel (eds.), *Democratization*. Oxford: Oxford University Press: 55-73; Pegram, Thomas, 2010. "Diffusion across Political Systems: The Global Spread of National Human Rights Institutions," *Human Rights Quarterly* 32, 3: 729-760.
23 Møller, Jørgen and Svend-Erik Skaaning, 2013. "The Third Wave: Inside the Numbers," *Journal of Democracy* 24, 4: 97-109.
24 Pinker, 2011＝2015.
25 De Waal, Frans B. M., 1995. "Bonobo Sex and Society," *Scientific American* 272, 3: 82-88.
26 Puranen, 2008; Puranen, 2009.
27 Puranen, 2008, 2009.
28 2000年世界銀行の分類に基づく。

29 イラクについては個人選択重視指標に関するデータがないためこのグラフでは表記されていないが、戦う意欲が非常に低い。これはスンニ派、シーア派、クルド族間の対立を反映している。つまり互いに戦うが、「イラクのために」は戦う気はないということである。
30 デンマークとアイスランドも国のために戦う意欲が比較的高いが、個人選択重視6要素のデータが完全でない。
31 Inglehart, Puranen and Welzel, 2015.
32 期間の長さを変数として追加処理しても、変化はここに示した結果と変わらない。
33 Ingle hart, Puranen and Welzel, 2015.
34 個人選択重視の価値観の高まりによる低減効果は、生存率の上昇や民主主義の高まりをコントロールするが、その逆はない。
35 このイングルハートとピュラネン、ウェルツェルのモデルで、戦う意欲の低下を説明変数にして逆向きに分析しても、有意な効果は得られない。これは、作用の主たる方向は選択重視の価値観から戦う意欲に向けてであることを示唆する。

第7章　発展と民主主義

* 本書は下記の資料を含む。

Inglehart and Welzel, 2005; Inglehart and Welzel, 2009; Welzel and Inglehart, 2008; and Inglehart and Welzel, 2010.

1 民主化に関する長期トレンドの詳しい分析については、Christian Welzel, Ronald Inglehart, Patrick Bernhagen and Christian Haerpfer. 2018. "The New Pessimism about Demoracracy," in Welzel, Bernhagen, Inglehart and Haerpfer (eds.), *Democratization* (2nd edn.). New York: Oxford University Press. を参照されたい。
2 Lipset, Seymour Martin, 1959. "Some Social Requisites of Democracy: Economic Development and Political Legitimacy," *American Political Science Review* 53, 1: 69-105.
3 最近になってダロン・アセモグルとジェイムス・ロビンソンも、計量経済学の手法を用いて2006年の著書で経済発展と民主主義はどちらも根強い制度／文化的要因を反映すると結論づけている。
4 Deutsch, Karl W., 1961. "Social Mobilization and Political Development," *American Political Science Review* 55, 3: 493-514.
5 Moore, Barrington, 1966. *The Social Origins of Dictatorship and Democracy*. Boston: Beacon Press.

6 Inglehart and Welzel (2005), Chapters 7 and 8.
7 Inglehart, Ronald, 2003. "How Solid is Mass Support for Democracy-and How Do We Measure It?" *PS: Political Science and Politics* 36, 1: 51-57. This finding is confirmed in Inglehart and Welzel, 2005: Chapter 10; and gets further support in Welzel, Christian, 2007. "Are Levels of Democracy Affected by Mass Attitudes? Testing Attainment and Sustainment Effects on Democracy," *International Political Science Review* 28, 4: 397-424.
8 Kaufman, Kraay and Mastruzzi, 2003.
9 Welzel and Inglehart, 2004.
10 この主張に関する広範囲な実証データについては、Inglehart and Welzel, 2005 を参照されたい。
11 Inglehart and Welzel, 2005: Chapters 8 and 9.
12 Eckstein, 1966, 1975 and Almond and Verba, 1963.
13 この理由づけは社会主導の体制変革にはあてはまるが強制された体制改革にはあてはまらない。
14 民主主義と自己表現重視の価値観は異なる尺度で測定されているため、この二つの不一致を算出するために、比較可能な尺度に変換した。まず二つの変数を標準化し、それぞれの最大値を 1.0 とした。そして民主主義から自己表現重視の価値観を減算し −1 から +1 の不一致スケールを作成した。−1 は自由民主主義が最大で自己表現重視の価値観がまったくみられない状態を、+1 は逆の状態を示す。
15 この分析はウェルツェルによって考案された。図 7-2 の初期バージョンは、Inglehart and Welzel, 2005: 189. に掲出。
16 Inglehart and Welzel, 2005.
17 時間的自己相関とは、ある変数の Time 1 におけるレベルが、その変数の Time 2 におけるレベルを予測する強力な材料となる傾向をいう。たとえば、ある国の 2014 年の人口は、2015 年の人口を予想する強力な材料となる。
18 これらの変化に関しては、Lerner, Daniel, 1958. *The Passing of Traditional Society: Modernizing the Middle East.* New York: Free Press. の分析が示唆に富んでいる。
19 Deutsch, 1961, and Deutsch, Karl W., 1966. *Nationalism and Social Communication.* Cambridge, MA: MIT Press.
20 Almond, Gabriel A. and Sidney Verba, 1963. *The Civic Culture: Political Attitudes and Democracy in Five Nations.* Newbury Park, CA: Sage Publications; cf. Milbrath, Lester W. and Madan Lal Goel, 1977. *Political Participation: How and*

Why Do People Get Involved in Politics? Boston: Rand McNally College Publishing Co.; Verba, Sidney, Norman H. Nie and Jae-on Kim, 1978. *Participation and Political Equality: A Seven-Nation Comparison*. Chicago: University of Chicago Press; Barnes, Samuel H. and Max Kaase (eds.), 1979. *Political Action: Mass Participation in Five Western Democracies*. Beverly Hills, CA: Sage Publications.

21 Inglehart, 1977.
22 Inglehart, 1977. で提起した。
23 バーンズ、カッセらは、1979年、この点について5か国のデータを用いて証明した。
24 アリストテレスは2500年前に、民主主義は中産階級社会の典型的な体制だと論じた。この議論は1971年ロバート・ダールによって定式化され、エドワード・ミュラーによって実証分析された。Muller, E. N. 1988. "Democracy, economic development, and income inequality." *American Sociological Review* 53: 50-68, and Vanhanen, T. 2003. *Democratization: A Comparative Analysis of 170 Countries*. New York: Routledge.
25 Acemoglu and Robinson, 2006; Acemoglu, et al., 2008; Acemoglu, Daron and James A. Robinson, 2006a. "De Facto Political Power and Institutional Persistence," American Economic Review 96, 2: 326-330.
26 Putnam, 1993＝2001.
27 冷戦の終結はもっとも重要な阻害要因を取り除くこととなったが、台湾や韓国が高いレベルでの発展に到達したことも促進要因となった。
28 Inglehart and Welzel, 2005: 118-126 and 224-227.
29 Inglehart, Ronald, Mansoor Moaddel and Mark Tessler, 2006. "Xenophobia and In-Group Solidarity in Iraq: A Natural Experiment on the Impact of Insecurity," *Perspectives on Politics* 4, 3: 495-506.

第8章　変化する幸福の源

* 本章は下記をもとに執筆している。

Inglehart, Ronald, Roberto Foa, Christian Peterson and Christian Welzel. 2008. "Development, Freedom and Rising Happiness: A Global Perspective, 1981-2007," *Perspectives on Psychological Science* 3, 4: 264-285, and Inglehart, R. "Faith and Freedom: Traditional and Modern Ways to Happiness," in Ed Diener and Daniel Kahnemann (eds.) *International Differences in Well Being*. New York: Oxford University Press, 2010: 342-368; and Inglehart, R. 1997. *Modern-*

ization and Postmodernization. Princeton: Princeton University Press.
1 Brickman, Philip and Donald T. Campbell, 1981. "Hedonic Relativism and Planning the Good Society," in M. Appley (ed.), *Adaptation-level Theory*. New York: Academic Press, 287-305; Diener, Ed., Eunkook M. Suh, Richard E. Lucas, and Heidi L. Smith, 1999. "Subjective Well being: Three Decades of Progress," *Psychological Bulletin* 125, 2: 276-302; Kahneman, Daniel, Alan B. Krueger, David A. Schkade, Norbert Schwarz and Arthur A. Stone, 2004. "A Survey Method for Characterizing Daily Life Experience: The Day Reconstruction Method," *Science* 306, 5702: 1776-1780.
2 Easterlin, Richard A., 1974. "Does Economic Growth Improve the Human Lot?" in P.A. David and M. Reder (eds.), *Nations, Households, and Economic Growth*. New York: Academic Press, 98-125; Kenny, Charles, 2005. "Does Development Make You Happy? Subjective Well-being and Economic Growth in Developing Countries," *Social Indicators Research* 73, 2: 199-219.
3 Ebstein, Richard P., Olga Novick, Roberto Umansky et al., 1996. "Dopamine D4 Receptor (D4DR) Exon III Polymorphism Associated with the Human Personality Trait of Novelty Seeking," *Nature Genetics* 12, 1: 78-80; Harner, Dean H., 1996. "The Heritability of Happiness," *Nature Genetics* 14, 2: 125-126.
4 Lykken, David and Auke Tellegen, 1996. "Happiness Is a Stochastic Phenomenon," *Psychological Science* 7, 3: 186-189; Lyubomirsky, Sonja, Kennon M. Sheldon and David Schkade, 2005. "Pursuing Happiness: The Architecture of Sustainable Change," *Review of General Psychology* 9, 2: 111-131; Minkov, Michael and Michael Harris Bond, 201 6. "A Genetic Component to National Differences in Happiness," *Journal of Happiness Studies*. 1-20.
5 Diener, Ed and Richard E. Lucas, 1999. "Personality and Subjective Well-being," in Daniel Kahnernan, Edward Diener and Norbert Schwarz (eds.), *Well-being: The Foundations of Hedonic Psychology*. New York: Russell Sage Foundation, 213-229.
6 Headey, Bruce and Alexander Wearing, 1989. "Personality, Life Events, and Subjective Well-being: Toward a Dynamic Equilibrium Model," *Journal of Personality and Social Psychology* 57, 4: 731-739; Larsen, Randy J., 2000. "Toward a Science of Mood Regulation," *Psychological Inquiry* 11, 3: 129-141; Williams, Donald E. and J. Kevin Thompson, 1993. "Biology and Behavior: A Set-point Hypothesis of Psychological Functioning," *Behavior Modification* 17, 1: 43-57.
7 Inglehart, 1990 = 1993; Diener, Edward, and Shigehiro Oishi, 2000. "Money and

Happiness: Income and Subjective Well-being across Nations," in Edward Diener and Eunkook M. Suh (eds.), *Culture and Subjective Well-being*. Cambridge, MA: MIT Press: 185-218; Inglehart, Ronald and Hans-Dieter Klingemann, 2000. "Genes, Culture, Democracy, and Happiness," in Ed Diener and Eunkook M. Suh (eds.), *Culture and Subjective Well-being*. Cambridge, MA: MIT Press, 165-183; Easterlin, Richard A., 2005. "Feeding the Illusion of Growth and Happiness: A Reply to Hagerty and Veenhoven," *Social Indicators Research* 74, 3: 429-443; and Kahneman, Daniel and Alan B. Krueger, 2006. "Developments in the Measurement of Subjective Well-being," *Journal of Economic Perspectives* 20, 1: 3-24.

8　Easterlin, 1974; Easterlin, Richard A., 2003. "Explaining Happiness," *Proceedings of the National Academy of the Sciences* 100, 19: 11176-11183.

9　Diener, E., R. E. Lucas and C. N. Scollon, 2006. "Beyond the Hedonic Treadmill: Revising the Adaptation Theory of Well-being," *American Psychologist* 61, 4: 305-14. Fujita, F. and E. Diener, 2005. "Life Satisfaction Set Point: Stability and Change," *Journal of Personality and Social Psychology* 88, 1: 158-64. 同様に、婚姻状態が生活満足度に及ぼす影響に関する15年に及ぶ縦断的研究によれば、「平均的」には満足度のベースラインに戻るものの、かなりの数の人が元々のベースラインより高いまま満足度を維持している一方で、低いままの人もいる。Lucas, R. E., A. E. Clark, Y. Georgellis, and E. Diener, 2005. "Reexamining Adaptation and the Set Point Model of Happiness: Reactions to Changes in Marital Status," *Journal of Personality and Social Psychology* 84, 3: 527-39.

10　Inglehart, 1990＝1993: Introduction.

11　Johnson, Wendy and Robert F. Krueger, 2006. "How Money Buys Happiness: Genetic and Environmental Processes Linking Finances and Life Satisfaction," *Journal of Personality and Social Psychology* 90, 4: 680-691.

12　Inglehart and Welzel, 2005: 140; Sen, Amartya, 2001. *Development as Freedom*. New York: Alfred Knopf.

13　Inglehart and Welzel, 2005.

14　Inglehart, 1990＝1993; Barro, Robert J., 1999. "Determinants of Democracy." *Journal of Political Economy* 107, S6: 158-183; Frey, Bruno S. and Alms Stutzer, 2000. "Happiness Prospers in Democracy," *Journal of Happiness Studies 1*, 1: 79-102; Inglehart and Klingemann, 2000.

15　Haller Max and Markus Hadler, 2004. "Happiness as an Expression of Freedom and Self-determination: A Comparative Multilevel Analysis," in W. Glatzer,

S. von Below and M. Stoffregen (eds.), *Challenges for Quality of Life in the Contemporary World*. Dordrecht, The Netherlands: Kluwer Academic Publishers, 207-229; Inglehart and Welzel, 2005; Ott, Jan, 2001. "Did the Market Depress Happiness in the US?" *Journal of Happiness Studies* 2, 4: 433-443; Veenhoven, Ruut, 2000. "Freedom and Happiness: A Comparative Study in Forty-four Nations in the Early 1990s," in Ed Diener and Eunkook M. Suh (eds.), *Culture and Subjective Well Being*. Cambridge, MA: MIT Press, 257-288; Welsch, Heinz, 2003. "Freedom and Rationality as Predictors of Cross-National Happiness Patterns: The Role of Income as a Mediating Value," *Journal of Happiness Studies* 4, 3: 295-321.

16 Inglehart and Welzel, 2005; Schyns, Peggy, 1998. "Crossnational Differences in Happiness: Economic and Cultural Factors Explored," *Social Indicators Research* 42, 1/2: 3-26.

17 Inglehart and Welzel, 2005.

18 Andrews, Frank M. and Stephen B. Withey, 1976. *Social Indicators of Well-being*. New York: Plenum.

19 生活満足度は10段階で、幸福度は4段階で計測されており、また二つの質問は「満足」「幸せ」の極も反対にあるため、主観的満足度指標は次のような公式を用いて算出した。

主観的満足度＝生活満足度－2.5×幸福度

「非常に幸せ」かつ「満足」と回答した人がどちらも100％の場合、10－2.5×1で、その国は最高のスコアである7.5となる。「幸せ」と「幸せでない」、そして「満足」と「不満」という回答が同じバランスの場合、その国のスコアは0となる。大多数の回答が「不満」で「幸せでない」場合、マイナスのスコアとなる。

20 自分の人生をコントロールしている感覚を測るため、自分の人生をどの程度自由にコントロールすることができると思うかという設問に対して、1「まったく自由にならない」から10「まったく自由になる」の尺度を用いて回答してもらった。また同性愛についても1「まったく認められない」から10「まったく認められる」の尺度を用いて回答してもらった。調査には信心深さに関する設問が多く含まれているが、もっとも感度のいい指標は「あなたの生活において神はどの程度重要ですか」で、10段階を用いて回答してもらった。また「あなたは自国民（国ごとに調査対象者の国名、日本であれば日本人と記載）であることにどのくらい誇りを感じますか」についても回答してもらっている。

21 Center for Systemic Peace. 2014. Polity IV Annual Time Series, 1800-2014. www.systemicpeace.org/polity/polity4.htm (accessed November 19, 2017).

22　Inglehart, 1997 and Hagerty and Veenhoven, 2003.
23　生活満足度は、全体的にいって現在の生活にどの程度満足しているかを、1「不満」から10「満足」の尺度を用いて回答してもらった。幸福度は、どの程度幸せかについて「非常に幸せ」「やや幸せ」「あまり幸せではない」「まったく幸せではない」の4つから回答してもらった。1人当たりGDPは世界銀行データより。
24　一人当たりGNPを対数変換して直線で示すこともできるが、それでは経済発展と幸福度の関係を収穫逓減の曲線で示すものにすぎなくなる。経済発展による影響はたいてい収穫逓減を示すため、エコノミストは習慣的に経済指標として対数変換を行う。だからといってそこに潜む真実を変えるものではない。
25　Inglehart, Foa, Peterson and Welzel, 2008.
26　Norris and Inglehart, 2004.
27　同性愛をまったく認められないと回答したうち25％の人が「非常に幸せ」と回答した一方、認められると回答した人のうち31％が「非常に幸せ」と回答した。
28　予測通り、不幸せな人が多かった社会が1990年前後、突然民主化に向けてシフトしたとき、主観的幸福度と民主主義の相関は低下した。
29　この主張には長く、またいささかテクニカルな論争があるため、詳しくは付属資料1の「イースターリーン・パラドックス」を参照されたい。
30　Inglehart, Foa, Peterson and Welzel, 2008ではデータによる検証が可能になる以前に、この予測を述べていた。
31　世界幸福データベースに関する情報およびデータは下記URLを参照されたい。http://worlddatabaseofhappiness.eur.nl/（accessed October 29, 2017）.
32　主観的幸福度が急激に低下することは滅多にないが、急激に低下するときには深刻な影響をもたらす。1991年のソ連邦の崩壊は負の影響を及ぼしたが、主観的満足度の低下のほうが先行していた。同様に1980年代のベルギーの分裂、そして民族間の溝に基づく連邦制への移行も、その前に既に主観的幸福度の急激な低下が起きていた（Inglehart and Klingemann, 2000参照）。
33　Cummins, Robert A. and Helen Nistico, 2002. "Maintaining Life Satisfaction: The Role of Positive Cognitive Bias," *Journal of Happiness studies* 3, 1: 37-69.
34　Ellison, Christopher G., David A. Gay and Thomas A. Glass, 1989. "Does Religious Commitment Contribute to Individual Life Satisfaction?" *Social Forces* 68, 1: 100-123; Lim, C. and Putnam, R., 2010. "Religion, Social Networks, and Life Satisfaction," *American Sociological Review* 75: 914-933.
35　中南米諸国では、68％の人が「自分の生活にとって神は重要」だと10段階のうち10を選択する一方、そうした回答をする人は旧共産圏国では29％に過ぎない。

36 International Labor Organization, 2012. Laborstat. Available at http://laborsta.ilo.org/（accessed October 28, 2017）.
37 World Bank, 2012. World Development Indicators. Available at http://data.worldbank.org/data-catalog/world-development-indicators（accessed October 29, 2017）.
38 Inglehart and Klingemann, 2000.
39 Ellison, 1989; Lim and Putnam, 2010.
40 主たる収入減が原油輸出で、国民への再配分が公平でないバーレーンは高所得国なのに唯一の例外となっている。
41 Thomas, 2005; Thomas, 2007.
42 パス分析に基づくこの数値は Inglehart, Foa, Peterson and Welzel, 2008: 280 より。
43 図8-10の国が56か国と、図8-4および図8-5で示した62か国より少ないのは、変数を示すデータが入手可能な国のみを対象としたためである。
44 Easterlin, 2005.
45 Inglehart, 1997; Inglehart and Welzel, 2005.

第9章　静かなる「逆革命」：トランプの登場と独裁的ポピュリスト政党の台頭

* この章のほとんどは、Inglehart, 1977 and Inglehart and Norris 2017. に既出している。
1 Inglehart, 1971; Inglehart, 1977＝1978; Inglehart, 1990＝1993.
2 第3章で示したように、脱物質主義的価値観は、生存重視の価値観から自己表現重視の価値観への幅広いシフトの一環である。用語を簡素化するため、本章ではこの幅広い文化的シフトを表すのに「脱物質主義」という表現を用いる。
3 Inglehart, 1971; Inglehart, 1977＝1978; Inglehart, 1990＝1993.
4 Ignazi, Piero, 1992. "The Silent Counter-revolution," *European Journal of Political Research*, 22(1), 3-34; Ignazi, Piero, 2003. *Extreme Right Parties in Western Europe*. Oxford University Press.
5 Inglehart, 1990＝1993; Inglehart, 1997.
6 Inglehart, 1990＝1993; Inglehart, 1997; Inglehart and Welzel, 2005; Norris and Inglehart, 2011.
7 物質主義的／脱物質主義的価値観に関する12の設問のうち、5つが脱物質主義的価値観をはかるものである。ある個人の脱物質主義的スコアは、5つのアイテムのうちいくつを優先するかによって、0から5に分布する。
8 Norris, 2005.

9 Kitschelt, Herbert with Anthony J. McGann, 1995. *The Radical Right in Western Europe: A Comparative Analysis.* Ann Arbor: University of Michigan Press; Betz, Hans-Georg, 1994. *Radical Right-wing Populism in Western Europe.* New York: Springer.
10 Ivarsflaten, 2008.
11 Van der Brug, Fennema and Tillie, 2005; Koopmans, R. et al., 2005.
12 環境主義的自由政党は新しい政治軸の反対に位置する。Marks, Gary, Liesbet Hooghe, Moira Nelson, and Erica Edwards. "Party competition and European integration in the East and West: Different structure, same causality." *Comparative Political Studies* 39, no. 2 (2006): 155-175. 参照。
13 Kitschelt with McGann, 1995.
14 Mudde, 2007.
15 Sides and Citrin, 2007.
16 US Election, 2016.
17 Inglehart and Norris, 2016.
18 www.dw.com/en/new-poll-shows-alternative-for-germany-gaining-support/a-19569448 (accessed October 29, 2017).
19 Kitschelt, 1995; Mudde, 2007.
20 Inglehart, Moaddel and Tessler, 2006; Billiet, Meuleman and De Witte, 2014.
21 Sniderman et al., 2014.
22 Inglehart, 2015.
23 Chiao, Joan Y. and Katherine D. Blizinsky, 2009. "Culture-Gene Coevolution of Individualism-Collectivism and the Serotonin Transporter Gene," *Proceedings of the Royal Society B* 277, 1681: 529-553.
24 中所得国や低所得国ではこうした現象は見られない。むしろ年長者よりも若い世代で高い排外主義が見られる国すらある。
25 Lipset, 1960.
26 Bradley et al., 2003; Iversen and Sostice, 2009.
27 Piketty, 2014＝2014.
28 World Bank, 2015.
29 Whyte, Martin K., 2014. "Soaring Income Gaps: China in Comparative Perspective," *Daedalus* 143, 2: 39-52.
30 Milanovic, Branko, 2016. *Global Inequality: A New Approach for the Age of Globalization.* Cambridge, MA: Harvard University Press.（ブランコ・ミラノヴィッチ『大不平等——エレファントカーブが予測する未来』立木勝訳、みすず

書房、2017 年)。
31 www.gallup.com/poll/l82918/fewer-americans-identify-middle-class-recent-years.aspx (accessed October 29, 2017).
32 Saez and Zucman, 2014.
33 Stiglitz, 2011.
34 Wolfers, 2015.
35 www.politifact.com/truth-o-meter/statements/2015/jun/15/hillary-clinton/hillary-clinton-top-hedge-fund-managers-make-more-/ (accessed October 29, 2017).
36 Case and Deaton, 2015.
37 Gilens, 2012.
38 Hacker, 2008.
39 Stiglitz, 2013.
40 Stiglitz, 2013.
41 Hacker and Pierson, 2010.

第 10 章　人工知能社会の到来

1 Stiglitz, 2011; Stiglitz, 2013.
2 Sabadish and Mishel, 2013.
3 Ford, 2015: 76.
4 National Center for Education Statistics, 2014.
5 Hicks and Devaraj, 2015.
6 Brynjolfsson, Erik and Andrew McAfee, 2014. *The Second Machine Age: Work, Progress, and prosperity in a Time of Brilliant Technologies*. New York: W. W. Norton & Company.
7 Bureau of Labor Statistics. Available at https://data.bls.gov/pdq/querytool.jsp?survey=ln (accessed October 28, 2017).
8 Eberstadt, Nicholas, 2017. "Our Miserable 21st Century," Commentary, February 22, 2017. Cf. Eberstadt, Nicholas, 2016. *Men Without Work: America's Invisible Crisis*. West Conshohocken, PA: Templeton Press.
9 Ford, 2015.
10 Krueger, Alan B., 2016. "Where Have All the Workers Gone?" National Bureau of Economic Research (NBER) October 4.
11 Case and Deaton, 2015.
12 Krueger, 2016.

13 "U. S. Drug Deaths Climbing Faster than Ever," *New York Times*, June 6, 2017, p. 1.
14 2014年の78.9歳から2015年は78.8歳に落ち込んだ。数値は小さいが、統計的には有意な低下である。NCHS Data Brief No. 267 December 2016 U. S. DEPARTMENT OF HEALTH AND HUMAN SERVICES Centers for Disease Control and Prevention National Center for Health Statistics Mortality in the United States, 2015 Jiaquan Xu, M. D., Sherry L. Murphy, B. S., Kenneth D. Kochanek, M. A., and Elizabeth Arias, Ph. D. 参照。
15 Chetty et al., 2016.
16 Goos, Maarten, Alan Manning and Anna Salomons, 2014. "Explaining Job Polarization: Routine-Biased Technological Change and Offshoring," *The American Economic Review* 104, 8: 2509-2526.
17 Wiseman, 2013.
18 高所得者への累進課税は解決のほんの一部に過ぎない。所得税を払っていない労働者でも社会保障と医療をカバーする給与税は支払う。これらは基本的に上限が設定された基礎税であるため、税引前の不平等を相殺するというより、逆進税である。しかも給与税は所得税の3分の2以上である。給与税の改革は、所得格差を縮小するための重要な一歩となるだろう。
19 Hochschild, 2016.
20 Rothstein, Bo, 2017. "Why Has the White Working Class Abandoned the Left?" Social Europe, January 19. Available at www.socialeurope.eu/2017/01/white-working-class-abandoned-left/（accessed October 29, 2017）.
21 2016 Report from Federal Reserve Bank of St. Louis. Available at https://fred.stlouisfed.org/series/HN ONWRQ027S（accessed October 29, 2017）.

付属資料1 イースタリン・パラドックス

1 Easterlin, Richard A., 1974. "Does Economic Growth Improve the Human Lot?" in P. A. David and M. Reder (eds.), *Nations, Households, and Economic Growth*. New York: Academic Press, 98-125.
2 Inglehart, Ronald, 1990 = 1993. *Cultural Shift in Advanced Industrial Society*. Princeton: Princeton University Press: 31-32.
3 Easterlin, Richard A., 2009. "Lost in Transition: Life Satisfaction on the Road to Capitalism." *Journal of Economic Behavior and Organization* 71: 130-145.

参考文献

Abramson, Paul and Ronald F. Inglehart, 1995. *Value Change in Global Perspective.* Ann Arbor: University of Michigan Press.

Abramson, Paul, John Aldrich, Brad Gomez and David Rohde, 2015. *Change and Continuity in the 2012 Elections.* Sage: Los Angeles.

Acemoglu, Daron and James A. Robinson, 2006a. "De Facto Political Power and Institutional Persistence," *American Economic Review* 96, 2: 326-330.

Acemoglu, Daron and James A. Robinson, 2006b. *Economic Origins of Dictatorship and Democracy.* New York: Cambridge University Press.

Acemoglu, Daron, Simon Johnson, James A. Robinson and Pierre Yared, 2008. "Income and Democracy," *American Economic Review* 98, 3: 808-842.

Adorno, Theodor W., Else Frenkel-Brunswik, Daniel J. Levinson and R. Nevitt Sanford, 1950. *The Authoritarian Personality.* New York: Harper & Row. (『権威主義的パーソナリティ』田中義久・矢澤修次郎・小林修一訳、青木書店、1974 年)

Africa Progress Report, 2012. *Jobs, Justice, and Equity.* Geneva: Africa Progress Panel.

Aldridge, A., 2000. *Religioninthe Contemporary World.* Cambridge: Polity Press.

Almond, Gabriel A. and Sidney Verba, 1963. *The Civic Culture: Political Attitudes and Democracy in Five Nations.* Newbury Park, CA: Sage Publications. (『現代市民の政治文化——五カ国における政治的態度と民主主義』石川一雄他訳、勁草書房、1974 年)

Andersen, Robert and Tina Fetner. 2008. "Cohort Differences in Tolerance of Homosexuality," *Public Opinion Quarterly* 72, 2: 311-330.

Andrews, Edmund L., 2008. "Greenspan Concedes Error on Regulation," *New York Times*, October 23: B1.

Andrews, Frank M. and Stephen B. Withey, 1976. *Social Indicators of Wei-being.* New York: Plenum.

Angell, Norman, 1933 [1909]. *The Great Illusion.* London: G. P. Putnam's Sons.

Autor, David, H. and David Dorn, 2013. "The Growth of Low-Skill Service Jobs and the Polarization of the US Labor Market," *The American Economic Review* 103, 5: 1553-1597.

Barber, Nigel. 2011. "A Cross-national Test of the Uncertainty Hypothesis of Religious Belief," *Cross-Cultural Research* 45, 3: 318-333.
Barnes, Samuel H. and Max Kaase (eds.), 1979. *Political Action: Mass Participation in Five Western Democracies*. Beverly Hills, CA: Sage Publications.
Barro, Robert J., 1999. "Determinants of Democracy," *Journal of Political Economy* 107, S6: 158-183.
Bednar, Jenna, Aaron Bramson, Andrea Jones-Rooy and Scott Page, 2010. "Emergent Cultural Signatures and Persistent Diversity," *Rationality and Society* 22, 4: 407-444.
Bell, Daniel, 1973. *The Coming of Post-Industrial Society*. New York: Basic Books.
Benjamin, Daniel J., David Cesarini, Matthijs J. H. M. van der Loos, Christopher T. Dawes, Philipp D. Koellinger, Patrik K. E. Magnusson, Christopher F. Chabris et al., 2012. "The Genetic Architecture of Economic and Political Preferences," *Proceedings of the National Academy of Sciences* 109, 21: 8026-8031.
Betz, Hans-Georg, 1994. *Radical Right-wing Populism in Western Europe*. New York: Springer.
Billiet, Jaak, Bart Meuleman and Hans De Witte, 2014. "The Relationship between Ethnic Threat and Economic Insecurity in Times of Economic Crisis: Analysis of European Social Survey Data," *Migration Studies* 2, 2: 135-161.
Boix, Carles, 2003. *Democracy and Redistribution*. New York: Cambridge University Press.
Boix, Carles and Susan C. Stokes, 2003. "Endogenous Democratization," *World Politics* 55, 4: 517-549.
Böltken, Ferdinand and Wolfgang Jagodzinski, 1985. "In an Environment of Insecurity: Postmaterialism in the European Community, 1970-1980," *Comparative Political Studies* 17 (January): 453-484.
Borre, Ole, 1984. "Critical Electoral Change in Scandinavia," in Russell J. Dalton, Scott C. Flanagan and Paul Allen Beck (eds.), *Electoral Change in Advanced Industrial Democracies*. Princeton: Princeton University Press: 330-364.
Bradley, David, Evelyne Huber, Stephanie Moller, Frarnçois Nielsen and John D. Stephens, 2003. "Distribution and Redistribution in Postindustrial Democracies," *World Politics* 55, 2: 193-228.
Brickman, Philip and Donald T. Campbell, 1981. "Hedonic Relativism and Planning the Good Society," in M. Appley (ed.), *Adaptation-level Theory*. New York: Academic Press, 287-305.

British Election Survey. Available at www.britishelectionstudy.com/ (accessed October 28, 2017).

Broadberry, Stephen and Kevin H. O'Rourke (eds.), 2010. *The Cambridge Economic History of Modern Europe: 1700-1870*. Cambridge: Cambridge University Press.

Brockmann, Hilke, Jan Delhey, Christian Welzel and Hao Yuan, 2009. "The China Puzzle: Falling Happiness in a Rising Economy," *Journal of Happiness Studies* 10, 4: 387-405.

Bruce, Steve, 1992. "Pluralism and Religious Vitality," in Steve Bruce (ed.), *Religion and Modernization: Sociologists and Historians Debate the Secularization Thesis*. Oxford: Oxford University Press: 170-194.

Brynjolfsson, Erik and Andrew McAfee, 2014. *The Second Machine Age: Work, Progress, and prosperity in a Time of Brilliant Technologies*. New York: W. W. Norton & Company.

Bureau of Labor Statistics. Available at: https://data.bls.gov/pdq/querytool.jsp?survey=ln (accessed October 28, 2017).

Bureau of Labor Statistics, 1983. "Perceptions Reviewed," *Bureau of Labor Statistics Monthly Labor Review*: April: 21-24.

Burkhart, Ross E. and Michael S. Lewis-Beck, 1994. "Comparative Democracy: The Economic Development Thesis," *American Political Science Review* 88, 4: 903-910.

Case, Anneand Angus Deaton, 2015. "Rising Morbidity and Mortality in Midlife among White Non-Hispanic Americans in the 21st Century," *Proceedings of the National Academy of Sciences* 112, no. 49: 15078-15083.

Cavalli-Sforza, Luigi Luca, Paolo Menozzi and Alberto Piazza, 1994. *The History and Geography of Human Genes*. Princeton: Princeton University Press.

Center for Systemic Peace. 2014. *Polity IV Annual Time Series*, 1800-2014.

Chenoweth, Erica and Kathleen Gallagher Cunningham, 2013. "Understanding Nonviolent Resistance," *Journal of Peace Research* 5, 3: 271-276.

Chetty, Raj, David Grusky, Maximilian Hell, Nathaniel Hendren, Robert Manduca and Jimmy Narang, 2016. "The Fading American Dream: Trends in Absolute Income Mobility since 1940," *National Bureau of Economic Research* Working Paper No. 22910.

Chiao, Joan Y. and Katherine D. Blizinsky, 2009. "Culture-Gene Coevolution of Individualism-Collectivism and the Serotonin Transporter Gene," *Proceedings of the*

Royal Society B 277, 1681: 529–553.

Christie, R. E. and Jahoda, M. E., 1954. *Studies in the Scope and Method of "The authoritarian personality,"* Glencoe: The Free Press.

Cingranelli, David L., David L. Richards and K. Chad Clay, 2014. "The CIRI Human Rights Dataset." Available at www.humanrightsdata.com (accessed October 28, 2017).

Cummins, Robert A. and Helen Nistico, 2002. "Maintaining Life Satisfaction: The Role of Positive Cognitive Bias," *Journal of Happiness studies* 3, 1: 37–69.

Dafoe, Allen and Bruce Russett, 2013. "Does Capitalism Account for the Democratic Peace? The Evidence Says No," in Gerald Schneider and Nils Petter Gleditsch (eds.), *Assessing the Capitalist Peace*. New York: Routledge: 110–126.

Dafoe, Allen, 2011. "Statistical Critiques of the Democratic Peace: Caveat Emptor," *American Journal of Political Science* 55, 2: 247–262.

Dahl, Robert A., 1971. *Polyarchy*. New Haven: Yale University Press.

Dalton, Russell J., Scott Flanagan and Paul A. Beck (eds.), 1984. *Electoral Change in Advanced Industrial Democracies*. Princeton: Princeton University Press.

Davidson, Richard J. and Antoine Lutz, 2008. "Buddha's Brain: Neuroplasticity and Meditation," *IEEE Signal Process Magazine* 25, 1: 166–174.

De Martino, Benedetto, Dharshan Kumaran, Ben Seymour and Raymond J. Dolan, 2006. "Frames, Biases, and Rational Decision-making in the Human Brain," *Science* 313, 5787: 684–687.

De Waal, Frans B. M., 1995. "Bonobo Sex and Society," *Scientific American* 272, 3: 82–88.

Deutsch, Karl W., 1961. "Social Mobilization and Political Development," *American Political Science Review* 55, 3: 493–514.

Deutsch, Karl W., 1966. *Nationalism and Social Communication*. Cambridge, MA: MIT Press.

Diener, Ed and Richard E. Lucas, 1999. "Personality and Subjective Well-being," in Daniel Kahneman, Edward Diener and Norbert Schwarz (eds.), *Well-being: The Foundations of Hedonic Psychology*. New York: Russell Sage Foundation, 213–229.

Diener, Ed., Eunkook M. Suh, Richard E. Lucas and Heidi L. Smith, 1999. "Subjective Well-being: Three Decades of Progress," *Psychological Bulletin* 125, 2: 276–302.

Diener, Ed., Richard E. Lucas and Christie N. Scollon, 2006. "Beyond the Hedonic Treadmill: Revising the Adaptation Theory of Well-being," *American Psycholo-*

gist 61, 4: 305-314.

Diener, Edward and Shigehiro Oishi, 2000. "Money and Happiness: Income and Subjective Well-being across Nations," in Edward Diener and Eunkook M. Suh (eds.), *Culture and Subjective Well-being*. Cambridge, MA: MIT Press: 185-218.

Dorussen, Han and Hugh Ward, 2010. "Trade Networks and the Kantian Peace," *Journal of Peace Research* 47, 1: 29-42.

Doyle, Michael W., 1986. "Liberalism and World Politics," *American Political Science Review* 80, 4: 1151-1169.

Easterlin, Richard A., 1974. "Does Economic Growth Improve the Human Lot?" in P. A. David and M. Reder (eds.), *Nations, Households, and Economic Growth*. New York: Academic Press, 98-125.

Easterlin, Richard A., 2003. "Explaining Happiness," *Proceedings of the National Academy of the Sciences* 100, 19: 11176-11183.

Easterlin, Richard A., 2005. "Feeding the Illusion of Growth and Happiness: A Reply to Hagerty and Veenhoven," *Social Indicators Research* 74, 3: 429-443.

Easterlin, Richard A., 2009. "Lost in Transition: Life Satisfaction on the Road to Capitalism." *Journal of Economic Behavior and Organization* 71: 130-145.

Eberstadt, Nicholas, 2016. Men Without Work: America's Invisible Crisis. Conshohocken, PA: Templeton Press.

Eberstadt, Nicholas, 2017. "Our Miserable 21st Century," *Commentary*, February 22, 2017.

Ebstein, Richard P., Olga Novick, Roberto Umansky, Beatrice Priel, Yamima Osher, Darren Blaine, Estelle R. Bennett, Lubov Nemanov, Miri Katz and Robert H. Belmaker, 1996. "Dopamine D4 Receptor (D4DR) Exon III Polymorphism Associated with the Human Personality Trait of Novelty Seeking," *Nature Genetics* 12, 1: 78-80.

Eckstein, Harry, 1961. *A Theory of Stable Democracy* (No. 10). Center of International Studies, Woodrow Wilson School of Public and International Affairs, Princeton University.

Ellison, Christopher G., David A. Gay and Thomas A. Glass. 1989. "Does Religious Commitment Contribute to Individual Life Satisfaction?" *Social Forces* 68, 1: 100-123.

Estes, Richard, 2010. "The World Social Situation: Development Challenges at the Outset of a New Century," *Social Indicators Research* 98, 363-402.

Euro-Barometer Surveys. Available at http://ec.europa.eu/COMMFrontOffice/

publicopinion/index.cfm (accessed October 28, 2017).

European Community Survey. Available at http://ec.europa.eu/eurostatlweb/microdata/european-community-household-panel (accessed October 28, 2017).

European Value Survey. Available at www.europeanvaluesstudy.eu/ (accessed October 28, 2017).

Federal Reserve Bank of St. Louis, 2014. "Percent of Employment in Agriculture in the United States." Available at http://research.stlouisfed.org/fred2/series/USAPEMANA (accessed October 28, 2017).

Fincher, Corey L. and Randy Thornhill, 2008. "Assortative Sociality, Limited Dispersal, Infectious Disease and the Genesis of the Global Pattern of Religion Diversity," *Proceedings of the Royal Society* 275, 1651: 2587-2594.

Fincher, Corey L., Randy Thornhill, Damian R. Murray and Mark Schaller, 2008. "Pathogen Prevalence Predicts Human Cross-cultural Variability in Individualism/Collectivism," *Proceedings of the Royal Society B* 275, 1640: 1279-1285.

Finke, Roger, 1992. "An Unsecular America," in Steve Bruce (ed.), *Religion and Modernization: Sociologists and Historians Debate the Secularization Thesis*. Oxford: Oxford University Press: 145-169.

Finke, Roger and Laurence R. Iannaccone, 1993. "The Illusion of Shifting Demand: Supply-side Explanations for Trends and Change in the American Religious Market Place," *Annals of the American Association of Political and Social Science* 527: 27-39.

Finke, Roger and Rodney Stark, 2000. *Acts of Faith: Explaining the Human Side of Religion*. Berkeley, CA: The University of California Press.

Ford, Martin, 2015. *Rise of the Robots: Technology and the Threat of a Jobless Future*. New York: Basic Books.

Freedom House, 2014. *Freedom in the World*. http://freedomhouse.org/article/freedom-world-2014 (accessed October 28, 2017).

Frey, Bruno S. and Alois Stutzer, 2000. "Happiness Prospers in Democracy," *Journal of Happiness Studies l*, 1: 79-102.

Frey, Carl Benedikt and Michael A. Osborne, 2012. *The Future of Employment: How Susceptible Are Jobs to Computerisation*. Oxford: Oxford University Programme on the Impacts of Future Technology.

Frydman, Carola and Dirk Jenter. 2010. "CEO Compensation," *Annual Review of Economics* 2, 1: 75-102.

Fujita, Frank and Ed Diener, 2005. "Life Satisfaction Set Point: Stability and

Change," *Journal of Personality and Social Psychology* 88, 1: 158-164.

Fukuyama, Francis, 1995. Trust: Social Virtues and the Creation of Prosperity. New York: Free Press.(『「信」無くば立たず──「歴史の終わり」後、何が繁栄の鍵を握るのか』加藤寛訳、三笠書房、1996年)

Gartzke, Erik, 2007. "The Capitalist Peace," *American Journal of Political Science* 51, 1: 166-191.

Gat, Azar, 2005. "The Democratic Peace Theory Reframed: The Impact of Modernity," *World Politics* 58, 1: 73-100.

Gat, Azar, 2006. *War in Human Civilization*. Oxford: Oxford University Press.

Gelfand, Michele J., Jana L. Raver, Lisa Nishii, Lisa M. Leslie, Janetta Lun, Beng Chong Lim, Lili Duan et al., 2011. "Differences between Tight and Loose Cultures: A 33-Nation Study," *Science* 332, 6033: 1100-1104.

German Election Study. Available at http://gles.eu/wordpress/ (accessed October 28, 2017).

Gilens, Martin, 2012. *Affluence and Influence*. Princeton: Princeton University Press.

Goldstein, Joshua S., 2011. *Winning the War on War: The Decline of Armed Conflict Worldwide*. New York: Plume.

Goos, Maarten, Alan Manning and Anna Salomons, 2014. "Explaining Job Polarization: Routine-Biased Technological Change and Offshoring," *The American Economic Review* 104, 8: 2509-2526.

Greene, Joshua and Jonathan Haidt, 2002. "How (and Where) Does Moral Judgment Work?" *Trends in Cognitive Sciences* 6, 12: 517-523.

Hacker, Jacob S., 2008. *The Great Risk Shift*. New York: Oxford University Press.

Hacker, Jacob S. and Paul Pierson, 2010. *Winner-Take-All Politics*. New York: Simon & Schuster.

Hadlock, Paul, Daniel Hecker and Joseph Gannon, 1991. "High Technology Employment: Another View," *Bureau of Labor Statistics Monthly Labor Review:* July: 26-30.

Hagerty, Michael R. and Ruut Veenhoven, 2003. "Wealth and Happiness Revisited - Growing National Income Does Go with Greater Happiness," *Social Indicators Research* 64, 1: 1-27.

Haidt, Jonathan and Fredrik Bjorklund, 2008, "Social Intuitionists Answer Six Questions about Morality," *Moral Psychology* 2: 181-217.

Haller, Max and Markus Hadler, 2004. "Happiness as an Expression of Freedom and Self-determination: A Comparative Multilevel Analysis," in W. Glatzer, S. von

Below and M. Stoffregen (eds.), *Challenges for Quality of Life in the Contemporary World*. Dordrecht, The Netherlands: Kluwer Academic Publishers, 207-229.

Hamer, Dean H., 1996. "The Heritability of Happiness," *Nature Genetics* 14, 2: 125-126.

Headey, Bruce and Alexander Wearing, 1989. "Personality, Life Events, and Subjective Well-being: Toward a Dynamic Equilibrium Model," *Journal of Personality and Social Psychology* 57, 4: 731-739.

Hecker, Daniel E., 2005. "High Technology Employment: A NAICS-based Update," *Bureau of Labor Statistics Monthly Labor Review*, July: 57-72.

Hecker, Daniel, 1999. "High Technology Employment: A Broader View," *Bureau of Labor Statistics Monthly Labor Review*, June: 18-28.

Hegre, Håvard, John R. Oneal and Bruce Russett, 2010. "Trade Does Promote Peace: New Simultaneous Estimates of the Reciprocal Effects of Trade and Conflict," *Journal of Peace Research* 47, 6: 763-774.

Helliwell, John F., 1993. Empirical Linkages between Democracy and Economic Growth. *British Journal of Political Science* 24: 225-248.

Hibbs, Douglas A. 1977. "Political Parties and Macroeconomic Policy," *American Political Science Review* 71, 4: 1467-1487.

Hicks, Michael J. and Srikant Devaraj. 2015. "The Myth and the Reality of Manufacturing in America." Center for Business and Economic Research, Ball State University.

Hochschild, Arlie Russell, 2016. *Strangers in Their Own Land: Anger and Mourning on the American Right*. New York: The New Press.（『壁の向こうの住人たち——アメリカの右派を覆う怒りと嘆き』布施由紀訳、岩波書店、2018 年）

Hofstede, Geert, 1980. *Culture's Consequences: International Differences in Work-Related Values*. Beverly Hills, CA: Sage Publications.

Hofstede, Geert, 2001. *Culture's Consequences: Comparing Values, Behaviors, Institutions and Organizations across Nations*. 2nd Edition, Thousand Oaks, CA: Sage Publications.

Hughes, Barry B. and Evan E. Hillebrand, 2012. *Exploring and Shaping International Futures*. Boulder, CO: Paradigm Publishing.

Human Development Report, 2013. *The Rise of the South: Human Progress in a Diverse World*. New York: United Nations Development Programme.

Human Security Report Project, 2012. *Human Security Report 2012*. Vancouver:

Human Security Press.
Huntington, Samuel P., 1991. *The Third Wave: Democratization in the Late 20th Century*. Norman, OK: University of Oklahoma Press.
Huntington, Samuel P., 1996. *The Clash of Civilizations: Remaking of the World Order*. New York: Simon & Schuster.（『文明の衝突』鈴木主税訳、集英社、1998 年）
Ignazi, Piero, 1992. "The Silent Counter-revolution," *European Journal of Political Research* 22(1), 3-34.
Ignazi, Piero, 2003. *Extreme Right Parties in Western Europe*. Oxford University Press.
Inglehart, Ronald F., 1971. "The Silent Revolution in Europe: Intergenerational Change in Post-Industrial Societies," *American Political Science Review* 65, 4: 991-1017.
Inglehart, Ronald F., 1977. *The Silent Revolution: Changing Values and Political Styles among Western Publics*, Princeton: Princeton University Press.（『静かなる革命：政治意識と行動様式の変化』三宅一郎ほか訳、東洋経済新報社、1978 年）
Inglehart, Ronald F., 1984. "The Changing Structure of Political Cleavages in Western Society," in R. J. Dalton, S. Flanagan and P. A. Beck (eds.), *Electoral Change in Advanced Industrial Democracies: Realignment or Dealignment?* Princeton: Princeton University Press.
Inglehart, Ronald F., 1990. *Culture shift in Advanced Industrial Society*. Princeton: Princeton University Press.（『カルチャーシフトと政治変動』村山皓・富沢克・武重雅文訳、東洋経済新報社、1993 年）
Inglehart, Ronald F., 1997. *Modernization and Postmodernization: Cultural, Economic and Political Change in 43 Societies*. Princeton: Princeton University Press.
Inglehart, Ronald F., 2003. "How Solid is Mass Support for Democracy – and How Do We Measure It?" *PS: Political Science and Politics* 36, 1: 51-57.
Inglehart, Ronald F., 2008. "Changing Values among Western Publics, 1970-2006: Postmaterialist Values and the Shift from Survival Values to Self Expression Values," *West European Politics* 31, 1-2: 130-146.
Inglehart, Ronald F., 2010. "Faith and Freedom: Traditional and Modern Ways to Happiness," in Ed Diener, Daniel Kahneman and John Helliwell (eds.), *International Differences in Well-being*. Oxford: Oxford University Press: 351-397.
Inglehart, Ronald F., 2015. "Insecurity and Xenophobia: Comment on Paradoxes of

Liberal Democracy," *Perspectives on Politics* 13, 2 (June, 2015): 468-470.

Inglehart, Ronald F., 2016 "Inequality and Modernization: Why Equality is likely to Make a Comeback," *Foreign Affairs* January-February, 95, 1: 2-10.

Inglehart, Ronald F. and Christian Welzel, 2004. "What Insights Can Multi-Country Surveys Provide about People and Societies?" APSA Comparative Politics Newsletter 15, 2 (summer, 2004): 14-18.

Inglehart, Ronald F. and Christian Welzel, 2005. *Modernization, Cultural Change and Democracy: The Human Development Sequence*. New York: Cambridge University Press.

Inglehart, Ronald F. and Christian Welzel, 2009. "How Development Leads to Democracy: What We Know About Modernization," *Foreign Affairs* March/April: 33-48.

Inglehart, Ronald F. and Christian Welzel, 2010. "Changing Mass Priorities: The Link between Modernization and Democracy," *Perspectives on Politics* 8, 2: 551-567.

Inglehart, Ronald F. and Hans-Dieter Klingemann, 2000. "Genes, Culture, Democracy, and Happiness," in Ed Diener and Eunkook M. Suh (eds.), *Culture and Subjective Well-being*. Cambridge, MA: MIT Press, 165-183.

Inglehart, Ronald F. and Pippa Norris, 2004. *Rising Tide: Gender Equality in Global Perspective*. Cambridge: Cambridge University Press.

Inglehart, Ronald F. and Pippa Norris, 2016. "Trump, Brexit, and the Rise of Populism: Economic Insecurity and Cultural Backlash." Paper presented at the meeting of the American Political Science Association. Philadelphia (September).

Inglehart, Ronald F. and Pippa Norris, 2017. "Trump and the Xenophobic Populist Parties: The Silent Revolution in Reverse," *Perspectives on Politics* (June) 15 (2): 443-454.

Inglehart, Ronald F. and Wayne E. Baker, 2000. "Modernization and Cultural Change and the Persistence of Traditional Values," *American Sociological Review* 65, 1: 19-51.

Inglehart, Ronald F., Bi Puranen and Christian Welzel, 2015. "Declining Willingness to Fight in Wars: The Individual-level component of the Long Peace," *Journal of Peace Research* 52, 4: 418-434.

Inglehart, Ronald F., Mansoor Moaddel and Mark Tessler, 2006. "Xenophobia and In-Group Solidarity in Iraq: A Natural Experiment on the Impact of Insecurity,"

Perspectives on Politics 4, 3: 495-506.

Inglehart, Ronald F., R. Foa, Christopher Peterson and Christian Welzel, 2008. "Development, Freedom and Rising Happiness: A Global Perspective, 1981-2007," *Perspectives on Psychological Science* 3, 4: 264-285.

Inglehart, Ronald F., Ronald C. Inglehart and Eduard Ponarin, 2017. "Cultural Change, Slow and Fast," *Social Forces* (January) 1-28.

Inglehart, Ronald F., Svetlana Borinskaya, Anna Cotter, Jaanus Harro, Ronald C. Inglehart, Eduard Ponarin and Christian Welzel, 2014. "Genetic Factors, Cultural Predispositions, Happiness and Gender Equality," *Journal of Research in Gender Studies* 4, 1: 40-69.

International Labor Organization. 2012. *Laborstat.* Available at http://laborsta.ilo.org/ (accessed October 28, 2017).

Iversen, Torben and David Soskice, 2009. "Distribution and Redistribution: The Shadow of the Nineteenth Century," *World Politics* 61, 3: 438-486.

Johnson, Wendy and Robert F. Krueger, 2006. "How Money Buys Happiness: Genetic and Environmental Processes Linking Finances and Life Satisfaction," *Journal of Personality and Social Psychology* 90, 4: 680-691.

Kahneman, Daniel, Alan B. Krueger, David A. Schkade, Norbert Schwarz and Arthur A. Stone, 2004. "A Survey Method for Characterizing Daily Life Experience: The Day Reconstruction Method," *Science* 306, 5702: 1776-1780.

Kahneman, Daniel, 2011. *Thinking, Fast and Slow.* New York: Farrar, Strauss and Giroux.（『ファスト＆スロー（上・下）』村井章子訳、早川書房、2014年）

Kahneman, Daniel and Alan B. Krueger, 2006. "Developments in the Measurement of Subjective Well-being," *Journal of Economic Perspectives* 20, 1: 3-24.

Kaufmann, Daniel, Aarr Kraay and Massimo Mastruzzi. 2003. "Government Matters III: Governance Indicators for 1996-2002." No. 3106. The World Bank.

Kehm, Barbara M., 1999. *Higher Education in Germany: Developments, Problems Perspectives.* Bucharest: UNESCO European Centre for Higher EducaLiun.

Kenny, Charles, 2005. "Does Development Make You Happy? Subjective Well-being and Economic Growth in Developing Countries," *Social Indicators Research* 73, 2: 199-219.

Kitschelt, Herbert with Anthony J. McGann, 1995. *The Radical Right in Western Europe: A Comparative Analysis.* Ann Arbor: University of Michigan Press.

Koopmans, Ruud, Paul Statham, Marco Giugni and Florence Passy, 2005. *Contested Citizenship. Political Contention over Migration and Ethnic Relations in West-*

ern Europe. Minneapolis: University of Minnesota Press.

Krueger, Alan B., 2016. "Where Have All the Workers Gone?" National Bureau of Economic Research (NBER) October 4.

Kutscher, Ronald E. and Jerome Mark, 1983. "The Service-producing Sector: Some Common Perceptions Reviewed," *Monthly Labor Review* 21-24.

Larsen, Randy J., 2000. "Toward a Science of Mood Regulation," *Psychological Inquiry* 11, 3: 129-141.

Lebergott, Stanley, 1966. "Labor Force and Employment, 1800-1960," in Dorothy S. Brady (ed.), *Output, Employment, and Productivity in the United States after 1800*. New York: National Bureau of Economic Research: 117-204.

Lenski, Gerhard E., 1966. *Power and Privilege: A Theory of Social Stratification*, Englewood Cliffs: McGraw-Hill.

Lerner, Daniel, 1958. *The Passing of Traditional Society: Modernizing the Middle East*. New York: Free Press.

Lesthaeghe, Ron and Johan Surkyn, 1988. "Cultural Dynamics and Economic Theories of Fertility Change," *Population and Development Review*, 141: 1-46.

Lewis-Beck, Michael S., 2005. "Election Forecasting: Principles and Practice," *British Journal of Politics and International Relations* 7: 145-164.

Lim, Chaeyoon and Robert D. Putnam, 2010. "Religion, Social Networks, and Life Satisfaction," *American Sociological Review* 75: 914-933.

Lipset, Seymour Martin, 1959. "Some Social Requisites of Democracy: Economic Development and Political Legitimacy," *American Political Science Review* 53, 1: 69-105.

Lipset, Seymour Martin, 1960. *Political Man*. Garden City, New York: Anchor Books.

Lucas, Richard E., Andrew E. Clark, Yannis Georgellis and Ed Diener, 2005. "Reexamining Adaptation and the Set Point Model of Happiness: Reactions to Changes in Marital Status," *Journal of Personality and Social Psychology* 84, 3: 527-539.

Lykken, David and Auke Tellegen, 1996. "Happiness Is a Stochastic Phenomenon," *Psychological Science* 7, 3: 186-189.

Lyubomirsky, Sonja, Kennon M. Sheldon and David Schkade, 2005. "Pursuing Happiness: The Architecture of Sustainable Change," *Review of General Psychology* 9, 2: 111-131.

Maddison, Angus, 2001. *The World Economy: A Millennial Perspective*. Paris: Development Centre Studies, OECD.

Markoff, John and Amy White. 2009. "The Global Wave of Democratization," in Christian W. Haerpfer, Patrick Bernhagen, Ronald F. Inglehart and Christian Welzel (eds.), *Democratization*. Oxford: Oxford University Press: 55-73.

Marks, Gary, Liesbet Hooghe, Moira Nelson and Erica Edwards, 2006. "Party Competition and European Integration in the East and West: Different Structure, Same Causality," *Comparative Political Studies* 39, 2: 155-175.

Marx, Karl and Friedrich Engels, 1848. *The Communist Manifesto*. London: The Communist League. (『共産党宣言』大内兵衛・向坂逸郎訳、岩波書店、1971 年)

McAfee, Andrew, 2017. A FAQ on Tech, Jobs and Wages. https://futureoflife.org/wp-content/uploads/2017/01/Andrew-McAfee.pdf (accessed October 29, 2017).

McDonald, Patrick J., 2009. *The Invisible Hand of Peace: Capitalism, the War Machine, and International Relations Theory*. New York: Cambridge University Press.

Meyer-Schwarzenberger, Matthias, 2014. "Individualism, Subjectivism, and Social Capital: Evidence from Language Structures." Paper presented at summer workshop of Laboratory for Comparative Social Research, Higher School of Economics, St. Petersburg, Russia, June 29-July 12, 2014.

Milanovic, Branko, 2016. *Global Inequality: A New Approach for the Age of Globalization*. Cambridge, MA: Harvard University Press. (ブランコ・ミラノヴィッチ『大不平等——エレファントカーブが予測する未来』立木勝訳、みすず書房、2017 年)。

Milbrath, Lester W. and Madan Lal Goel, 1977. *Political Participation: How and Why Do People Get Involved in Politics?* Boston: Rand McNally College Publishing Co.

Ministry of Education, Culture, Sports, Science and Technology- Japan, 2012. "Statistics." Available at www.mext.go.jp/english/statistics/index.htm (accessed October 29, 2017).

Minkov, Michael and Michael Harris Bond, 2016. "A Genetic Component to National Differences in Happiness," *Journal of Happiness Studies* 1-20.

Mishel, Lawrence and Natalie Sabadish, 2013. "CEO Pay in 2012 Was Extraordinarily High Relative to Typical Workers and Other High Earners," *Economic Policy Institute Issue Brief* #367. Available at www.epi.org/publication/ceo-pay-2012-extraordinarily-high/ (accessed October 29, 2017).

Møller, Jørgen and Svend-Erik Skaaning, 2013. "The Third Wave: Inside the Numbers," *Journal of Democracy* 24, 4: 97-109.

Moore, Barrington, 1966. *The Social Origins of Dictatorship and Democracy*. Boston: Beacon Press.

Morewedge, Carey K. and Daniel Kahneman, 2010. "Associative Processes in Intuitive Judgment," *Trends in Cognitive Sciences* 14: 435-440.

Morris, Ian, 2015. *Foragers, Farmers and Fossil Fuels: How Human Values Evolve*. Princeton: Princeton University Press.

Mousseau, Michael, Håvard Hegre and John R. O'neal, 2003. "How the Wealth of Nations Conditions the Liberal Peace," *European Journal of International Relations* 9, 2: 277-314.

Mousseau, Michael, 2009. "The Social Market Roots of Democratic Peace," *International Security* 33, 4: 52-86.

Mudde, Cas, 2007. *Populist Radical Right Parties in Europe*. New York: Cambridge University Press, Chapter 4.

Mueller, John, 1989. *Retreat from Doomsday: The Obsolescence of Major War*. New York: Basic Books.

Muller, Edward N., 1988. "Democracy, Economic Development, and Income Inequality," *American Sociological Review* 53: 50-68.

National Center for Education Statistics, 2014. *Integrated Postsecondary Education Data System*. Available at http://nces.ed.gov/ipeds/ (accessed October 29, 2017).

National Center of Education Statistics, 2012. *Digest of Education Statistics*.

National Science Board, 2012. Science and Engineering Indicators 2012. Arlington, VA: National Science Foundations (NSB 12-01).

National Science Board, 2014. *Science and Engineering Indicators 2014*. Arlington, VA: National Science Foundations (NSB 14-01).

NCHS Data Brief No. 267 December 2016. US Department of Health and Human Services Centers for Disease Control and Prevention National Center for Health Statistics Mortality in the United States, 2015. Jiaquan Xu, M. D., Sherry L. Murphy, B. S., Kenneth D. Kochanek, M. A., and Elizabeth Arias, Ph. D.

Niedermayer, Oskar, 1990. "Sozialstruktur, politische Orientierungen und die Uterstutzung extrem rechter Parteien in Westeuropa," *Zeitschrift fur Parlamentsfragen* 21, 4: 564-582.

Nolan, Patrick and Gerhard Lenski, 2015. *Human Societies: An Introduction to Macrosociology*. New York: Oxford University Press.

Norris, Pippa, 2007. *Radical Right*. New York: Cambridge University Press.

Norris, Pippa and Ronald F. Inglehart, 2011. *Sacred and Secular: Religion and Politics Worldwide* (2nd edn.). New York: Cambridge University Press.

Norris, Pippa and Ronald F. Inglehart, 2009. *Cosmopolitan Communications: Cultural Diversity in a Globalized World*. New York: Cambridge University Press.

North, Douglass C. and Barry R. Weingast, 1989. "Constitutions and Commitment: The Evolution of Institutions Governing Public Choice in Seventeenth Century England," *Journal of Economic History* 49, 4: 803-832.

OECD, 2014. *OECD Factbook Statistics*. OECD iLibrary.

Oneal, John R. and Bruce M. Russet, 1997. "The Classical Liberals Were Right," *International Studies Quarterly* 41, 2: 267-293.

Ott, Jan, 2001. "Did the Market Depress Happiness in the US?" *Journal of Happiness Studies* 2, 4: 433-443.

Oyserman, Daphna, Heather M. Coon and Markus Kemmelmeier, 2002. "Rethinking Individualism and Collectivism: Evaluation of Theoretical Assumptions and meta-analyses," *Psychological Bulletin* 128: 3-72.

Page, Benjamin I., Larry M. Bartels and Jason Seawright, 2013. "Democracy and the Policy Preferences of Wealthy Americans," *Perspectives on Politics* 11, 1: 51-73.

Pegram, Thomas, 2010. "Diffusion across Political Systems: The Global Spread of National Human Rights Institutions," *Human Rights Quarterly* 32, 3: 729-760.

Penn World Tables. http://cid.econ.ucdavis.edu/pwt.html (accessed October 29, 2017).

Piketty, Thomas, 2014. *Capital in the Twenty-First Century*. Cambridge, MA: Harvard University Press.（『21世紀の資本』山形浩生・守岡桜訳、みすず書房、2014年）

Pinker, Steven, 2011. *The Better Angels of Our Nature: Why Violence Has Declined*. New York: Viking Press.（『暴力の人類史（上・下）』幾島幸子・塩原通緒訳、青土社、2015年）

Politbarometer, 2012. Available at: www.forschungsgruppe.de/Umfragen/Politbarometer/Archiv/Politbarometer_2012/ (accessed October 29, 2017).

Powell, Walter W. and Kaisa Snellman, 2004. "The Knowledge Economy," *Annual Review of Sociology* 30: 199-220.

Prentice, Thomson, 2006. "Health, History and Hard Choices: Funding Dilemmas in a Fast-Changing World," *Nonprofit and Voluntary Sector Quarterly* 37, 1: 63S-75S.

Przeworski, Adam and Fernando Limongi, 1997. "Modernization: Theories and Facts," *World Politics* 49, 2: 155-183.

Puranen, Bi, 2008. *How Values Transform Military Culture - The Swedish Example.* Stockholm: Sweden: Values Research Institute.

Puranen, Bi, 2009. "European Values on Security and Defence: An Exploration of the Correlates of Willingness to Fight for One's Country," in Y. Esmer, H. D. Klingemann and Bi Puranen (eds.), *Religion, Democratic Values and Political Conflict.* Uppsala: Uppsala University: 277-304.

Putnam, Robert D., 1993. *Making Democracy Work: Civic Traditions in Modern Italy.* Princeton, NJ: Princeton University Press.（『哲学する民主主義――伝統と改革の市民的構造』河田潤一訳、NTT 出版、2001 年）

Raleigh, Donald, 2006. *Russia's Sputnik Generation: Soviet Baby Boomers Talk about Their Lives.* Bloomington, IN: Indiana University Press.

Ridley, Matt, 1996. *The Origins of Virtue: Human Instincts and the Evolution of Cooperation.* London: Penguin Press Science.（『徳の起源――他人をおもいやる遺伝子』岸由二・古川奈々子訳、翔泳社、2000 年）

Ridley, Matt, 2011. *The Rational Optimist: How Prosperity Evolves.* New York: Harper Perennial.（『繁栄――明日を切り拓くための人類10万年史』大田直子・鍛原多惠子・柴田裕之訳、早川書房、2013 年）

Rifkin, Jeremy, 2014. *The Zero Marginal Cost Society: The Internet of Things, the Collaborative Commons and the Eclipse of Capitalism.* New York: Palgrave, Macmillan.

Robinson, William, 1950. Ecological Correlations and the Behavior of Individuals. *American Sociological Review* 15, 3: 351-357.

Rokeach, Milton, 1960. *The Open and Closed Mind.* New York: Basic Books.

Rokeach, Milton, 1968. *Beliefs, Attitudes and Values.* San Francisco: Jossey-Bass, Inc.

Rosecrance, Richard, 1986. *The Rise of the Trading State: Commerce and Conquest in the Modern World.* New York: Basic Books.

Rothstein, Bo, 2017. "Why Has the White Working Class Abandoned the Left?" *Social Europe*, January 19. Available at www.socialeurope.eu/2017/01/white-working-class-abandoned-left/ (accessed October 29, 2017).

Saez Emmanuel and Gabriel Zucman, 2014. "Wealth Inequality in the U. S. since 1913: Evidence from Capitalized Income Tax Data," NBER working paper No. 20625. Available at www.nber.org/papers/w20625 (accessed October 29, 2017).

Sanfey, Alan G., James K. Rilling, Jessica A. Aronson, Leigh E. Nystrom and Jonathan D. Cohen, 2003. "The Neural Basis of Economic Decision-making in the Ultimatum Game," *Science* 300, 5626: 1755-1758.

Schock, Kurt, 2013. "The Practice and Study of Civil Resistance," *Journal of Peace Research* 50, 3: 277-290.

Schwartz, Shalom, 2006. "A Theory of Cultural Value Orientations: Explication and Applications," *Comparative Sociology* 5, 2-3: 137-182.

Schwartz, Shalom, 2013. "Value Priorities and Behavior: Applying," *The Psychology of Values: The Ontario Symposium*. Vol. 8.

Schyns, Peggy, 1998. "Crossnational Differences in Happiness: Economic and Cultural Factors Explored," *Social Indicators Research* 42, 1/2: 3-26.

Selig, James P., Kristopher J. Preacher and Todd D. Little, 2012. "Modeling Time-Dependent Association in Longitudinal Data: A Lag as Moderator Approach," *Multivariate Behavioral Research* 47, 5: 697-716.

Sen, Amartya, 2001. *Development as Freedom*. New York: Alfred Knopf. (『自由と経済開発』石塚雅彦訳、日本経済新聞社、2000 年)

Shcherbak, Andrey, 2014. "Does Milk Matter? Genetic Adaptation to Environment: The Effect of Lactase Persistence on Cultural Change." Paper presented at summer workshop of Laboratory for Comparative Social Research, Higher School of Economics, St. Petersburg, Russia, June 29-July 12, 2014.

Sides, John and Jack Citrin, 2007. "European Opinion about Immigration: The Role of Identities, Interests and Information," *British journal of Political Science* 37, no. 03: 477-504.

Silver, Nate, 2015. *The Signal and the Noise*. New York: Penguin.

Singh, Gopal K. and Peter C. van Dyck, 2010. *Infant Mortality in the United States, 1935-2007*. Rockville, Maryland: US Department of Health and Human Services.

Sniderman, Paul M., Michael Bang Petersen, Rune Slothuus and Rune Stubager, 2014. *Paradoxes of Liberal Democracy: Islam, Western Europe, and the Danish Cartoon Crisis*. Princeton: Princeton University Press.

Snyder, Thomas D. (ed.), 1993. *120 Years of American Education: A Statistical Portrait*. Washington, DC: US Department of Education.

Soon, Chun Siong, Marcel Brass, Hans-Jochen Heinze and John-Dylan Haynes, 2008. "Unconscious Determinants of Free Decisions in the Human Brain," *Nature Neuroscience* 11, 5: 543-545.

Stark, Rodney and William Sims Bainbridge, 1985a. "A Supply-side Reinterpretation of the 'Secularization' of Europe," *Journal for the Scientific Study of Religion* 33, 3: 230-252.

Stark, Rodney and William Sims Bainbridge, 1985b. *The Future of Religion: Secularization, Revival, and Cult Formation*. Oakland, CA: University of California Press.

Statistisches Bundesamt, 2012. "Education, Research, and Culture Statistics." Available at www.destatis.de/EN/FactsFigures/InFocus/EducationResearchCulture/VocationalTraining.html (accessed November 18, 2017).

Stenner, Karen, 2005. *The Authoritarian Dynamic*. Cambridge: Cambridge University Press.

Stiglitz, Joseph E., 2011. "Of the 1 Percent, by the 1 Percent, for the 1 Percent," *Vanity Fair*, May.

Stiglitz, Joseph E., 2013. *The Price of Inequality*. New York: Norton.（『世界の99％を貧困にする経済』楡井浩一・峯村利哉訳、徳間書店、2012年）

Sweet, Ken, 2014. "Median CEO Pay Crosses $10 Million in 2013," *Associated Press*, May 27, The American National Election Studies (ANES; www.electionstudies.org).

Thomas, Scott M., 2007. "Outwitting the Developed Countries? Existential Insecurity and the Global Resurgence of Religion," *Journal of International Affairs* 61, 1: 21.

Thomas, Scott M., 2005. *The Global Resurgence of Religion and the Transformation of International Relations: The Struggle for the Soul of the Twenty-first Century*. New York: Palgrave, Macmillan.

Thompson, Mark R., 2000. "The Survival of 'Asian Values' as 'Zivilisationskritik.'" *Theory and Society* 29, no. 5: 651-686.

Thornhill, Randy, Corey L. Fincher and Devaraj Aran, 2009. "Parasites, Democratization, and the Liberalization of Values across Contemporary Countries," *Biological Reviews* 84, 1: 113-131.

Thornhill, Randy, Corey L. Fincher, Damian R. Murray and Mark Schaller, 2010. "Zoonotic and Non-zoonotic Diseases in Relation to Human Personality and Societal Values," *Evolutionary Psychology* 8: 151-155.

Toffler, Alvin, 1990. *Powershift: Knowledge, Wealth, Violence in the 21st Century*. New York: Bantam.（『パワーシフト――21世紀へと変容する知識と富と暴力（上・下）』徳山二郎訳、中央公論社、1993年）

Traugott, Michael, 2001. "Trends: Assessing Poll Performance in the 2000 Campaign," *Public Opinion Quarterly* 65, 3: 389-419.

Tversky, Amos and Daniel Kahneman, 1974. "Judgment under Uncertainty: Heuristics and Biases," *Science* 185, 4157: 1124-1131.

UN Department of Economic and Social Affairs, 2012. *World Population Prospectus: The 2012 Revision.*

United Nations Department of Economic and Social Affairs, 2012. World Population Prospectus: The 2012 Revision. http://esa.un.org/wpp/ (accessed October 29, 2017).

United Nations Population Division - Department of Economic and Social Affairs, 2016.

United States Bureau of Labor Statistics, 2013. "International Comparisons of Annual Labor Force Statistics, 1970-2012." Available at: www.bls.gov/fls/flscomparelf.htm (accessed October 29, 2017).

United States Bureau of Labor Statistics, 2014. www.bls.gov/ (accessed October 29, 2017).

United States Bureau of the Census, 1977. *Historical Statistics of the United States: Colonial Times to 1970.* Washington, DC: US Department of Commerce.

United States Census Bureau, 2012. *Statistical Abstract of the United States.*

United States Census Bureau, 2014. "Historical Income Tables: People." Available at www.census.gov/data/tables/time-series/demo/income-poverty/historical-income-people.html (accessed October 29, 2017).

Van de Kaa, Dirk J., 2001. "Postmodern Family Preferences: From Changing Value Orientation to New Behavior," *Population and Development Review* 27: 290-331.

Van der Brug, Wouter, Meindert Fennema and Jean Tillie, 2005. "Why Some Anti-Immigrant Parties Fail and Others Succeed: A Two-Step Model of Aggregate Electoral Support," *Comparative Political Studies* 38, 537-573.

Vanhanen, Tatu, 2003. *Democratization: A Comparative Analysis of 170 Countries.* New York: Routledge.

Veenhoven, Ruut, 2014. *World Database of Happiness*, Erasmus University Rotterdam, The Netherlands. http://worlddatabaseofhappiness.eur.nl (accessed October 29, 2017).

Veenhoven, Ruut, 2000. "Freedom and Happiness: A Comparative Study in Forty-four Nations in the Early 1990s," in Ed Diener and Eunkook M. Suh (eds.), *Culture and Subjective Well Being.* Cambridge, MA: MIT Press, 257-288.

Verba, Sidney, Norman H. Nie and Jae-on Kim, 1978. *Participation and Political*

Equality: A Seven-Nation Comparison. Chicago: University of Chicago Press.

Weber, Max, 1904 [1930]. *The Protestant Ethic and the Spirit of Capitalism.* London: Routledge. (『プロテスタンティズムの倫理と資本主義の精神』大塚久雄訳、岩波書店、1989年)

Welsch, Heinz, 2003. "Freedom and Rationality as Predictors of Cross-National Happiness Patterns: The Role of Income as a Mediating Value," *Journal of Happiness Studies* 4, 3: 295-321.

Welzel, Christian, 2007. "Are Levels of Democracy Affected by Mass Attitudes? Testing Attainment and Sustainment Effects on Democracy," *International Political Science Review 28*, 4: 397-424.

Welzel, Christian, 2013. *Freedom Rising: Human Empowerment and the Quest for Emancipation.* New York: Cambridge University Press.

Welzel, Christian and Ronald F. Inglehart, 2008. "The Role of Ordinary People in Democratization," *Journal of Democracy* 19, 1: 126-140.

Whyte, Martin K., 2014. "Soaring Income Gaps: China in Comparative Perspective," *Daedalus* 143, 2: 39-52.

Williams, Donald E. and J. Kevin Thompson, 1993. "Biology and Behavior: A Serpoint Hypothesis of Psychological Functioning," *Behavior Modification* 17, 1; 43-57.

Wilson, Timothy, 2002. *Strangers to Ourselves: Discovering the Adaptive Unconscious.* Cambridge, MA: Harvard University Press.

Winters, Jeffrey A., 2011. *Oligarchy.* New York, Cambridge University Press.

Winters, Jeffrey A. and Benjamin I. Page, 2009. "Oligarchy in the United States?" *Perspectives on Politics* 7, 4: 731-751.

Wiseman, Paul, 2013. "Richest One Percent Earn Biggest Share since '20s," *AP News*, September 10.

Wolfers, Justin, 2015. "All You Need to Know about Income Inequality, in One Comparison," *New York Times*, March 13.

World Bank, 2012. *World Development Indicators.* Available at http://data.worldbank.org/data-catalog/world-development-indicators (accessed October 29, 2017).

World Bank Databank, 2015. "GINI Index." Available at http://data.worldbank.org/indicator/SI.POV.GINU (accessed October 29, 2017).

World Values Surveys, 2014 Available at www.worldvaluessurvey.org/ (accessed October 29, 2017).

www.forschungsgruppe.de/Umfragen/Politbarometer/Archiv/Politbarometer_2012/ (accessed October 29, 2017).

www.un.org/en/ development/desa/popu lation/migration/da ta/estimates2/estimates15.shtml (accessed October 29, 2017).

www.destatis.de/EN/FactsFigures/SocietyState/SocietyState.html (accessed October 29, 2017).

Zakaria, Fareed and Lee Kuan Yew, 1994. "Culture Is Destiny: A Conversation with Lee Kuan Yew," Foreign *Affairs*: 109-126.

Zakharov, Alexei. 2016. "The Importance of Economic Issues in Politics: A Cross-Country Analysis." Paper presented at Higher School of Economics, Moscow, November 8-10.

索引

＊あ行

アジア的価値観　127
アファーマティブアクション　182, 213
イスラム主流国　19, 35, 36, 37, 48, 65, 72, 78, 127, 170
エレファントカーブ　196, 253

＊か行

価値体系　12, 14, 41, 44, 45, 59
カルチュラルマップ　43, 44, 47, 52, 54, 57, 72, 219, 224, 225
環境保護政党　177, 178, 180, 181, 187
寛容　1, 3, 4, 5, 9, 10, 11, 13, 14, 15, 18, 24, 37, 41, 42, 56, 82, 84, 85, 87, 88, 91, 92, 93, 101, 117, 125, 127, 142, 145, 148, 149, 151, 152, 156, 157, 159, 170, 171, 172, 174, 177, 178, 188, 189, 190, 216, 217, 242
希少性仮説　15, 16
旧共産圏／旧共産主義国　33, 34, 58, 59, 60, 63, 72, 73, 74, 75, 78, 99, 141, 154, 155, 156, 157, 163, 164, 167, 195, 227, 251
共産主義の崩壊　155, 162, 163, 165, 166, 167, 173, 195
共和党　100, 183, 186, 193, 212, 213
　ドイツ――　181, 182, 186
グローバリゼーション　4, 45, 51, 61, 66, 108, 200
経済的不平等／格差　70, 72, 88, 135, 140, 141, 157, 165, 179, 188, 189, 191, 194, 195, 196, 197, 198, 199, 200, 201, 205, 212, 213, 214, 215, 216, 217, 230, 255
経路依存　25, 45, 56, 61, 139
権威（独裁）主義的反射行動　1, 5, 9, 11, 141, 177, 178, 182, 188, 191
コーホート分析　27, 29, 30, 31, 75, 186, 187
工業化　10, 12, 39, 40, 45, 46, 51, 65, 66, 67, 70, 78, 85, 119, 121, 135, 138, 140, 142, 179, 199
工業経済　78, 197
工業社会　2, 10, 13, 14, 15, 16, 24, 39, 40, 41, 42, 44, 46, 64, 66, 67, 68, 70, 71, 81, 83, 85, 88, 135, 196, 197, 198, 203, 206
行動経済学　21
幸福感（ウェルビーイング）　3, 4, 34, 41, 79, 104, 145, 146, 148, 156, 157, 174, 209
　主観的（な）――（感／度）　34, 41, 104, 146, 147, 148, 149, 150, 151, 152, 154, 155, 156, 157, 159, 161, 162, 163, 164, 166, 167, 168, 170, 171, 172, 173, 174, 175, 221, 251
個人主義　2, 14, 52, 53, 54, 55, 56, 57, 61, 238, 239
個人選択規範　82, 83, 84, 85, 88, 89, 90, 91, 92, 93, 94, 95, 96, 97, 98, 99, 100, 101, 102, 103, 104, 107, 108, 112, 113, 114, 242
古典的近代化論　12, 19, 39, 40, 42, 46
合理的選択　21, 22, 23, 24

＊さ行

ジェンダー間の平等　1, 2, 7, 10, 12, 13, 14, 17, 18, 24, 42, 61, 81, 82, 83, 84, 85, 89, 91, 92, 93, 96, 105, 107, 148, 149, 156, 157, 170, 172, 175, 178, 179, 182, 190, 240, 242
時期効果　25, 30, 31, 58, 75, 177, 186, 188, 189, 190, 191
自己表現価値　2, 20, 39, 40, 41, 42, 43, 46, 47, 49, 50, 51, 52, 53, 54, 55, 56, 57, 58, 59, 60, 61, 87, 111, 121, 123, 125, 127, 129, 130, 134, 139, 149, 238, 239
自己表現重視の価値観　1, 2, 3, 4, 13, 15, 18, 21, 24, 25, 41, 42, 122, 123, 124, 125, 126, 127, 128, 129, 130, 132, 133, 134, 138, 139, 140, 142, 148, 149, 170, 174, 184, 233, 246, 252
静かなる革命　15, 178, 179, 182, 216, 234, 236

自動化（オートメーション）　4, 197, 198, 203, 204, 205, 207, 208, 218
ジニ係数　74, 195, 217, 230
社会階級的投票　179, 192
社会化仮説　15, 16
社会的動員　134, 135
社会的望ましさ　89, 99, 124
社会の自由化　171, 172, 173, 175
社会の女性化　107, 243
宗教の復権／復興　59, 72, 73, 169
集団主義　2, 14, 52, 53, 54, 55, 57, 238
出生率　2, 36, 45, 71, 72, 78, 81, 84, 85, 86, 88, 91, 108
勝者総取り　5, 179, 196, 200, 201, 203, 214, 216, 218
進化論的近代化論　6, 9, 10, 14, 32, 42, 50, 58, 65, 66, 87, 111, 140, 142, 156, 157, 170, 171
人工知能（AI）社会　4, 5, 174, 179, 197, 198, 201, 203, 204, 206, 216, 218, 219, 254
人生の満足　41, 53
信念体系（の崩壊）　21, 34, 45, 59, 60, 61, 68, 74, 79, 127, 155, 162, 163, 164, 165, 168, 173, 174, 175
生活満足（度／感）　4, 145, 146, 147, 148, 149, 150, 151, 152, 153, 154, 155, 157, 158, 159, 160, 161, 162, 164, 165, 166, 167, 168, 169, 170, 172, 173, 174, 221, 222, 223, 249, 250, 251
生殖・繁殖規範　82, 83, 84, 86, 87, 89, 92, 95, 97, 103, 104, 107
生存価値　39, 40, 41, 43, 44, 46, 50, 54, 58, 61, 130, 238
生存重視の価値観　1, 2, 4, 13, 18, 21, 41, 139, 149, 174, 233, 252
生存の安心　11, 25, 58, 89, 92, 93, 94, 95, 96, 97, 98, 103, 109, 110, 112, 115, 117, 129, 141, 142, 194, 212, 217, 242
生存への安心感　2, 5, 10, 13, 15, 16, 21, 24, 25, 27, 30, 33, 34, 42, 46, 50, 54, 58, 60, 61, 65, 66, 67, 68, 74, 78, 82, 83, 86, 89, 110, 129, 177, 178, 204, 216, 217, 237, 241
性的指向　18, 70, 81, 84, 105, 178, 240

政府の介入　212, 213, 216
世俗化　2, 39, 63, 65, 70, 71, 72, 74, 75, 78, 239
世代間シフト　18, 24, 25, 34, 35, 82, 84, 86, 88, 89, 103, 178, 179
世代間の価値観変化　3, 13, 22, 25, 37, 58, 104, 235
世代間の人口置換　16, 23, 24, 25, 32, 75, 77, 78, 84, 88, 89, 95, 99, 104
選択の自由　10, 13, 18, 46, 125, 149, 150, 152, 156, 170, 171, 172, 216

＊た行

タイムラグ　15, 17, 23, 25, 32, 61, 83, 88, 89, 95, 98, 104
脱工業化社会　40, 45, 46, 65, 66, 70, 78, 138, 140, 179
脱宗教／世俗化　2, 39, 63, 65, 70, 71, 72, 74, 75, 78, 239
脱物質主義　1, 13, 15, 16, 17, 18, 23, 24, 25, 27, 28, 29, 30, 31, 32, 33, 34, 35, 36, 37, 39, 41, 75, 78, 81, 83, 84, 86, 87, 92, 96, 97, 98, 99, 104, 147, 177, 178, 179, 180, 181, 182, 183, 184, 186, 187, 189, 191, 192, 236, 252
──的価値　1, 15, 16, 17, 18, 23, 24, 25, 27, 28, 31, 32, 33, 34, 35, 36, 39, 41, 75, 81, 84, 86, 92, 96, 97, 99, 104, 178, 179, 180, 182, 187, 236, 252
知識社会　13, 66, 68, 78, 107, 122, 129, 138, 196, 197, 198, 201, 203, 204, 217
中絶　18, 39, 42, 70, 82, 83, 86, 88, 89, 91, 92, 93, 193, 242
超次元　52, 54, 55, 56, 57, 61
同性婚　3, 10, 19, 21, 22, 37, 81, 82, 83, 84, 85, 90, 100, 101, 193, 213
独裁　1, 9, 14, 35, 42, 46, 90, 109, 119, 120, 121, 122, 124, 125, 127, 128, 129, 130, 133, 139, 141, 142, 149, 153, 156, 170, 177, 179, 182, 183, 184, 186, 187, 188, 217, 252
都市化　10, 12, 14, 39, 51, 63, 119, 121, 135, 199

*な行

ナショナリズム　12, 60, 73, 162, 163
二極化　41, 180, 182, 192, 193
乳幼児死亡率　36, 81, 85, 86, 89, 91, 92, 93, 95, 96, 98, 104, 242
認知動員　120, 123, 129, 134, 135, 136, 138, 199
農耕社会　3, 14, 39, 40, 65, 66, 81, 85, 145, 174

*は行

排外主義　9, 10, 14, 142, 177, 178, 181, 187, 188, 190, 191, 195, 214, 253
非宗教的・理性的価値　20, 21, 39, 40, 43, 46, 47, 49, 50, 52, 59, 71, 238, 242
表現の自由　1, 13, 17, 121, 133, 149, 178
文化規範　3, 9, 13, 18, 23, 24, 37, 81, 87, 95, 107
文化的シフト　1, 2, 18, 41, 44, 58, 72, 105, 179, 252
文化的進化　41, 85, 110, 111, 117, 174, 218
文化的反動　177, 179, 180, 188, 189
文化的変化　1, 2, 3, 9, 12, 13, 18, 19, 21, 23, 24, 25, 27, 37, 39, 42, 45, 46, 61, 81, 82, 83, 84, 86, 88, 89, 90, 91, 102, 103, 120, 121, 122, 145, 147, 152, 177, 178, 179, 182, 184, 191, 214, 233, 240
文化モデル　21
平均余命／寿命　5, 11, 12, 24, 34, 36, 51, 60, 85, 86, 89, 92, 93, 95, 96, 98, 104, 108, 109, 119, 120, 147, 148, 151, 165, 199, 209, 240, 242
ヘドニック・トレッドミル　146, 172, 173
ポピュリスト　5, 88, 141, 177, 179, 180, 182, 183, 184, 186, 187, 188, 189, 191, 204, 214, 216, 252

*ま・や行

マルクス　Marx, K.　11, 12, 28, 34, 39, 44, 52, 63, 64, 74, 121, 162, 163, 164
——主義　28, 34, 44, 74, 162, 163, 164
民主化　3, 4, 10, 36, 81, 121, 122, 123, 128, 130, 131, 133, 134, 138, 139, 140, 141, 142, 145, 148, 149, 151, 156, 157, 159, 170, 172, 173, 178, 179, 245, 251
民主的平和　108, 116
民主党　182, 183, 193, 212, 214
民主主義
　　間接——　122, 123
　　議会制——　121, 123, 134
　　自由——　126, 127, 134, 246
　　独裁的——　122
　　ハイブリッド——　122
　　有効(な)——　36, 122, 123, 124, 125, 126, 128, 131, 134, 142

著者略歴
ロナルド・イングルハート
　ミシガン大学社会調査研究所教授。1967年シカゴ大学博士号（政治学）。スウェーデンのウプサラ大学、ベルギーのブリュッセル大学、ドイツのリューネブルク大学より名誉博士号授与。物質主義社会の研究や、政治意識の研究で知られる政治学者。『静かなる革命：政治意識と行動様式の変化』（三宅一郎ほか訳、東洋経済新報社、1978年）や『カルチャーシフトと政治変動』（村山皓・富沢克・武重雅文訳、東洋経済新報社、1993年）など、著書は300以上にのぼる。2011年、政治学で最も権威あるヨハン・スクデ政治学賞を受賞。

訳者略歴
山﨑聖子（やまざきせいこ）
　「世界価値観調査」日本代表および科学諮問委員会委員。慶應義塾大学大学院法学研究科修了。修士（国際公法）。東京大学客員准教授、帝京平成大学講師などを歴任。訳書に『懐疑主義の勧め――信頼せよ、されど検証せよ』（ピッパ・ノリス著、勁草書房、2023年）他。共著書に『日本人の考え方　世界の人の考え方Ⅱ――第7回世界価値観調査から見えるもの』（勁草書房、2022年）他。

文化的進化論
人びとの価値観と行動が世界をつくりかえる

2019年6月20日　第1版第1刷発行
2024年8月20日　第1版第2刷発行

　　　　　　　著　者　ロナルド・イングルハート
　　　　　　　訳　者　山﨑聖子
　　　　　　　発行者　井村寿人

　　　　　発行所　株式会社　勁草書房
112-0005　東京都文京区水道2-1-1　振替　00150-2-175253
　　　　　　　（編集）電話　03-3815-5277／FAX　03-3814-6968
　　　　　　　（営業）電話　03-3814-6861／FAX　03-3814-6854
　　　　　　　　　　　　　　　　　　　　　　　平文社・松岳社

©YAMAZAKI Seiko　2019

ISBN978-4-326-60318-3　Printed in Japan

〈出版者著作権管理機構　委託出版物〉
本書の無断複写は著作権法上での例外を除き禁じられています。複写される場合は、そのつど事前に、出版者著作権管理機構（電話 03-5244-5088、FAX 03-5244-5089、e-mail: info@jcopy.or.jp）の許諾を得てください。

＊落丁本・乱丁本はお取替いたします。
　ご感想・お問い合わせは小社ホームページから
　お願いいたします。

https://www.keisoshobo.co.jp

ロナルド・イングルハート　山﨑聖子 訳
宗教の凋落？
――100か国・40年間の世界価値観調査から
A5判　4,180円
60341-1

ピッパ・ノリス　山﨑聖子 訳
懐疑主義の勧め
――信頼せよ、されど検証せよ
A5判　4,950円
30331-1

電通総研・池田謙一 編
日本人の考え方 世界の人の考え方Ⅱ
――第7回世界価値観調査から見えるもの
A5判　4,180円
25163-6

池田謙一 編著
日本とアジアの民主主義を測る
――アジアンバロメータ調査と日本の21世紀
A5判　3,850円
25155-1

亀田達也 編著
「社会の決まり」はどのように決まるか
A5判　3,300円
34916-6

山岸俊男 編著
文化を実験する
――社会行動の文化・制度的基盤
A5判　3,520円
34917-3

勁草書房刊

＊表示価格は2024年8月現在。消費税(10%)を含みます。